나는 단단하게 살기로 했다

지은이 브래드 스털버그 Brad Stulberg

미시간대학교에서 문학, 과학, 예술학, 공중 보건을 공부한 후 맥킨지앤컴퍼니 컨설턴
트로 근무하면서 탁월한 역량을 인정받아 백악관 국가경제위원회에서 의료 정책 자문
구성안 작성을 도왔다. 이후《포천》500대 기업의 경영인, 전문직 종사자, 세계적인 아
티스트와 크리에이터, 올림픽 국가 대표 등을 코치하며 최고의 성과 전문가로 자리매김
했다. 그렇게 승승장구하던 그는 어느 날, 자신과 타인을 상대로 한 걸음이라도 더 앞서
가야 한다는 강박에 시달리기 시작했다. 항상 불안, 초조, 산만했으며 쉬고 싶어도 쉬지
못했고 자주 무기력해졌다. 바닥이 무너지는 것 같았고 부정적인 충동에 사로잡히거나
번아웃에 빠지기를 반복했다.

그는 자신의 인생과 일상이 송두리째 흔들린다고 느꼈지만 어떻게 극복하면 좋을지 알
수 없었다. 사실 많은 사람이 이와 같은 어려움을 경험하고 있다. 누군가와 끊임없이 경
쟁하고 자신을 채찍질하기 때문이다. 게다가 타인의 성장과 성공을 돕는 전문가인 그로
서는 자신이 심리적 문제로 힘들어한다는 사실을 인정할 수 없었다. 하지만 자기 스스
로를 있는 그대로 받아들였고 진정한 변화는 거기서부터 시작됐다.

그는 동서양의 고대 철학과 지혜, 과학과 심리학 실험 결과, 여러 사회 연구와 개인 사
례 등 전방위적인 레퍼런스를 활용해 '삶의 굴곡 속에서 나를 지탱하는 흔들림 없는 내
면의 힘과 자신감'을 기르고 삶을 보다 단단하게 만들 수 있는 방법을 고민했다. 그 결
과 일상에 단단하게 뿌리내리면 여러 욕망과 고민에도 흔들리지 않고 더 높이, 더 멀리
갈 수 있다는 인사이트를 얻을 수 있었다. 이 책은 세계 최고의 성과 전문가가 '성과만
쫓지 않는 법'을 알려 주는 진솔한 강박 극복기이자, 표류하는 몸과 마음을 다잡고 싶은
이들에 전하는 따뜻한 조언이다.

보다 건강하고 지속 가능한 삶과 성과를 만드는 법을 연구 중인 그는《아웃사이드》《뉴
욕타임스》의 칼럼니스트이며,《월스트리트저널》《워싱턴포스트》《뉴요커》《포브스》등
유수의 매체에 기고했다. 지은 책으로《피크 퍼포먼스》《마스터리 태도》등이 있다.

나는 단단하게 살기로 했다

불안, 초조, 무기력,
번아웃으로부터
나를 지키는 인생 전환법

*The Practice
of Groundedness*

브래드 스털버그 지음
김정아 옮김

부·키

옮긴이 김정아

생각과 말이 글이 되고, 글이 글로 옮겨지는 과정이 좋다. 번역가로서 그 과정의 든든한 통로가 되고 싶다. 고려대학교 영어영문학과를 졸업했고, 좋은 책을 찾아 읽고 옮기는 몰입의 시간을 즐기며 전문 번역가로 활동하고 있다. 옮긴 책으로 《후회 없음》《설탕, 커피 그리고 폭력》《피크 퍼포먼스》《올에이 우등생들의 똑똑한 공부 습관》 등이 있다.

나는 단단하게 살기로 했다

초판 1쇄 발행 2022년 11월 25일

지은이 브래드 스털버그 | **옮긴이** 김정아 | **발행인** 박윤우 | **편집** 김동준, 김유진, 김송은, 성한경, 장미숙, 최진우 | **마케팅** 박서연, 이건희, 이영섭 | **디자인** 서혜진, 이세연 | **저작권** 김준수, 백은영, 유은지 | **경영지원** 이지영, 주진호 | **발행처** 부키(주) | **출판신고** 2012년 9월 27일 | **주소** 서울 서대문구 신촌로3길 15 산성빌딩 5-6층 | **전화** 02-325-0846 | **팩스** 02-3141-4066 | **이메일** webmaster@bookie.co.kr | **ISBN** 978-89-6051-953-4 03190

만든 사람들
편집 최진우 | **디자인** 전경아 | **조판** 김지희

이 책은 거장들의 어깨를 발판 삼아 세상에 나왔다. 이 책의 바탕이 된 업적을 이룬 과학자, 작가, 철학자, 시인, 성자, 수행자, 그리고 그 외 모든 선구자에게 감사를 전한다. 사상과 저술의 세계에서 이미 오랫동안 이어진 견고한 유산에 이 책이 소소하게나마 보탬이 됐으면 한다.

책을 쓰는 내내 아들 테오가 이 결과물을 자랑스러워하기 바랐다. 그러므로 이 책은 테오에게 주는 선물이다.

그리고 당신께 드리는 선물이기도 하다.

이 책에 쏟아진 찬사

- 핵심을 건드리는 책! _라이언 홀리데이, 《데일리 필로소피》《에고라는 적》 저자

- 삶을 둘러싼 더 넓은 세상이 통제 불능으로 소용돌이친다고 느낀 적이 있다면, 이 책이 답이다. _다니엘 H. 핑크, 《언제 할 것인가》《후회의 재발견》 저자

- 폭넓고 야심 차고 강력하다. 개인적으로 직업적으로 쉽지 않은 상황에서 성공을 시험할 때마다 나는 스털버그를 찾는다. _데이비드 엡스타인, 《늦깎이 천재들의 비밀》《스포츠 유전자》 저자

- 많은 사람이 느끼고 있지만 분명히 설명하지는 못하는 무언가에 다가가는 책이다. _아리아나 허핑턴, 스라이브 글로벌Thrive Global 창립자 겸 CEO

- 불안감은 덜고 탁월함은 더하도록 사려 깊은 지혜와 행동력 있는 아이디어를 담은 책. _애덤 그랜트, 《기브앤테이크》 저자, TED 팟캐스트 워크라이프WorkLife 운영자

- 영웅적 개인주의에서 벗어나 더 지속 가능하고 장기적인 시각으로 성공을 바라보게 하는 귀한 안내서. _스콧 갤러웨이, 《플랫폼 제국의 미래》《거대한 가속》 저자

- 영혼 없는 조언은 그만. 성공적인 삶을 꾸리고자 더욱더 깊이 있는 접근법을 찾는 우리를 위한 결정적 대안이 여기 있다. _칼 뉴포트, 《열정의 배신》《딥 워크》 저자

- 이 순간 딱 우리에게 필요한 책. 스털버그는 과학적인 연구를 실용적인 전략으로 옮길 줄 아는 달인이다. _켈리 맥고니걸, 《스트레스의 힘》《움직임의 힘》 저자

- 가치와 힘에 뿌리 박은 삶은 행복의 필수조건이지만 그런 삶은 저절로 이뤄지지 않는다. 스털버그는 그 길에서 우리를 이끌어 줄 여섯 개의 견고한 디딤돌을 소개한다. _아서 C. 브룩스, 《컨서버티브 하트The Conservative Heart》《러브 유어 에너미스Love Your Enemies》 저자

- 안녕감을 희생하며 생산성에만 매달리는 것은 그만해도 된다고 말해 주는 현실적 처방전. 이 책을 강력히 추천한다. _애덤 알터, 《멈추지 못하는 사람들》《만들어진 생각, 만들어진 행동》 저자

- 현명하고 아름다운 책. 스털버그는 안착이라는 과감한 겸손이 삶의 모든 측면에 어떻게 연결되는지 노련한 솜씨로 풀어냈다. 당신도 읽어 보면 알 것이다! _스티븐 C. 헤이즈, 수용 전념 치료 창시자, 《자유로운 마음》 저자

- 당장 실천할 수 있는 실용적인 팁이 가득해 푹 빠져 읽었다. 지금보다 더 이 책이 절실한 때는 없었다. _저드슨 브루어, 의학 박사, 《불안이라는 중독》《크레이빙 마인드》 저자

들어가는 말: 비상하려면 안착해야 한다   11

바닥이 무너져 내리는 기분 | 달리기를 멈추지 못하는 사회 | 이게 다 영웅적 개인주의 때문이다 | 안착해야 흔들리지 않는다 | 지속 가능한 행복을 과학적으로 증명하다 | 내면의 힘을 강조한 고대의 지혜들 | 최고의 성과가 최고의 성공은 아니다 | 더 깊고 넓게 뿌리내리는 방법 | 앎과 실천의 간극 없애기

1장 수용: 원하는 곳으로 가기 위해 지금 있는 곳을 받아들인다   39

보고 싶은 것만 보지 않는다 | 성공도 실패도 일단 인정하고 시작하자 | 저항 대신 허용이 중요한 이유 | 나를 더 아프게 만드는 두 번째 화살 | 받아들이면 더 큰 성과로 이어진다 | **실천 1:** '현명한 관찰자의 눈' 기르기 | **실천 2:** 누구보다 나에게 친절하자 | **실천 3:** 기분은 행동을 따라간다 | **실천 4:** 할 수 있는 만큼만 한다 | 마무리

2장 집중: 주의력과 에너지를 확보하기 위해 온전히 몰입한다   79

산만함에 중독된 사람들 | 집중력 흡혈귀로부터 벗어나려면 | 몰두할수록 삶의 질이 달라진다 | 팝 스타의 미국 도보 횡단기 | 무엇에 집중할지 내가 선택한다 | **실천 1:** 내 주위에서 방해 요인들 제거하기 | **실천 2:** 감정의 굴곡을 따라 파도타기 | **실천 3:** 명상으로 내 마음 챙기기 | **실천 4:** '하지 않을 일' 목록 만들기 | 마무리

3장 인내: 참고 견디면 더 빨리 도달할 수 있다　　　　　**117**

빨리 가려면 천천히 가야 한다 | 돌파구는 하루아침에 생기지 않는다 | 꾸준할수록 나아진다 | 흥분이 곧 행복은 아니다 | **실천 1:** 아등바등 말고 물러서서 느긋하게 | **실천 2:** 결과보다 과정에 집중하기 | **실천 3:** 한 번 덜하고 마치기 | **실천 4:** 일상에서 디지털 기기 치우기 | **실천 5:** 하루 3회 5번씩 호흡하기 | 마무리

4장 취약성: 약한 면을 인정하면 내면의 힘과 확신이 생긴다　**155**

나를 알아야 나를 믿을 수 있다 | 더 강해지기 위해 약한 부분으로 향하다 | 깊고 어두운 감정과 마주하기 | 완벽주의라는 가면을 벗어던지려면 | 취약한 것이 살아남는다 | 틈이 벌어질수록 단단하게 연결된다 | **실천 1:** 감정적 유연성 기르기 | **실천 2:** 하고 싶은 말 그대로 말하기 | **실천 3:** 누구나 나름의 어려움이 있다 | 마무리

5장 유대: 깊고 특별한 관계를 만든다　　　　　　　　　　**185**

교감과 소속감은 인간의 기본 욕구 | 불안은 외로움 속에서 커지고 안정은 유대감 속에서 커진다 | 디지털 기술과 깊은 유대의 딜레마 | 가상에서 연결될 것인가 현실에서 연결될 것인가 | 나를 둘러싼 사람들이 나를 만든다 | **실천 1:** 의미 있는 집단에 참여하기 | **실천 2:** 관계의 양보다 질이 중요하다 | **실천 3:** 허심탄회한 자문단 꾸리기 | 마무리

6장 운동: 마음의 안정을 위해 몸을 움직인다　　　　　　　**225**

몸과 마음은 하나다 | 움직일수록 불편함이 편안해진다 | 집중력을 향상시키는 운동 | 지속과 반복의 힘 | 나 자신에 대한 시험과 도전 | 함께 운동하면 유대도 깊어진다 | 운동을 삶의 일부로 만드는 방법 | **실천 1:** 언제든 어떤 식으로든 움직여라 | **실천 2:** 유산소성 체력 키우기 | **실천 3:** 몸의 근육이 곧 마음의 근육 | 마무리

실천으로 완성되는
단단한 삶

7장 나를 만드는 건 생각이 아니라 행동이다   **265**

내면과 행위 일치시키기 | 머리로 이해하는 것 이상이 필요하다 | 복잡함보다 강력한 단순함 | 습관과 루틴은 의지보다 세다 | **실천 1**: 매일매일 조금씩 실천하기 | **실천 2**: 자극, 행동, 보상 주기 만들기 | **실천 3**: 내 행동 뒤돌아보기 | **실천 4**: 함께 실천하는 그룹 만들기 | 마무리

8장 과정에 집중하면 결과는 저절로 펼쳐진다   **297**

중요한 변화는 중요한 실천으로부터 | 실패하면 다시 돌아오면 된다 | 연꽃 속 보석을 얻는 법

나가는 말   **309**

감사의 말   **312**

더 읽어 볼 책들   **317**

참고 자료   **321**

비상하려면 안착해야 한다

2019년 여름, 클라이언트들 사이에서 우려스러운 모습이 눈에 띄기 시작했습니다. 나는 기업의 임원과 성공한 사업가, 고위직 의사와 엘리트 운동선수 등을 코치합니다. 그들과 함께 뛰어난 성과로 이어지는 습관과 루틴을 이야기하는 데 어마어마한 시간을 쏟았지요. 그런데 그런 노력이 무색하게 지난 몇 년 새 그들은 예상치 못한 이야기를 해 왔습니다. 그중 한 명으로 대형 병원의 가정 의학과 과장인 팀Tim은 이렇게 말했습니다.

"쉬고 싶어 죽겠어요. 그런데 주말에 하루만 쉬려고 해도 몇 시간 못 가서 업무용 이메일을 열고 말아요. 머리로는 그럴 필요 없단 걸 압니다. 그러고 싶지도 않고요. 그런데 확인해야만 할 것 같은 생각이 들어요. 솔직히 안 그러면 초조하고 불안하거든요."

'다음next thing'이 정해져 있지 않으면 몹시 불안해하는 이들도 있습니다. 하지만 다음이 분명해도 문제예요. 이제는 그것을 잘 해내지 못할까 염려하기 때문이지요. 클라이언트들은 항상 어딘가를 향해 내달려야 한다는 생각이 머릿속에 똬리를 틀고 있다며, 그렇지 않으면 삶에서 공백이 커지는 것 같아 공허하다고 털어놓았습니다.

"마침내 자금을 확보해서 이 일을 시작하면 만족감이 들 줄 알았어요. 그런데 그게 아니었어요. 이 정도 성공으로는 충분하지 않을까 봐 살짝 걱정이 돼요. 충분하다는 게 뭔지도 모르겠고요." 무섭게 성장 중인 기술 회사를 운영하는 서맨사Samantha도 이렇게 말했습니다.

그런가 하면 또 어떤 이들은 몸으로든 마음으로든 집중이 안 된다고 토로합니다. 지난 일을 곱씹고, 앞일을 계획하고, 결정을 탓하고, 끊임없이 가상의 시나리오를 고민하느라 너무 많은 시간을 허비한다고 하지요. 대형 소프트웨어 회사 CEO인 벤Ben은 이렇게 표현했습니다.

"머릿속이 산만하지 않았던 게 언제였는지 모르겠어요. 전 정말 오랫동안 생각에 파묻혀 살아왔어요. 그런데 이제 그게 더 심해지는군요. 산만함이 극치를 달려요. 전보다 훨씬 더 집중하기가 힘듭니다. 감당 못 할 건 없지만 이 상태가 싫어요."

팀, 서맨사, 벤 같은 이들은 대부분 스스로 기억하는 한 성공에 사활을 걸고 살아왔습니다. 결단력 있고 목표를 이루겠다는 의지가 크며 일과 사생활을 세심하게 관리하지요. 역경도 많았습니다.

내 클라이언트 중에는 끔찍한 부상을 겪은 운동선수, 소수자로서 편견과 차별에 맞서 싸운 경영진, 고된 시간을 버틴 사업가 같은 이들도 있습니다. 모두 심각한 스트레스를 겪었으며, 특히 의사들은 삶과 죽음이 갈리는 상황을 하루가 멀다고 직면하지요. 그러나 (내가 진심으로 존경하는) 이 사람들은 모두 어려움을 극복하고도 여전히 힘겨운 투쟁을 계속합니다.

내가 코치하는 클라이언트들만이 아니에요. 나는 성과와 안녕감, 일반적인 생활 만족도를 중심으로 연구를 진행하고 글을 쓰면서 이러한 주제를 비중 있게 다뤄 왔습니다. 그런데 내로라하는 운동선수와 지식인, 창작자 등 그 과정에서 알게 된 많은 사람 역시 비슷한 불만을 토로했어요. 전통적인 기준에서는 아주 성공한 사람들이지만 그들도 내심 어딘가 상당히 잘못됐고 뭔가 빠졌다는 느낌을 받곤 했습니다. 흥미롭게도 그중에는 할 일이 없으면 오히려 무력감이 든다는 사람이 많았습니다. 그렇다고 그들이 임상적인 의미의 우울증을 앓는 건 아니었어요. 단지 만족스럽지 못한 감정이 늘 따라붙어 괴로울 때가 많을 뿐이었지요. 한 세계적인 운동선수는 나에게 이렇게 말했습니다. "경기만 보고 생활했는데 막상 경기가 끝나면 우울증이 시작됩니다. 그놈의 경기에서 이기고도 말이죠! 마음속 깊은 곳이 조금만 더 편안하면 좋겠어요."

물론 이들도 모두 행복하고 기쁜 순간을 경험합니다. 하지만 순간은 순간일 뿐 원하는 만큼 오래가지 않아요. 그리고 그런 순간보다는, 삶의 변덕에 이리저리 시달리며 쉴 새 없이 다음을 쫓아가는 데 뜻대로 할 수 있는 것은 하나도 없어 보일 때가 훨씬 많지요. 그들은 나에게도, 스스로에게도 스위치를 내려 버리고 싶은 마음이 굴뚝같단 말을 자주 했습니다. 그 많은 뉴스와 의미 없이 분주하기만 한 일들, 이메일과 SNS 알림, 그리고 '다음'에 대한 생각을 다 내려놓고 싶다고 했어요. 그런데 막상 그렇게 하면 붕 뜬 상태와 불안한 상태 사이에서 이러지도 저러지도 못하고 좌불안석이 되고 만답니다. 쉬지 않고 일을 붙잡고 있는 것이 답은 아님을 알지만 일을 내려놓고 보면 어김없이 그래서는 안 될 것 같다는 생각이 밀려온다고 해요. 그럴 때 남자들은 완벽한 천하무적이어야 한다는 무거운 책임감을 느낀다고 말합니다. 여자들은 항상 만능이 되어야 할 것 같은데 기대치가 너무 높아서 계속 미끄러지기 일쑤라고 말하고요. 나는 이런 상태를 '영웅적 개인주의heroic individualism'라 부르기로 했습니다. 영웅적 개인주의란, 타인과 나를 상대로 한 걸음이라도 앞서가기 위해 경쟁을 쉬지 않는 태도를 말합니다. 이 태도는 측정할 수 있는 결과만이 성공을 판가름한다는 편협한 믿음과 결합하곤 합니다. 영웅적 개인주의에 젖어 있으면 만족스러운 결승점에는 절대 도달하지 못하리라는 생각에 빠져 겉으로는 용케 숨길 수 있을지 몰라도 속은 항상 병든 채 생활해야 합니다.

영웅적 개인주의는 내 코칭과 연구, 저술과 동떨어진 주제가 아닙니다. 사회에서 만나는 사람들, 나보다 어린 사촌들, 나보다 연장자인 동료들과 대화할 때 역시 영웅적 개인주의에서 비롯되는 문제들은 흔하게 이야깃거리로 등장하지요. 이 정도로는 절대 안

된다는 생각은 나이와 인종, 성별, 거주지, 직업을 불문하고 삶에서 큰 비중을 차지하는 것 같아요. 이 문제는 어제오늘의 이야기가 아니에요. 역사가 기록되기 시작한 순간부터 인간은 변화무쌍한 삶 속에서 자신을 굳건하고 온전한 존재로 느끼고 싶어 했어요. 그러나 이제 그 갈망이 더 강렬해졌지요. 영웅적 개인주의는 희망이 없습니다. 우리가 사는 문화에서는 더 잘 해내야 하고 더 건강해야 하며 더 긍정적으로 생각해야 하고 더 많이 가져야 하며 삶을 '최적화optimize'해야 한다는 말이 쉴 새 없이 쏟아지고 있어요. 그 문화 속에서 손쓸 수 없이 공고해진 영웅적 개인주의는 기껏해야 결핍감만 남기는 얄팍하고 피상적인 해결책을 제시할 뿐이지요.

이런 말이 익숙하게 들린다면, 당신 역시 영웅적 개인주의를 안고 살아가는 중일 겁니다. 구체적인 부분은 여기서 언급한 예시들과 다를 수 있지만요. 당신은 직업이 마음에 들지 않거나 일에서 심각한 곤란을 겪는 중일지 모릅니다. 갓 대학을 졸업한 사회 초년 생이거나 20년 경력의 베테랑일지 모르지요. 은퇴를 앞둔 사람일 수도, 이미 은퇴한 사람일 수도 있습니다. 그러나 이제부터 방대한 자료를 통해 이야기할 영웅적 개인주의와 그것의 가장 보편적인 증상들, 즉 불안, 조급, 초조, 산만, 탈진, 번아웃, 공허, 끊임없이 다음을 쫓아야 할 듯한 충동, 사라질 줄 모르는 갈망은 당신을 포함해 그토록 많은 사람이 입을 모아 토로하는 감정들입니다. 그리고 이 가운데는 내가 느꼈던 감정도 있습니다.

바닥이 무너져 내리는 기분

나는 첫 책《피크 퍼포먼스》에서 어떤 일을 하든지 지속 가능한 발전을 이루는 데 필요한 원리들을 이야기했습니다. 두 번째 책《마스터리 태도》에서는 어떤 대가를 치르든 계속 앞으로 나아가려 하는 사람들을 소개하며 열정과 추진력을 길러 생산적인 방향으로 사용하는 법을 알리고 싶었습니다. 성공과 행복의 비결은 결실로 이어질 열정을 기르고, '피크 퍼포먼스'의 원리들을 토대로 그 열정을 사용하여 숙달의 경지에 이르는 것이라고 생각했어요. 나뿐 아니라 내가 코치한 클라이언트들이 모두 분명 그런 식으로 생활했고 보통 그렇게 해서 큰 성공을 거뒀으니까요. 밀어붙이고 밀어붙이고 또 밀어붙였고, 전진하고 전진하고 또 전진했던 거예요. 하지만 절대 만족하지 못했어요. 아무리 애써도 충분해 보이지 않았지요. 끈질긴 추진력과 격렬한 힘의 목적지는 무엇이 됐든 항상 '다음'에 맞춰져 있었으니까요.

그러다《피크 퍼포먼스》가 베스트셀러가 되고《마스터리 태도》의 초고가 완성될 무렵, 갑자기 강박 장애가 찾아왔습니다. 몸과 마음을 모두 무너뜨리는 강박 장애는 오해가 많은 질병이에요. 흔히 강박 장애라고 하면 지나치게 주변을 정리하고 순서를 따지며 상황을 거듭 확인하는 것을 증상으로 들지만, 임상에서는 강박 장애를 불쾌한 생각과 느낌이 삶을 지배한 상태로 특징짓습니다. 강박 장애가 있으면 깨어 있는 시간 내내 그런 생각과 느낌의 의미를 이해하려고 골몰하며 그것을 멈출 방법을 알아내려고 몸부림치게 되지요. 그러나 그럴 때 그 느낌은 더 강하고 파괴적으로 되돌아와 머리끝부터 발끝까지 저릿한 불안감을 일으킵니다. 그러면 다시 어떻게든 느낌을 차단하려고 하지만 그것은 생활의 배경 속에서 절대 사라지지 않아요. 오히려 하루 중에 틈이 보인다 싶으면 금세 사이를 비집고 들어와 버리지요. 강박 장애를 앓는 사람은 자나 깨나 몸속과 머릿속을 헤집고 다니는 그 느낌과 한 몸이 되어 생활합니다. 식사할 때, 일할 때, 가족들에게 집중려고 할 때 역시 예외가 아니에요. 심지어 잠잘 때 꿈에서조차 고통에서 벗어나지 못하지요. 이 불쾌한 생각과 느낌은 너무나 끈질겨서 결국 과연 이것이 정말인지 아닌지 혼란스러운 마음이 들기 시작합니다.

내가 겪은 불쾌한 생각과 느낌(강박)이란 주로 좌절과 공허, 자학, 실존적 고통 같은 것이었습니다. 통제할 수 없는 강박 장애와 함께 살아간다는 것은 분명 절망스러웠지만 나는 내가 진심으로 나를 지키고 싶어 한다는 걸 알았어요. 그러나 생각은 나를 가만두지 않았어요. 밑도 끝도 없이 어지러운 공포가 휘몰아치곤 했지요. 나는 한 해를 온통 이런 상태로 보낸 뒤 심리 상담을 비롯한 여러 실질적인 치료법의 긍정적인 효과를 인식하기 시작했습니다. 내일과 생활은 그것들을 통해 더 바람직한 방향으로 조금씩 달라져 갔습니다.

내가 강박 장애를 앓게 된 것을 타고난 성격적 특징(나는 모든 문제를 해결하고 싶어 하고, 쉬지 않고 일하려 하며, 미리 앞을 걱정하고,

만족할 줄 몰랐습니다) 탓으로만 돌릴 수는 없을 겁니다. 그러나 병을 진단받자 모든 것을 잠시 멈춰야만 했고, 그러고서 돌아보니 강박 장애와 성격 사이에 어느 정도 연관성이 있는 것 같았습니다. 마치 강박이라는 위태로운 땅에 내몰리게 된 이유가 그동안 모든 것을 그렇게 밀어붙이며 살아온 탓인 것 같더군요. 강박 장애는 평소 내 모습 중 가장 극단적인 상태로, 어두운 방향으로만 나를 몰고 가는 듯했습니다.

달리기를 멈추지 못하는 사회

나는 잡지 《아웃사이드Outside》에 강박 장애 경험을 기고한 뒤 강박 장애를 비롯한 여러 기분 장애(일반적인 의미의 불안 장애)를 겪는 독자들로부터 수백 개의 메시지를 받았습니다. 그중 많은 이가 나처럼 장애가 시작되기 전부터 만족할 줄 모르고 밀어붙이는 성향이 있었다고 했어요. 다들 그런 점을 장점으로 여겼다더군요. 그런 추진력과 앞을 향해 달릴 수 있는 에너지 덕분에 좋은 성과를 내며 짜릿한 흥분을 느꼈던 것 같았다고 했습니다. 그러나 내가 그랬듯 그들 역시 만족을 모르고 성장과 발전에 지나치게 집중하는 성향(더 많은 것을 원하고 항상 앞으로 나아가려고만 하는 특성)이 병적일 만큼 자신을 혹사하고, 속도를 늦추지 못하며, 어느 곳에도 마음 붙이지 못하는 상태에 영향을 미친 게 아닐지 궁금해했어요.

나는 이 메시지들을 통해, 결국 우리는 스스로 충분하다고 느낄 때까지 온 존재를 최적화하겠다는 마음으로 자신을 쥐어짜고 있음을 알게 되었어요. 그러나 이것이 최적의 상태는 아닐 거예요.

불교에는 '아귀hungry ghost'라는 개념이 있습니다. 아귀는 위장이 태산처럼 커서 쉬지 않고 괴로울 정도로 먹어대도 절대 배가 부르지 않는 귀신이에요. 아귀의 모습에는 여전히 많은 사람이 겪고 있는 심각한 장애가 나타납니다.

혁신적인 사회학자 에밀 뒤르켐은 말했습니다. "아무리 대단한 결과도 지나친 야망을 따라잡을 수는 없다. 야망이 지나치면 멈출 줄을 모르기 때문이다. 그럴 때는 무엇을 갖더라도 만족할 수 없으며 흥분은 가라앉을 새 없이 커진다. …… 이런 상황에서 어떻게 정신 건강이 온전할 수 있겠는가?"

고통이 생기는 데는 많은 이유가 있겠지만, 여기서 잠깐 영웅적 개인주의가 직간접적인 원인으로 작용하여 일어난 문제들을 짚고 넘어가려고 합니다. 우선, 임상적 의미의 불안증과 우울증 발병률이 그 어느 때보다 높아졌지요. 5명 중 1명 이상에게서 이 증상들이 나타나는 것으로 보이는 시점조차 있습니다. 해로운 물질에 대한 중독자 수 역시 현대 역사상 최고치를 기록하고 있어요. 알코올 중독 및 마약 성분 진통제 사용률이 빠르게 늘고 있다는 사실이 이를 뒷받침하지요. 학자들이 말하는 '절망사death of despair', 즉 약물과 알코올, 자살에 의한 사망자 수도 무섭게 증가했습니다. 이 책을 쓰는 시점에서 가장 최근 자료인 2017년 보고에 따르면 미국에서만 15만에 달하는 사람이 절망사를 맞이했습니다. 지금껏 가장 높은 수치이자 1999년 통계보다 2배 가까이 증가한 수준이에요.

인지 과학과 심리학, 조직 행동학, 의학, 사회학 분야의 최신 연구에 따르면 불만족 때문에 괴로워하는 사람 또한 많다고 합니다. 대형 여론 조사 기관 갤럽의 조사에서는 미국 내 전반적인 행복과 생활 만족도가 2008년 이후 10퍼센트 가까이 떨어진 것으로 나타났습니다. 이 수치는 "미국인들이 요즘 별일 없이 살아가고 있지 않다는 사실을 암시"하지요. 이 말은 이 자료를 실은 《미국관리의 료저널The American Journal of Managed Care》의 전체 요지이기도 합니다. 미국인의 삶이 이렇게 된 이유는 간단하지 않아요.

최근에 코로나19가 세계적으로 유행하기 전에도 전통적 의미의 공동체 모임에 참여하는 사람의 숫자는 역사상 그 어느 시점보다 적었습니다. 정치적 부족주의political tribalism가 떠오르고, 전문가들은 그와 동시에 외로움과 사회적 고립이 유행 수준에 이르렀다고 말합니다. 2019년, 세계보건기구WHO는 번아웃을 질병으로 분류하며 '업무 환경에서 제대로 관리하지 못한 만성 스트레스'로 그 의미를 정의했어요. 불면증과 만성 통증 역시 어느 때보다 흔합니다. 이 모든 조각을 모아 보면, 사람들이 충분히 유능하지 않고 충분히 갖지 못했다는 생각에 마음속으로만 느끼던 감정이 점점 더 겉으로 드러나고 있음이 분명해집니다. 여기서 모순은 이런 어려움을 겪는 많은 이가 적어도 전통적인 기준에서는 생산적이고 성공적인 삶을 사는 사람들이라는 점이에요. 그러나 이건 그들이 바라는 성공이 아닐 겁니다.

이게 다 영웅적 개인주의 때문이다

이렇게 영웅적 개인주의가 유발한 감정은 여러 형태로 나타날 수 있지만, 내가 가장 흔히 경험한 어려움은 다음과 같습니다.

- 심각할 정도는 아니지만 몸이나 마음으로 불안감을 느끼며 항상 급하고 쫓기는 것 같다.
- 삶이 흥분된 에너지로 소용돌이치는 것 같다. 다음 또 다음을 향해 이리저리 치이는 기분이다.
- 뭔가 아주 많이 잘못됐다는 느낌이 반복되지만 어떻게 할지는 차치하더라도 대체 무엇이 잘못됐는지도 모르겠다.
- 일만 하고 싶지 않지만 일을 멈추기 어렵고 멈추면 불안하다.
- 너무 바쁘다고 느끼지만 쉴 시간과 공간이 생겨도 가만있지 못한다.
- 쉽게 산만해지고 집중하기 어렵다. 핸드폰을 만지지 않고 가만있기가 힘들다.
- 더 잘하고 싶고 더 편안해지고 싶지만 어디서부터 시작해야 할지 전혀 모르겠다.
- 안녕감, 자기 계발, 성과와 관련된 정보, 제품, 주장 등과 맞닥

뜨리면 문자 그대로 가슴이 턱 막힌다.

♦ 마음이 외롭고 공허하다.

♦ 만족하기 힘들다.

♦ 전통적인 기준에서는 성공한 것처럼 보이지만 이 정도로는 절대 충분하지 않다고 생각한다.

이러한 특징은 오늘날 사람들이 세상을 살아가는 일반적인 방식이에요. 심지어 어쩌면 이것이 대세인지도 모르지요. 그러나 앞으로 살펴보겠지만, 꼭 그래야 하는 것은 아닙니다.

안착해야 흔들리지 않는다

이런 것들을 생각하며 친구 마리오Mario와 함께 산에 간 날이었습니다. 우리는 각자 힘든 시기를 겪으며 몹시 불안해하고 있었습니다. 그날은 하늘이 연회색으로 물들고 바람이 많아 무척 상쾌했어요. 거대한 캘리포니아 삼나무들의 높은 쪽 가지가 세차게 흔들리고 있었지요. 그런데 수십 미터 아래로는 미동조차 없더군요. 나무들은 밑동이 바위처럼 단단했고 서로 굳센 뿌리로 연결된 채 땅에 견고하게 자리 잡고 있었으니까요. 퍼뜩 머릿속이 환해졌습니다. 나는 마리오를 보고 말했어요.

"맞아, 이걸 놓치고 있었어. 지금 우리가 할 일은 뿌리를 기르는 거야. 손에 잡히지도 않는 높은 가지들을 걱정하느라 시간을 쏟아 붓는 건 그만두고 내면 깊은 곳의 뿌리를 기르는 데 집중해야 해. 뿌리가 튼튼하면 어떤 날씨에도 흔들리지 않고 안착할 수 있어. 뿌리가 기본인 거지. 그런데 우린 그 원리와 실천을 간과하곤 해. 겉으로 보이는 것만 좇으며 눈 돌릴 틈 없이 달리기만 하니까 그런 것들은 밀려나 버리는 거야."

그 순간 나와 마리오, 내 클라이언트들과 내 글에 등장하는 '최고'들, 그리고 단언컨대 모두가 바라는 것이 무엇인지 알 것 같았습니다. 우리는 안착한grounded 느낌을 원했고 안착을 통해 더 크고 깊은 성취감으로 이어지는 성공을 경험하길 바랐던 것이었어요.

안착은 '삶의 굴곡 속에서 나를 지탱하는 흔들림 없는 내면의 힘과 자신감'입니다. 안착은 정직과 용기, 온전함이 들어찬 저장소이자 오래도록 유지되는 성과와 안녕감, 성취의 밑바탕이지요. 그러나 사람들은 생산성, 최적화, 성장, 최신 유행과 화려한 관심사에 집중한 나머지 바탕을 간과하는 함정에 빠지는 일이 잦습니다. 그리고 결국 괴로워하지요. 그러나 앞으로 더 자세히 다루겠지만, 안착을 우선시한다고 해서 열정, 성과, 생산성과 멀어지는 건 아니에요. 야망을 모조리 버려야 하는 것도 아니고요. 안착에 집중하면 오히려 이러한 것들이 적절히 자리 잡혀 안정적으로 펼쳐집니다. 그럴 때 더 집중해서 편안하게 노력하고 꿈꾸는 가운데 오랫동안 성취감을 맛볼 수 있습니다. 눈앞의 것을 이루는 데 급급해하지 않고 나에게 가장 중요한 내면의 가치에 맞게 생활하고 관심 분야에 집중하면서, 지금 여기서 스스로 가장 자랑스러울 방식으로 진정한 자아를 끄집어낼 수 있어요. 안착해 있으면 위나 아래를 볼 필요가 없습니다. 대신 지금 있는 곳에 머물며 거기서 진짜 힘을 얻게 되지요. 그렇게 경험하는 성공은 더 오래 건강하게 유지됩니다. 지속 가능성의 관점에서, 사람은 안착해 있을 때만 진정으로 날아오를 수 있습니다.

사회적 통념이 말하는 '성공'을 향해 끊임없이 자신을 채찍질하는 대신 더 단단하게 안착하는 데 집중한다면 삶은 어떤 모습이 될까요? 우선, 미래를 그리며 흥분하기보다 현재를 더 깊이 받아들일 수 있습니다. 항상 최고가 되기 위해 죽도록 노력만 하는 것은 그만두고, 겉으로 드러나는 결과에만 집중하는 것도 그만두고, 단단한 바탕을 일구는 데 집중할 수 있습니다. 그럴 때 안착은 어떤 일에 대한 결과나 일회성 사건이 아닌 존재 방식이 되지요. 우리는 최고의 성과와 안녕감, 성취감을 얻게 되고 그것들은 평생 사라지지 않아요. 그렇다면 삶의 변덕스러운 비바람 속에서 어떻게 해야 단단하게 안착할 수 있을까요? 어떻게 해야 좀 더 편안하고 만족스럽게, 더 견고하고 온전하게 살아가면서 최대한 잠재력을 발휘할 수 있을까요?

나는 과학적 연구와 고대의 지혜, 그리고 오늘날의 실천 방식에 기대어 이 질문에 답하려고 합니다.

지속 가능한 행복을
과학적으로 증명하다

여러 연구에 따르면 행복은 현실에서 기대를 뺀 값이라고 합니다. 즉, 행복의 열쇠는 끊임없이 더 많은 것을 바라며 얻기 위해 애쓰는 게 아니에요. 행복은 지금 이 순간 의미 있는 삶을 꾸리고 그 삶에 온전히 집중하는 가운데 누릴 수 있어요. 집, 음식, 의료 서비스 등 기본적인 필요를 채우는 것은 당연히 행복과 안녕감을 정의하는 중요한 요소입니다. 그런 것들이 자리 잡히지 않고서는 아무리 사소한 것도 이룰 수 없지요. 수입income이야말로 행복이나 안녕감과 뗄 수 없는 관계라고 말하는 연구도 있지만, 꼭 그렇지만은 않다고 말하는 연구도 있어요. 노벨상을 받은 심리학자 대니얼 카너먼의 연구가 대표적이지요. 여기서는 지역에 따라 차이는 있지만 연간 6만 5000달러에서 8만 달러 정도의 임계점을 넘으면 수입이 늘어난다고 해서 행복과 안녕감이 커지는 것은 아니라고 밝힙니다. 즉, 수입은 행복의 한 요소일 수는 있으나 원동력이 될 수는 없다는 것이에요.

게다가 우리는 모두 '쾌락 적응hedonic adaptation'의 영향을 받습니다. 행동 과학의 개념인 쾌락 적응은 '행복 세트 포인트set-point' 이론이라고도 합니다. 새로운 것을 얻거나 달성하면 처음에는 행복감, 안녕감, 만족감이 올라가지만 몇 달 못 가 그 수준이 원점으로 돌아가는 것을 이르는 말이에요. 영웅적 개인주의를 벗어나기가 그토록 어려운 이유는 그래서일 터입니다. 사실 벗어날 수 있다고 생각하는 것이야말로 영웅적 개인주의의 결정적 함정일지 모릅니다.

'도착 오류arrival fallacy'라는 말을 만든 하버드대학교의 심리학자 탈 벤 샤하르Tal Ben-Shahar는 영속적인 행복과 안녕감을 찾을 때 일반적으로 맞닥뜨리는 어려움을 언급하며 이렇게 말했습니다. "사람들은 목표를 이루면 행복해질 것이라는 환상 속에 살아갑니다. 그런데 그건 잘못된 희망이에요." 바라던 일을 이루고 마침내 원하던 지점에 '도착'하고 보면 행복하다는 느낌은 잠시일 뿐 오래가지 못한다고 해요. 이는 어떤 일에서 실패하거나 삶에서 피할 수 없는 난관을 겪고 괴로워하는 때를 가리키는 말이 아니에요. 벤 샤하르는 나 아닌 바깥에서 행복을 찾다 실패하는 과정이 여러 번 반복되면 결국 희망을 잃게 된다는 말을 했던 겁니다. 하지만 그럴 필요 없습니다. 앞으로 이야기하겠지만, 쾌락 적응에서 벗어나 꾸준히 행복과 안녕감, 만족과 성과를 높일 방법이 있으니까요. 그러려면 외적인 성취나 높은 지위에 초점을 맞추는 대신 안착에 집중해야 합니다.

임상 심리학에서는 불안과 우울을 개선하고 자신감을 키우는 가장 효과적인 치료법으로 수용 전념 치료Acceptance and Commitment Therapy, ACT와 인지 행동 치료Cognitive Behavioral Therapy, CBT, 변증법적 행동 치료Dialectical Behavior Therapy, DBT를 꼽습니다. 이 3가지 치료법의 공통점은 행복과 안정, 평정심은 안착에서 비롯된다는 믿음입니다. 그런데 일반적으로 이 치료법들은 심각한 정신 질환이나 중독을 치료하는 데만 쓰이곤 하니 안타까울 뿐이지요. 앞으로 이야기할 테지만, 이들 치료법의 접근 및 실천 방식은 평범한 사람들부터 세계적으로 성과를 인정받은 사람들까지 누구에게든 큰 힘이 될 수 있는데 말이에요.

한편 최근의 성과 과학에서는 어떤 종류든지 꾸준히 성공을 경험하려면 건강과 안녕감, 일반적인 생활 만족도가 견고한 토대 역할을 해야 한다고 말합니다. 이런 바탕이 없으면 반짝 좋은 결과를 내더라도 결국 겨우 몇 년 안에 실패와 번아웃을 겪는 일이 비일비재해요. 성과는 좋지만 신체적, 정서적인 상처와 아픔 때문에 힘겨워하는 사람들의 공통점은 항상 앞만 보고 달리느라 안착에 힘쓰는 일은 외면한다는 것이죠. 그러나 안착이라는, 바탕을 돌보는 일을 우선시하는 사람들은 오랫동안 만족스럽고 성공적인 커리어를 이어 가곤 합니다. 이 점은 운동, 창작, 사업, 의료 등 다양한 영역과 직군에서 뚜렷하게 나타나지요.

마지막으로, 동기와 번아웃을 주제로 한 수십 년간의 연구에서는 오래도록 성취감을 느끼며 목표를 향해 노력하려면 그 원동력이 내면에서 비롯되어야 한다고 지적합니다. 외부의 인정이나 벗어나기 힘든 일중독이 노력의 이유여서는 안 된다는 것이지요.

내면의 힘을 강조한 고대의 지혜들

오래전부터 세상에 전해 내려온 지혜에서는 대부분 안착을 다지는 중요성을 강조합니다. 안착이라는 은신처를 마련하여 힘과 안정감, 마음에서 우러난 깊은 자신감을 얻고 삶의 주인이 됨을 느끼면 순간의 욕구에 휩쓸리거나 삶과 일상의 어려움에 압도될 위험이 줄어듭니다.

　불교, 스토아학파, 도교 등에서는 1000년에 걸쳐 이 교훈을 가르쳤습니다. 붓다는 진정한 평화로움은 오직 '애정 어린 인식loving awareness' 속에서만 찾을 수 있다고 말했어요. 애정 어린 인식을 서구의 개념으로 바꾸면 '영혼soul'이라고 말할 수 있지요. 영혼은 곧 일상의 온갖 분주함에 가려 보이지 않는 우리의 일부이자, 외부에서 일어나는 많은 일 속에도 동요하지 않는 우리의 영속적이고 근본적인 본성입니다. 불교에는 '정정진正精進, right effort', 바꿔 말하면 바른 노력이라는 개념이 있습니다. 정정진의 원리에 따르면 사람은 안착된 노력을 기울일 때 더 의미 있게 공헌하며 만족감과 성취감을 느낄 수 있어요. 스토아학파에서는 행복한 삶을 살고자 한다면 잠시뿐인 높은 지위나 타인의 인정을 얻으려 하는 대신 '제대로 안착'하는 데 힘을 기울여야 한다고 말합니다. 만족감과 성취감을 찾기 위해 외부로 눈을 돌리려는 마음을 버리고 내면에서 그것들을 찾아야 한다는 것이지요. 유명한 도교 사상가 노자老子는 세상의 풍파가 계속되더라도 단단히 안착해 있으면 주변에서 무슨 일이 일어나든지 균형을 유지할 수 있다고 가르쳤습니다.

4세기의 기독교 사상가 성 아우구스티누스는, 사람은 세상에서 무언가를 성취하고자 갈망하는 성향이 있다고 했습니다. 그러나 도착 오류의 위험을 예견하며, 겉으로 드러나는 성과를 좇는 열정의 노예가 되면 영영 만족을 모르고 '다음'만 좇으며 덧없고 순간적인 것들에 집착하고 온갖 잘못된 곳에서만 애정을 갈구하게 된다고 경고했어요. 이후 13세기에 기독교 신학자 마이스터 에크하르트는 흔들림 없이 안착할 때 진정한 행동이 나온다고 강조하며 이렇게 말했습니다. "내면에 대한 집중은 효과적인 행동을 낳고, 효과적인 행동은 다시 내면에 대한 집중을 낳는다. 그럴 때 우리는 강요하지 않아도 행동하는 데 익숙해진다. 깊고 묵직하게 안착할수록 높고 가볍게 날아오를 수 있다."

이렇게 반복되는 주제는 분명합니다. 오래가는 방식으로 성공과 행복을 누리고 싶다면 안착해야 합니다. 앞으로 더 이야기하겠지만, 이러한 고대의 지혜 가운데 수동성을 강조하는 경우는 없다는 점이 흥미로워요. 이들은 한결같이 '현명한 행동wise action'을 강조합니다. 현명한 행동은 사람의 기본 반응 방식인 '무의식적 행동reaction'과 큰 차이가 있어요. 무의식적 행동은 성급하고 경솔하지만 현명한 행동은 신중하고 사려 깊습니다. 왜냐하면 현명한 행동의 바탕은 내면의 힘, 즉 안착이기 때문이지요.

최고의 성과가
최고의 성공은 아니다

나는 세계적으로 가장 높은 수준의 성과를 내는 사람들을 살펴보면서 그들 역시 안착을 다지는 데 집중한다는 사실을 알게 되었습니다. 하버드대학교의 '다크호스 프로젝트dark horse project'를 생각해봅시다. 이 프로젝트에서는 온갖 다양한(주로 특이한) 영역의 사람들(음악가, 개 훈련사, 작가, 소믈리에, 열기구 조종사 등)을 대상으로 그들이 각자 최고의 성과를 달성하고 궁극적인 성취감을 느끼며 삶에 만족하기까지 과정을 장기적으로 살펴보았습니다. 인간 발달 연구가 토드 로즈Todd Rose와 신경 과학자 오기 오가스Ogi Ogas가 《다크호스》라는 제목의 책으로 출간한 이 연구의 결론은 크게 2가지로 말할 수 있어요. 이 2가지 주제는 전통에서 벗어난 방식을 따라 행복한 삶을 살게 된 '다크호스'들이 따르는 원칙이지요. 첫째, 다크호스들은 자신에게 가장 중요한 것을 이루는 데 집중합니다. 둘째, 그들은 자신을 타인 또는 성공에 대한 관습적 정의와 비교하지 않습니다.

로즈는 이렇게 말했습니다. "가장 먼저 할 일은 자신을 아는 겁니다. 대다수의 사람은 자신에 대해 말할 때 특기나 직업을 떠올리는 경우가 많죠. 그런데 다크호스들은 '나'에게 중요한 것, '내' 마음을 움직이는 것에 놀랍도록 집중하고 그런 것들을 '나'를 정의하는 토대로 삼는다는 걸 알게 됐습니다. 진정으로 마음을 움직이는 동기가 되는 것에 기반을 두면 그것들이 우리를 성취의 길로 안내하는 겁니다."

세계적으로 뛰어난 성과를 냈던 사람들이 난관을 겪으며 기량을 잃었다가 회복하는 과정에서도 역시 배울 점이 많습니다. 2차례 올림픽에 출전했던 장거리 육상 선수 세라 트루Sarah True, 가수 사라 버렐리스Sara Bareilles, 농구 스타 케빈 러브Kevin Love와 더마 더로전DeMar DeRozan, 드라마 〈풀하우스〉에 출연했던 배우 앤드리아 바버Andrea Barber, 선구적인 과학자 스티븐 헤이즈Steven Hayes 등은 무너졌다 일어서서 최고의 성과를 낸 사람들입니다. 이제부터 다루겠지만, 그들은 모두 한때 영웅적 개인주의와 그에 따른 번아웃, 불안, 우울 등으로 괴로워했어요. 그들의 침체기에는 적어도 한 가지 공통점이 있습니다. 전통적인 의미의 성공을 좇으며 노력하는 데지나치게 몰두한 기간을 거쳤다는 사실이에요. 그들은 다시 안착하기 위해 노력하면서 비로소 더 편안해졌고 더 나은 성과를 내기 시작했습니다.

더 깊고 넓게 뿌리내리는 방법

작가이자 코치로서 내가 내 일에서 중요하게 생각하는 것은 패턴 파악입니다. 나는, 화려한 약속과 달리 현실적인 효과는 미미한 백전백승 속전속결식 해결책이나 근거 없는 연구에는 관심이 없습니다. 그것들을 상품으로 내놓는 마케터와 인터넷의 미끼성 광고 배너, 과학의 탈을 쓴 신비주의자들이 말하는 것과 달리, 깊은 행복과 영원한 안녕감, 오래가는 성과를 장담하는 만병통치약은 없으니까요.

대신 나는 수렴convergence에 관심이 있습니다. 다양한 분야의 과학적 연구와 많은 사람이 좇았던 고대의 지혜, 성과의 최강자들이 택한 실천법이 모두 같은 진리를 가리킨다면 분명 거기에 집중할 필요가 있을 거예요. 그런 수렴의 결론은, 결과에 집착하는 대신 삶의 과정을 온전히 살아가는 데 집중하며 지금 선 자리에 굳게 안착할 때 행복과 성취감, 안녕감, 지속적인 성과를 얻을 수 있다는 겁니다.

지금부터 이 진리를 실천하는 방법을 이야기하려고 합니다. 먼저 근거로 뒷받침되는 안착의 기본 원리들을 쉽게 풀어 볼 거예요. 오늘날의 과학과 고대의 지혜, 큰 성과를 내는 행복하고 건강한 사람들의 경험이 깔끔하게 수렴하는 지점이 우리 이야기의 바탕입니다. 수용, 집중, 인내, 취약성, 깊은 유대, 움직임으로 말하는 이 원리들에 집중할 때 단단하고 확고하게 안착할 수 있습니다. 이 6가지 원리를 대략 다음과 같이 소개합니다.

- ◆ **수용**(원하는 곳으로 가기 위해 지금 있는 곳을 받아들인다): 원하는 곳이나 있어야 한다고 생각하는 곳, 남들이 나에게 원하는 곳이 아닌 지금 내가 있는 곳을 냉철하게 바라보고 받아들이며

그 자리에서부터 시작한다.

- **집중**(주의력과 에너지를 확보하기 위해 온전히 몰입한다): 지금 눈앞에 있는 것에 몸과 마음을 완전히 투입한다. 과거나 미래에 관한 생각이 아닌 현재의 삶에 더 온전히 더 많은 시간을 쏟는다.

- **인내**(참고 견디면 더 빨리 도달할 수 있다): 일이 되어 갈 시간과 공간을 충분히 마련한다. 비정상적인 속도로 달리며 삶에서 도망하려 하지 않는다. 즉각적인 결과를 바라지 않으며 원하는 결과가 일어나지 않더라도 그만두지 않는다. 목표를 좇는 사람이 아닌 목표를 실천하는 사람이 된다. 길게 본다. 끊임없이 방향을 바꾸는 대신 경로를 유지한다.

- **취약성**(약한 면을 인정하면 내면의 힘과 확신이 생긴다): 진정성을 보인다. 나에게도 남에게도 진짜 나를 드러낸다. 실제 나, 직장이나 온라인에서의 나 사이에 '인지 부조화'가 일어나지 않게 한다. 그럴 때 진정한 나를 알고 신뢰할 수 있으며, 그 결과 가장 중요한 것에 에너지를 쏟을 자유와 확신이 생긴다.

- **유대**(깊고 특별한 관계를 만든다): 진정한 연결감과 소속감을 기른다. 생산성만큼 사람도 우선시한다. 삶의 굴곡 속에서 나를 붙잡아 주고 북돋워 줄 든든한 관계에 몰입한다. 이 관계를 통해 내가 다른 사람을 붙잡고 북돋울 기회 역시 생길 것이다.

- **운동**(마음의 안정을 위해 몸을 움직인다): 몸의 주인이 되고 몸과 마음을 하나로 연결하기 위해 자주 몸을 움직인다. 그럴 때

지금 선 곳에서 굳건하게 자리 잡을 수 있다.

각 원리에 대해서는 다양한 분야에서 공통으로 말하는 근거들을 살펴보려고 합니다. 그 과정에서 이 원리들이 서로를 지탱하고 있음을 알게 될 거예요. 하늘 높이 솟은 캘리포니아 삼나무들을 땅에 단단히 안착시킨 뿌리들처럼요. 흥미로운 역설에 관해서도 알아볼 예정이에요. 행복과 성취 같은 결과를 전부 혹은 부분적으로나마 내려놓고 안착이라는 영속적인 토대를 다지는 데 집중할 때 분명히 더 큰 행복과 성공에 이르게 됨을 차근차근 알아보기로 합시다.

앎과 실천의 간극 없애기

이 책에는 우리의 사고방식에 긍정적인 영향을 미칠 개념과 아이디어들이 담겨 있습니다. 하지만 그것들은 실제로 적용해야만 제대로 힘을 발휘할 수 있어요. 그런 의미에서 안착의 원리들을 익히는 데 그치지 않고 책에서 가져다 현실로 만들 확실하고 근거 있는 실천법까지 짚어 볼 거예요. 나는 클라이언트들을 코치할 때 "앎과 실천의 간극knowing-doing gap"이라는 말을 씁니다. 원리를 이해하고 그 가치를 확신했다면 반드시 실천해야 하지요. 이제부터 나올 각 장은 이 점을 바탕으로 구성되었습니다. 먼저 각 원리를 꼼꼼하게 살펴본 뒤 그 원리를 행동에 옮길 구체적인 실천법을 알아볼 거예요.

그러나 안착의 원리들은 사회의 일반적인 기준만이 아니라 개인적인 습관 에너지, 즉 우리가 과거에 존재하고being 행하던doing 방식과도 상충하는 면이 있음을 알아 두어야 합니다. 사람들은 습관적으로 하는 많은 일이 생산적이지 못하다는 걸 알면서도 바꾸기 어려워합니다. 하지만 이는 정상이에요. 변화는 어렵습니다. 사람들은 현실에서 몸에 익은 관성과 함께 살아가고 관성은 아주 질기니까요. 이 책을 읽는 동안 알게 되겠지만, 안착된 삶을 사는 것은 끝없는 실천의 과정입니다.

머리로 이해하는 것과 그것을 일상에서 현실로 만드는 것은 별개입니다. 틱낫한 스님은 이렇게 썼어요. "정원을 가꾸고 싶으면 몸을 구부리고 흙을 만져야 한다. 정원을 가꾸는 일은 생각이 아니라 몸으로 하는 일이다."

단단하고 흔들림 없이 안착하고자 힘쓸 때는 바로 지금입니다. 이제 그 첫 번째 원리인 '수용'에 관해 이야기해 봅시다. 지금 있는 곳을 받아들이는 것의 의미를 알아보고 이 원리가 원하는 곳으로 가는 열쇠인 이유를 살펴보기로 합시다.

1부

단단한 삶을 만드는
6가지 원리

*The Practice
of Groundedness*

1장

수용:

원하는 곳으로 가기 위해
지금 있는 곳을 받아들인다

2016년 8월, 브라질 리우데자네이루의 무더운 여름날. 대서양 남단 군사 기지 포트 코파카바나Fort Copacabana에서 올림픽의 영광을 꿈꾸는 세계 정상급 철인 3종 경기 선수들이 수영, 사이클, 마라톤으로 이어질 경기를 앞두고 물에 들어갈 준비를 하고 있었습니다. 세라 트루는 미국을 대표하는 3명의 여자 선수 중 한 명이었어요.

트루가 경기에 나온 것은 이번이 처음은 아니었습니다. 그녀는 2012년 올림픽에서 4위로 결승선을 끊었어요. 10초 차이로 시상대와 메달을 놓치고 만 가슴 쓰린 순간이었죠. 트루는 이번에야말로 그때 못다 한 일을 반드시 해내고 싶었습니다. 그리고 그만큼 남편을 위해 달려야 한다는 생각도 강했습니다. 그녀의 남편 벤 트루Ben True는 미국이 낳은 중거리 선수 가운데 가장 뛰어난 사람 중 한 명으로 역시 세계 최고의 기량을 자랑했어요. 그러나 올림픽에 관해서는 번번이 꿈을 이루지 못했습니다. 벤은 이번만큼은 그간 훈련에만 매진한 노고를 인정받고 싶었지만 1초도 안 되는 차이로 예선에 탈락해 올림픽 대표팀에서 제외된 터였습니다. 두 사람 모두 최고가 되기 위해 평생을 바쳤지만 목표가 이뤄질 순간을 목전에 두고 몇 초 차를 극복하지 못한 셈이었어요. 게다가 그런 일이 한 번도 아니고 두 번이나 일어나자 부부는 몹시 상처를 받았습니다.

코파카바나의 출발선에서 바다로 뛰어들던 세라 트루는 그래서 두 사람 몫의 짐을 지고 있었던 거예요. 세라는 그때를 돌아보며 나에게 말했습니다.

"바랐건 바라지 않았건, '우리의' 올림픽은 '저만의' 올림픽이 돼 있었어요."

수영 구간은 순조롭게 지나갔습니다. 언제나처럼 금메달을 노려볼 만한 기록이었지요. 그러나 뭍으로 올라와서 자전거로 달려가는데 다리에 경련이 일기 시작했습니다. 처음에는 다리가 뻣뻣하긴 하지만 자전거에 오르면 괜찮아지리라 생각했어요. 그러나 다리는 영영 풀리지 않았지요. 트루는 참혹한 얼굴로 페달을 굴리며 겨우 자전거를 탔고, 최대한 버텨 보려 했지만 결국 경기에 기권하고 말았습니다. "몸이 말을 듣지 않았어요." 몸이 말을 듣지 않았으니 당연하고 또 (사실은) 당연하지 않은 결과였습니다.

트루는 무너지지 않았음을 보여 주려고 안간힘을 썼습니다. 하지만 그것은 겉모습일 뿐, 속은 달랐어요. 사실은 말할 수 없이 절망스러웠지요. 브라질에서 출발한 비행기가 미국에 착륙한 지 얼마 되지 않아 트루는 깊고 어두운 우울감에 빠져들기 시작했습니다. 그녀는 그 시절을 이렇게 기억했습니다.

"밤이면 겨우 네 시간을 잤어요. 그것도 처방받은 수면제와 진통제를 먹고서 가능한 일이었어요." 그리고 이런 생각이 들었다고 해요. '나 때문에 남편이 실망했고 나 역시 실망했어. 훈련이 다 무슨 소용이야.'

트루는 고집 센 장거리 선수들의 전형적인 해법을 따랐습니다. 통증을 참으며 훈련을 계속한 겁니다. 그러면서 이 또한 지나갈 것이며 이 정도는 참을 수 있다는 말로 자신을 달랬습니다. 그러나 안타깝지만 그 말은 맞지 않았어요. 몸에 감각이 없어질 만큼 몇 시간이고 바보처럼 페달을 굴렸지만 소용없었으니까요.

"끈질기게 자살을 생각했어요. 장시간 자전거를 타고 훈련할 때면 이대로 방향을 바꿔서 다가오는 차들을 향해 돌진하고만 싶었어요. 트럭 한 대 한 대가 전부 이 상황을 완전히 멈춰 줄 도구로 보였거든요."

이 소용돌이는 2017년까지 계속됐습니다. 한 달 한 달 시간이 흘렀고, 트루는 자신의 우울증이 더 나빠질 수 없을 만큼 심각해지고 있다는 생각을 지울 수 없었어요. 실제로 그녀의 우울증은 악화되고 있었습니다.

트루는 2017년 중반이 되어서야 비로소 이 상황에 마음을 열었고, 자신을 장악한 깊은 슬픔과 그 결과로 생긴 우울증을 있는 그대로 받아들였습니다. 또한 우울증을 억누르며 혼자 이어 가던 싸움을 그만두고 집중 치료를 시작했습니다. 그 당시 어떻게 해서 치료를 받게 되었느냐고 물었지만 트루는 특별한 날이나 사건, 이유를 짚어 내지는 못했어요. 무엇보다 너무 지쳐 있고 아직 살아 있다는 것이 가장 중요했다고 해요.

"장거리 선수들은 참고 계속하는 법을 배워요. 뭔가 잘못된 것 같으면 더 열심히 하는 게 원칙이죠. 계속해 밀어붙이며 앞으로만 가는 거예요. 하지만 제게 그런 태도는 분명 해결책이 아니었어요."

트루는 고교 시절 이후 간간이 찾아오는 우울증과 사투를 벌여 온 터였습니다. 우울증을 제대로 치료하려면 일상에서 물러나야 하는데 그럴 여유를 찾기가 불가능해 보였다고 했어요. 그러나 이제 우울증이 극에 달해 있었고, 그녀는 금방 무너져도 이상하지 않을 바탕 위에서 살아가고 있었어요. 물론 바탕이라는 게 존재하기는 했다면 말이죠. 트루는 이런 상황이 계속되는 걸 참을 수 없었어요. 그 힘든 철인 3종 경기에서 그랬듯, 트루에게는 앞으로 나아가는 것보다 속도를 늦추고 지금 위치를 받아들이는 게 훨씬 더 어려웠습니다. 우울증과 그 원인을 마주하고 해결해 나가는 것 역시 마찬가지였어요. 그녀는 이 가운데 그 어느 것에도 흥분을 느끼지 못했습니다.

보고 싶은 것만 보지 않는다

세라 트루만큼 유명하지 않고 그만큼 심각한 우울증을 겪지 않더라도 모든 사람은 직업적으로나 개인적으로 기복을 겪습니다. 삶은 호락호락하지 않고 항상 원하는 대로만 흘러가지도 않아요. 인간으로 살아간다는 건 복잡한 일입니다. 바람과 달리 세상에는 통제할 수 있는 것보다 통제할 수 없는 것이 훨씬 많지요. 노화, 질병, 죽음, 돈, 사랑하는 사람의 행동 등은 그 일부일 뿐이에요. 이런 현실은 받아들이기 쉽지 않고 때로는 두렵기까지 합니다.

일이 뜻대로 되지 않을 때 우리는 현실을 받아들이는 대신 본능적으로 마법 같은 생각에 빠져들어요. 지금 이 상황은 사실 보기보다 괜찮은 상황일 거라고 자신을 설득하는 것이지요. 사회 과학을 연구하는 사람들은 이를 '동기화된 추론motivated reasoning'이라고 부릅니다. 동기화된 추론이란, 사물을 있는 그대로가 아니라 원하는 대로 보려 하는 것을 말해요. 흔한 예로, 지금 직장이 싫긴 하지만 불편한 진실을 마주하느니 사실은 이곳이 괜찮은 곳인 이유를 여기저기서 찾으려 하는(그리고 결국 찾아내는!) 경우가 그렇지요. 더 쉬운 해결책은 스트레스가 되는 것을 모조리 무시해 버리는 겁니다. 마치 모래 더미에 머리를 처박듯이 말이에요. 피상적 성공을 좇는 문화와 세상의 영웅적 개인주의가 던지는 조언을 따르게 되는 셈이죠. 그래서 사람들은 긍정적으로 생각하고, 민감하게 굴지 않고, 기분을 상쾌하게 전환하고, 물건을 사 재끼고, 트위터를 합니다. 문제와 두려움에서 달아나기 위해 요란하고 충동적인 활동에 몰두하는 거예요. 진짜 시작점을 인정하고 인식하기는 마다하고 그저 상황이 나아질 것을 기대하지요. 이것은 잠시 고통을 덜어줄 수는 있지만 장기적으로 좋은 방법은 아닙니다. 정말 해결해야할 문제(건강하지 못한 습관, 관계의 외로움, 직장에서의 번아웃, 위태로운 몸과 마음, 불안의 경계에 선 사회 등)를 해결하지 못하고 지나쳐버리는 패턴에 빠져들게 되거든요. 그 결과 사람들은 지금 선 자리에서는 절대 단단히 안착하지 못합니다. 그렇게 해서는 현실을 온전히 살아 낼 수가 없기 때문이지요.

안착의 첫 번째 원리는 '수용'입니다. 어느 영역에서든 크고 작은 발전을 경험하려면 지금의 위치를 인식하고 수용하여 거기서부터 시작해야 합니다. 원하는 곳이나 있어야 한다고 생각하는 곳, 다른 사람이 나에게 원하는 곳이 아닌 내가 지금 있는 곳이 시작점이 되어야 해요. 곧 알게 되겠지만, 수용은 지금의 행복과 성과만이 아니라 미래의 생산적 변화도 끌어내는 열쇠예요. 인본주의 심리학의 선구자 칼 로저스는 개인의 성장과 성취를 주제로 수십 년간 개개인을 대상으로 연구를 진행했습니다. 그는 자신이 관찰한 가장 뼈아픈 사실을 담아 다음과 같은 유명한 말을 남겼어요. "정말 재밌는 역설은 나를 있는 그대로 받아들일 때 내가 변할 수 있다는 것이다."

있는 그대로를 받아들인다고 하면 포기, 안주, 방관, 안일 같은 말이 먼저 떠오를 겁니다. 하지만 그렇지 않아요. 수용은 소극적으로 물러나는 것이 아니라, 상황을 꼼꼼하게 살피고 좋든 싫든 있는 그대로 명확하게 바라보는 것을 뜻해요. 상황을 분명하게 이해하고 적어도 그 안에 머무를 만큼 편안하게 느낄 때만, 원하는 곳으로 가기 위해 현명하고 생산적인 행동을 취할 수 있는 것이죠.

나는 강박 장애를 치료하는 과정에서 처음으로 수용의 중요성을 알게 됐습니다. 그러나 지금은 내 삶의 모든 영역과 내 클라이언트들의 삶에도 수용의 원리를 적용하기 위해 최선을 다하고 있어요. 사실 나는 강박 장애가 있기 전부터 어려움이 있으면 부정하고 억누르고 회피하려 했어요. 무엇보다 거기서 벗어나기 위해 빨리 문제를 해결하려는 경향이 컸죠. 고등학생 시절 농구팀에 탈락했을 때, 대학생 시절 결혼을 생각하던 여자 친구한테 차였을 때, 바라던 직장에 들어가지 못했을 때, 잠재 클라이언트를 잃었을 때, 글이 거절당했을 때는 이런 전략이 제법 잘 먹혔던 것 같아요. 하지만 강박 장애는 달랐습니다.

꼬리에 꼬리를 무는 생각, 두렵고 절망스러운 느낌, 자해 충동 같은 것들은 그럴 만한 이유가 있을 때도 충분히 끔찍하지만 그럴 만한 이유가 없을 때는 더더욱 끔찍합니다. 후자의 경우가 전형적인 강박 장애에 해당하지요. 나는 아내가 첫 아이를 가졌을 때 강박 장애를 앓았습니다. 이런 문제가 나타나기에 이렇게 적절치 못한 시기가 또 있을까요. 그 무렵 강박의 격한 폭풍이 몰아칠 때면 나는 내가 아는 유일한 해결책에 매달리곤 했습니다. 먼저 강박 장애를 완전히 부정했고, 이건 몸에 일어난 정체 모를 질병 같은 거라고, 결국 다 지나갈 거라고 되뇌었어요. 무슨 바이러스 따위가 몸에 달라붙은 것 같은데 마음에까지 영향을 주는 모양이라고 생각하려 했습니다. 그런 다음에는 상황에 저항하며 문제를 해결해 보려 했어요. 생각과 느낌, 충동이 사라지도록 끝도 없이 노력하며 혼잣말을 계속했지요. "이건 악몽이지, 실제로 일어나는 일이 아니야. 결국 난 '전문가'고 심리적인 기술과 성과를 코치하는 사람이 잖아. 틀림없이 내 뜻대로 나를 더 긍정적으로 움직일 방법이 있을 거야."

하지만 그건 틀린 말이었습니다. 나는 틀리고 또 틀리기를 거듭했습니다. 현실을 받아들이기를 거부하며 저항하는 것은 소용없는 일로 그치지 않고 상황을 악화시키기까지 했습니다. 강박에서 비롯되는 감정은 강하게 부정할수록 강하게 되돌아왔으니까요. 불쾌한 생각과 느낌, 충동은 억누르고 완전히 차단하려 할수록 역효과를 냈습니다. 불난 데 기름을 들이붓는 격이었어요.

결국 나는 친절하고 다정하며 숙련된 심리 상담사의 도움으로 강박을 인정하기 시작했습니다. 나는 지금 마음이 건강하지 않고 이런 생각과 느낌, 충동은 진짜며 그것들은 하룻밤 사이에 사라지지 않는다는 걸 받아들였어요. 문제를 해결하는 것은 몇 시간이 아니라 며칠로도 충분하지 않았어요. 그러는 동안 그때까지 내 삶에서 가장 힘들었고 아직도 어떤 날은 가장 힘든 일을 배워야 했지요. 추한 생각과 느낌, 충동을 받아들이고 그것들을 그대로 두는 법을 알아 가야 했어요. 내가 이렇게 타협점을 찾는 동안, 내 심리 상담사는 굳이 강박 장애를 좋아할 것까지는 없지만 그것을 인정하는 것은 필요하다고 말했습니다. 적어도 상황을 있는 그대로 바라볼 수는 있어야 한다는 말이었어요. 나는 현실을 밀어내고 상황이 달라지기를 바라던 마음을 버려야 했고, 설령 견딜 수 없을 만큼 싫더라도 현재 일어나는 일들과 함께 살아가야 했습니다. 이것은 내가 현실에서 회복을 위해 내디딘 진짜 첫걸음이었어요. 나는 인정하거나 수용하고 싶지 않은 것을 인정하고 수용할 때만 상황을 개선할 행동을 시작할 수 있었습니다. 바꾸고 싶은 일이 있는데 그것과 싸우기까지 해야 한다면 의미 있는 방향으로 변화를 일으키기는 힘들 겁니다. 또한 초기라 할지라도 강박이 시작되고 있음을 받아들이지 않으면 유의미한 방식으로 이 문제를 다룰 수 없어요. 살다 보면 어려움 자체에만 초점을 맞추는 일이 너무 많지요. 숨은 원인을 인식하고, 받아들이고, 고민하는 일은 덮어 버린 채말이에요.

성공도 실패도
일단 인정하고 시작하자

바람과 현실의 차이는 앞으로 상황을 개선할 생산적인 행동을 하는 데 걸림돌이 되는 동시에 지금 당장 불만을 일으키는 원인이 되기도 합니다. 2006년, 남덴마크대학교의 감염병 학자들은 다른 서구 국가 사람들보다 덴마크 사람들의 행복 및 생활 만족도 지수가 꾸준히 높게 나오는 이유를 알아보기 시작했습니다. 《영국의학저널The BMJ》에 실린 이 연구 결과의 핵심은 '기대의 중요성'이었어요. 연구를 이끈 학자들은 이렇게 썼습니다. "기대치가 비현실적으로 높으면 실망감이 들고 생활 만족도가 낮아질 가능성이 있다. 덴마크 사람들은 생활에 대한 기대치는 상당히 낮지만 만족도는 아주 높다."

2014년, 유니버시티칼리지런던의 학자들은 시간의 변화에 따른 행복의 패턴을 연구한 적이 있습니다. 그들은 다음과 같은 결론을 내렸어요. "확률적 보상 과제probabilistic reward task의 결과에서 느끼는 일시적 행복은 해당 과제에서 얻은 보상 자체가 아니라 보상에 대한 기대와 거기서 발생하는 예측 오류가 결합한 영향으로 설명된다." 쉽게 말해, 어느 때든지 행복은 현실에서 기대치를 뺀 것과 같다는 뜻입니다. 기대가 항상 현실을 웃돌면 절대 만족할 수 없지요. 성공적인 소프트웨어 회사인 베이스캠프Basecamp의 설립자 겸 CEO로, 직업에 대한 만족을 주제로 많은 글을 쓴 제이슨 프라이드Jason Fried는 이렇게 적었습니다.

"전에는 종일 머릿속에 기대치를 정해 두고 있었다. 그런데 상상 속 현실과 진짜 현실을 끊임없이 비교하는 건 힘들고 피곤한 일이다. 그럴 때면 대개 무언가를 그저 있는 그대로 경험하고 느낄 수 있는 기쁨은 다 사라져 버리는 것 같다."

이 말의 요지는 기대치는 항상 낮게 잡으라는 것이 아니에요.

더 큰 목표를 향해 노력하고 '최적점 과제'를 찾는 것은 성장과 성취의 가장 큰 핵심이지요. 기대를 높게 잡는 것은 나쁘지 않으며, 훌륭하고도 중요한 일입니다. 그러나 그렇게 노력하는 동안에는 깊이 집중하며 현실을 수용해야 해요. 그리고 현실이 기대와 다를 때는 그것 때문에 실망하는 대신 현실을 있는 그대로 받아들여야 합니다. 현실이 만족스러울 때만이 아니라 만족스럽지 못할 때 역시 마찬가지예요. 그럴 때만 원하는 변화를 끌어낼 '현명한 행동'에 돌입할 수 있지요. 달리 말하면, 행복과 성공을 위해 이를 악물고 노력을 쏟아붓는 것은 진짜 행복과 성공을 얻는 데 최악의 방법인 겁니다.

앞서 언급한 연구들이 완성되기 한참 전, 신화와 '진짜' 영웅에 관한 세계적인 권위자 중 한 사람인 조지프 캠벨Joseph Campbell은 이렇게 썼습니다. "영웅들이 겪는 기이한 어려움의 핵심은 현실에 존재하는 삶이 우리가 머리로 바라는 삶에 좀처럼 미치지 못한다는 사실이다." 캠벨은 문화와 전통을 아우르는 이야기들을 수십 년 동안 연구한 끝에, 신화에 등장하는 영웅들은 삶의 여정 중 어느 시점이 되면 현실과 기대의 차이를 좁혀야 하는 상황에 놓인다는 것을 알게 되었습니다. 대개 영웅이 될 인물은 한동안 현실을 부정하는 데서 벗어나지 못하지만, 결국 그 어려움을 마주하고 극복하는 법을 배웁니다. 본질적으로 '수용'을 실천하는 법을 익히는 것이지요. 그럴 때 그들은 확실하고 적절하게 행동할 수 있게 됩니다. 영웅이 될 길이 열리는 겁니다.

많은 경우에 우리는 영웅적 개인주의에 젖어 생각 없이 미친 듯 움직이며 살아왔습니다. 하지만 이제 거기서 벗어나 삶의 어려움 속에서 수용을 실천하며 현명하게 행동할 방법을 배울 수 있어요. 캠벨의 영웅들처럼 말이죠. 다행히 그 과정에 도움이 될 방법이 정립되어 있어요. 40년 가까이 이어진 연구와 1000건이 넘는 과학적 분석이 뒷받침하는 이 방법에 관해 이야기해 봅시다.

저항 대신
허용이 중요한 이유

스티븐 헤이즈는 임상 심리학자이자 네바다주 리노에 자리한 네바다대학교의 교수로, 44권의 책을 썼고 수많은 박사 과정 학생을 지도했으며 전 세계에서 역사상 가장 많이 인용된 1500명의 학자 가운데 한 명으로 꼽힙니다. 그는 명백히 이 시대에 가장 영향력 있는 임상 심리학자 중 한 명이지요. 헤이즈의 영웅 여정이 정점을 찍은 것은 1982년 어느 날 새벽 2시 무렵이었습니다. 그때 그는 여자 친구와 함께 노스캐롤라이나주 그린즈버러의 작은 아파트에 살았습니다. 그리고 그 집 2층 황갈색 카펫 위에서 그 일이 일어났습니다.

그 당시 헤이즈는 3년 동안 "공황 장애를 앓으며 지옥으로 굴러 떨어지는 듯한 삶"을 살았다고 했어요. 이제 막 심리학 박사 학위를 받았던 그에게 공황 장애는 특히 괴롭고 혼란스러운 존재였지요. 정말 침착해야 했지만, 학과 회의에 들어갈 때면 압도적인 불안감을 느꼈습니다. 결국 그 느낌은 일상 곳곳을 잠식해 친구들과 어울릴 때, 운동할 때, 그리고 집에 있을 때까지 그를 옭아맸습니다. 1982년 그날 밤, 헤이즈는 숨 막히는 공황 속에 뜬눈으로 밤을 지새우고 있었습니다. 가슴이 쿵쾅거렸고 목과 이마, 팔에서 맥박이 느껴졌지요. 가슴이 조여들고 팔에 경련이 일며 숨이 가빠 왔습니다.

헤이즈는 그날을 이렇게 회상했어요. "911에 전화하고 싶었습니다. 심장마비가 온 것 같았거든요. 물론 제가 공황 장애란 건 알고 있었습니다. 심리학자로서, 이것들은 제가 개인적으로 느끼는 갖가지 공포에서 비롯된 증상인 것도 당연히 잘 알았습니다. 그런데 제 머리가 끊임없이 아니라고 하더군요. 그 공포는 부정할 수 없는 진짜였어요."

그는 정말이지 싸우고 싶었고 달아나 숨고 싶었습니다. 어떻게든 이 상황을 벗어나고만 싶었던 것이죠. 그런데 그 상태로 운전은 할 수 없을 것 같으니 구급차를 부르는 게 나을 것 같았다더군요. "전화해서 빨리 응급실에 침상 준비하라고 해. 전화하란 말이야. 이봐, 너 지금 죽어 가고 있잖아. ……이런 생각을 했습니다."

하지만 헤이즈는 수화기를 들지 않았습니다. 대신 마치 유체 이탈을 하듯 지금 일어나는 일과 일어나는 일에 대한 인식 사이에 공간을 만들었습니다. 상황에서 물러나 거리를 두고 바라본 것이지요. 이렇게 생긴 공간에서 헤이즈는 구급차를 부른다면 벌어질 일을 상상했습니다. '황급히 날 병원으로 데려가겠지. 내 몸에 튜브를 꽂고 장비를 갖다 델 거야. 그런 다음 풋내기 의사가 능글맞게 웃으며 걸어 들어와 말하겠지. "환자분은 심장마비가 아니라 그냥 공황 장애입니다."' 그는 일이 분명히 이렇게 될 것을 알았습니다. "이런 말을 들으면 더 깊은 지옥으로 떨어질 것 같았어요. 딱딱한 돌바닥을 향해서 말이죠."

하지만 그는 곧 '거리 두기'를 통해 안정을 찾았습니다. 그리고 눈앞에 새로운 길이 나타났습니다. 그 길은 깊이 숨죽이고 있어서 좀처럼 드러나지 않던 내면의 자아로 이어졌어요. 그는 그때 자신의 내면에서 나온 소리를 기억합니다. "네가 누군지 모르겠지만, 분명한 건 넌 나한테 상처를 줄 수 있다는 거야. 넌 나를 고통스럽게 해. 하지만 네가 절대 할 수 없는 게 하나 있어. 넌 날 내 경험에서 떼어 놓지 못해."

헤이즈는 그 소리를 듣고 자리에서 일어났지요. 그러고는 황갈색 카펫을 내려다보며 다시는 자기 자신이나 자기가 처한 상황에서 달아나지 않겠다고 약속했습니다. "그 약속을 어떻게 지킬지는 알지 못했어요. 어떻게 하면 다른 사람들도 그런 약속을 하도록 도와줄 수 있을지 또한 그때는 몰랐습니다. 하지만 제가 할 수 있다는 건 알았어요. 그때부터는 도망가지 않았습니다."

헤이즈는 그때까지 일어난 일과 그 일을 자신만 아니라 남들에게도 적용할 방법을 이해하는 데 전념하면서 참혹한 경험에서 벗어났습니다. 이 일은 40년에 걸친 과학적 탐구의 시초가 되었지요. 그는 수백 번의 실험을 통해, 자신이 그 운명적인 밤에 깨달음을 얻기 전까지 그랬듯 사람은 불쾌한 상황과 생각, 느낌, 충동을 피하려 할수록 더 강하고 빈번하게 그것들과 마주한다는 사실을 알게 되었습니다. 헤이즈는 이렇게 말했습니다. "불편함을 억누르지 않고서는 도저히 불편함에 마음을 열 수 없다면 건강한 방식으로 어려운 문제와 직면하기가 불가능합니다."

그의 연구는 수용 전념 치료라는 치료 모델로 이어졌습니다. 수용 전념 치료에서 핵심으로 하는 말은 신체적, 정서적, 사회적으로 어려움이나 두려움을 느낄 때 저항은 대부분 상황을 악화시킨다는 것입니다. 그보다는 현재 일어나는 일을 수용하는 편이 훨씬 낫지요. 그럴 때는 먼저 마음을 열고 상황을 깊이 있게 느끼며 그대로 인정합니다. 그런 다음 상황과 관계없이 가장 중요한 내면의 가치에 걸맞게 생활하는 데 전념합니다. 있는 그대로 느끼고 받아들이고 직시하면서 말이지요. 상황에서 달아나는 대신 상황에 머물며 생산적으로 행동하는 것이 중요합니다.

수용 전념 치료에서 가장 필요한 일은 감정을 통제하지 못한 상태를 자신에게 허용하는 것이에요. 즉 고통, 상처, 불안, 욕심, 분노, 질투, 슬픔, 불안정, 공허처럼 불쾌하게 다가오지만 내 핵심을 이루는 감정들을 그대로 느껴야 해요. 물론 우리가 사는 문화 속 영웅적 개인주의는 그러면 안 된다는 잘못된 신호를 보내올 겁니다. 고대 불교에서는 모든 사람은 사는 동안 1만 가지 기쁨과 1만

가지 슬픔을 느낀다고 했습니다. 인간으로서 타고난 어둠을 받아들이지 못하면 지속적인 기쁨도 찾을 수 없지요. 그렇게 불쾌한 경험이나 상황이 생길 때마다 그것들이 사라지기만을 바라게 되기 때문이에요. 그러나 헤이즈의 연구와 내가 강박 장애를 통해 얻은 경험에서 알 수 있듯 불쾌함은 저항할수록 더 끈질기고 강하게 따라붙어 우리를 더 견고하게 에워쌉니다. 그러므로 자신을 속이며 현실을 부정하는 대신 현실을 수용하고 분명하게 바라보는 법을 배워야 합니다.

수용 전념 치료의 목적은 어려움을 제거하는 것이 아닙니다. 대신 살아가는 동안 어떤 상황을 만나든지 거기에 집중하고, 순간적으로는 어렵게 느껴지더라도 나에게 중요한 가치가 가리키는 방향으로 움직이게 하는 것이죠. 헤이즈와 동료들이 진행한 연구에서는 수용 전념 치료가 우울, 불안, 강박 등의 장애와 번아웃을 놀랍도록 개선하고 성과도 향상시킨다는 점이 밝혀졌습니다. 이는 분명 혁신적인 결과지만 수용 전념 치료의 전제는 최근에야 나온 이야기가 아니에요. 헤이즈는 자신 있게 말할 겁니다. 자신이 몸담은 현대 과학은 여러 면에서 오랜 지혜를 뒷받침하는 구체적인 근거일 뿐이라고 말이지요.

곧 더 자세하게 다루겠지만, 수용 전념 치료의 핵심은 영문 명칭 'Acceptance and Commitment Therapy'의 약자를 따서 3가지 과정으로 압축할 수 있습니다.

1. **수용**Accept: 어떤 일이 일어나면 '나'라는 필터를 들이대지 않고 있는 그대로 받아들인다. 상황에 갇혔다고 느끼지 않고 상황을 살필 수 있도록 관점과 인식을 넓힌다.

2. **선택**Choose: 가장 중요한 내면의 가치에 걸맞게 앞으로 나아갈 방법을 선택한다.

3. **행동**Take action: 겁나고 불편하더라도 생각을 실천에 옮긴다.

나를 더 아프게 만드는
두 번째 화살

2000여 년 전 스토아학파의 거장이자 로마 제국의 황제였던 마르쿠스 아우렐리우스는 《명상록》에 이렇게 썼습니다. "손을 손으로, 발을 발로 쓰고 있다면 손과 발이 아픈 것이 정상이다. 마찬가지로, 인간으로 살아가고 있다면 스트레스를 느끼는 것이 정상이다." 스토아학파의 또 다른 거목 에픽테토스는 상황을 미워하거나 두려워하면 상황이 주인이 된다고 가르쳤습니다. 현대에는 긍정적인 사고를 떠받드는 쪽이 주류를 이루며 '항상 행복해야 하며 잔뜩 구겨져 있는 것은 잘못'이라는 메시지가 쏟아집니다. 그러나 고대 스토아학파에서는 더 정직하고, 심리적으로도 더 건강한 관점에서 삶을 바라보았어요. 스트레스를 느끼는 것은 극히 정상입니다. 유쾌하지 못한 상황에 놓이는 것 역시 마찬가지예요. 스트레스가 있고 유쾌하지 않다고 해서 삶이 망가졌다는 뜻은 아니에요. 이런 것들은 모두 우리가 사람이라는 증거니까요. 사소한 골칫거리부터 큰 장애에 이르는 갖가지 문제와 고통, 어려움은 두려워하고 부정하고 억누를수록 벗어나기 어려워집니다. 그럴 때는 통제할 수 있는 부분에 더 집중하고 통제할 수 없는 부분에 대해서는 걱정을 내려놓는 것이 상책이에요.

스토아 철학자들이 그리스와 로마에서 수용에 관해 기록할 무렵, 세계 저편 인도와 동남아시아에서는 불교 철학자들이 비슷한 결론을 도출해 나가고 있었습니다. 불교 우화에는 화살을 두 번 맞지 말라는 멋진 가르침이 있어요. 첫 번째 화살은 부정적인 생각과 느낌, 사건, 상황 등을 뜻해요. 늘 통제할 수는 없는 것들이죠. 두 번째 화살은 첫 번째 화살에 대한 반응을 뜻합니다. 통제할 수 있는 것들을 말하는 거예요. 두 번째 화살에 해당하는 반응에는 부정, 억제, 비난, 저항, 충동적 행동 등이 있습니다. 이것들은 모두 어려움과 고통을 덜기는커녕 더하는 경향이 있어요. 붓다는 이 두 번째 화살이야말로 나를 더 아프게 하며, 첫 번째 화살에 대한 현명한 행동을 가로막는 주범이라고 가르쳤지요.

두 번째 화살의 개념은 불교 가르침의 저변을 이룹니다. 전설에 따르면 붓다는 깨달음을 얻기 전날 밤 '마라Mara'의 공격을 받았습니다. 마라는 두려움, 갈망, 고통, 분노, 망상, 그 외 모든 해로움을 상징하는 존재였지요. 마라는 밤새 붓다를 향해 폭풍과 군대, 악마를 보내고 탐욕, 증오, 시기, 망상의 화살로 붓다를 괴롭혔습니다. 그러나 붓다는 저항하는 대신 화살 하나하나에 집중하며 애정을 보였고, 아량의 눈으로 그것들을 인정했어요. 그러자 화살들은 꽃이 되었고 시간이 지나자 꽃잎은 더미가 되었지요. 붓다는 점점 더 마음이 차분해지고 머리가 맑아졌습니다. 마라의 공격이 계속되었지만 붓다는 지치지 않고 수용과 연민으로 반응했습니다. 결국 마라는 붓다가 자신의 공격에 대해 맞서거나 억누르지 않으리라는 것을 알고 그대로 물러났지요. 붓다는 이 과정에서 깨달음을 얻었습니다. 그는 마침내 명확하고 온전하게 볼 수 있었어요. 화살이 날아와 길을 가로막더라도 단단하게 안착할 수 있었던 겁니다.

그러나 마라는 붓다를 한 번만 찾아간 게 아니에요. 불교의 오랜 기록 곳곳에는 마라가 거듭 등장합니다. 붓다는 그럴 때마다 부정과 망상, 고통의 주기에 빠지려 하는 유혹을 밀어내고 마라를 정면으로 마주하며 이렇게 말했습니다. "내가 너를 보고 있도다, 마라야." 그는 그런 뒤 상황을 받아들이고 현명하게 행동했으며, 자신이 흔들림 없이 안착해 있음을 분명하게 나타냈습니다. 임상 심리학자이자 불교 철학자인 타라 브랙Tara Brach은 저서 《받아들임》에 이렇게 적었습니다. "붓다가 적극적으로 마음을 열고 마라와 마주했듯 우리도 잠시 멈춰 서서 매 순간 삶이 선사하는 모든 것을 향해 자신을 열어 보일 수 있다." 우리도 고통의 화살을 꽃으로 바꿀 수 있습니다. 혹여 그것이 너무 어렵다면 적어도 화살 끝을 조금 무디게 하는 정도는 할 수 있어요. 그럴 때 흔들림 없는 안착감을 느낄 거예요.

이 접근 방식은 특히 서구 사회에서 성장한 사람들의 습관적인 태도나 행동 양식과 어긋나는 면이 있을지 모릅니다. 우리는 상황에 즉각 반응하고, 상황을 통제하며, 긍정적으로 생각하려고 안간힘을 쓰고, 즉시 문제 해결에 뛰어들도록 배워 오지 않았던가요. 그러나 이 모든 전략이 효과를 내려면 수용하는 단계가 있어야 해요. 받아들이는 과정이 없으면 정작 해야 할 일은 하지 못한 채 변죽만 울리고 아무런 진전도 이룰 수 없으니까요. 현실을 받아들이지 않으면 마치 흔들리는 땅 위에 선 것처럼 조마조마하고 불안해집니다. 물론 잠재력을 이루기도 어려워지고요.

받아들이면
더 큰 성과로 이어진다

흔히 사람들은 최고가 되려면 항상 굶주린 상태로 밀어붙일 줄 알아야 하며 절대 만족해서는 안 된다고 말합니다. 그러나 영감을 주는 여러 격언에서 자주 나타나듯 현실은 그보다 복잡하지요. 나는 클라이언트를 코치할 때, 자유와 사랑을 바탕으로 일하는 것과 압박과 공포를 바탕으로 일하는 것의 차이를 자주 언급합니다. 전자는 지금 있는 위치를 받아들이는 경우를 말해요. 훈련을 신뢰하고 현실적인 기대치를 정하며 있는 그대로 자신을 받아들일 때, 즉 안착해 있을 때를 말하는 거지요. 후자는 현실을 의문스러워하며 부정하고 저항하는 경우예요. 지금과 다른 위치로 가거나 다른 존재가 되어야 한다는 필요나 충동을 느낄 때가 그 예랍니다.

상황에 관하여 자신을 속이면 거의 예외 없이 의심과 불안이 밀려옵니다. 그럴 때는 이기는 것이 아니라 지지 않는 것이 목표가 되지요. 심리학자들은 이를 수행 접근 사고방식performance-approach mindset과 수행 회피 사고방식performance-avoid mindset의 차이로 설명합니다. 수행 접근 사고방식을 적용하면 이기는 것이 목표가 됩니다. 성공의 잠재적 보상에 집중하며 순간에 몰두하기 때문에 몰입이 더 쉬워지지요. 그러나 수행 회피 사고방식을 적용하면 실수를 면하고 위험을 피하기만 급급해집니다. 지금 있는 곳이 자기 자리가 아니라는 생각이 밑바탕에 깔려 있어서 끊임없이 위협과 문제를 찾기 바빠지는 거예요.

영국 켄트대학교에서 진행한 연구에 따르면, 수행 접근 사고방식이 있는 선수들은 경기에서 기대치와 예상 수준을 넘어서는 기량을 발휘하는 경향이 있습니다. 반면 수행 회피 사고방식이 있는 선수들은 경기력이 떨어지는 경우가 많았어요. 《스포츠와운동심리저널Journal of Sport and Exercise Psychology》에 실린 한 연구에서는 수행을 회피하려고 하면 수행에 접근하려고 할 때보다 기량은 떨어지는 반면 불안과 공포, 긴장 수준은 높아짐을 밝혔습니다. 그 외 여러 연구에서 역시 두려움은 단기적인 동기는 될 수 있지만 절대 장기적인 동기로는 적합하지 않으며 오히려 스트레스와 번아웃을 가중하는 결과를 초래한다는 사실이 드러났습니다. 이러한 연구들은 운동선수들 위주로 진행됐지만 나는 기업의 임원과 경영자, 의사 같은 내 클라이언트들에게서도 똑같은 경향을 관찰해 왔어요. 사람은 자신을 속이며 현실을 밀어낼 때 의심과 불안을 느낍니다. 그러나 자신을 정직하게 대하고 현실을 받아들이면 고요하고 흔들림 없는 확신이 생기지요.

페미니스트 인권 운동가인 오드리 로드Audre Lorde는 이런 확신이 가득한 사람입니다. 로드는 인종 차별, 남녀 차별, 동성애 혐오와 맞서 지치지 않고 싸워 왔습니다. 소외를 목격할 때마다 두려워하지 않고 세상에 알렸습니다. 그런 일이 너무도 많았다는 것은 정말 슬픈 일이지요. 그녀는 이런 일들에 관해 목소리를 냈다는 이유로 사회에서 공격받는 일이 허다했습니다. 사회는 현실을 덮어 두고 싶어 했기 때문이지요. 그런데도 그녀의 글에는 희망의 메시지가 담겨 있습니다. 로드는 절망하기가 훨씬 쉬웠을 상황에서도 사랑과 용기로 글을 썼어요. "내가 나에 관해 받아들이는 것들은 절대 나를 깎아내리는 데 쓰일 수 없다." 1984년에 출간된 그녀의 저서 《시스터 아웃사이더》에 나오는 말입니다. 로드가 자신과 현실을 받아들인 건 책임과 노력에서 벗어나기 위해서가 아니었어요. 상황에 대해 묵인하고 굴복하기 위해서도 아니었지요. 오히려 그녀는 자신을 받아들이고 소외된 사람들의 현실을 받아들임으로써 그와 반대되는 목적을 달성한 거예요. 그렇게 해서 당당하게 우뚝 서서 마음을 열고 선한 싸움을 계속할 수 있었거든요. 그래서 온갖 반대를 감당해야 할 때조차 흔들리지 않았어요.

현실을 받아들이고 사랑을 토대 삼아 책임을 다한 사람은 또 있습니다. 코로나19가 막 전 세계를 뒤덮던 2020년 봄에 일어난 일이에요. 의료 체계가 붕괴할 위험 속에 많은 사람이 큰 고통에 시달리던 그때, 컬럼비아대학교 어빙메디컬센터Columbia University Irving Medical Center의 외과 과장 크레이그 스미스Craig Smith 박사는 팬데믹 상황에 대한 병원의 우선순위와 책임을 담은 뉴스레터를 만들어 하루도 빠짐없이 의료진에게 보냈습니다. 스미스는 상황을 돌려 말하거나 장밋빛 안경을 끼고 바라보지 않았어요. 다음에서 확인할 수 있듯, 뉴스레터에는 현실이 그대로 반영된 정직하지만 대개는 우울한 소식이 실려 있었지요. 그러나 그런 글은 사랑이 가득했고, 현대사의 중요한 시점에 벌어진 '이기기 위한 싸움'에 큰 힘이 되었습니다.

몇 주 뒤 코로나19의 위협을 과대평가했다며 입이 닳도록 용서를 구할 수만 있다면 그보다 기쁜 일은 없을 겁니다. …… [그러나] 만일 우리가 이 위협을 과소평가하고 있다면, 앞으로 한두 달은 상상만 해도 끔찍한 시간이 될 것입니다. 그렇다면 과연 지금 할 수 있는 일은 무엇일까요? 우리는 썰매에 착착 짐을 싣고, 썰매가 단단하게 연결됐는지 확인하고, '발토balto'를 든든히 먹이고, 눈길을 헤치고 앞으로 나아가야 합니다. 목적지는 '놈nome'입니다.(알래스카 놈에 유행병이 돌았을 때 '발토'라는 이름의 늑대개가 치료제를 구하러 간 이야기를 그린 애니메이션 〈발토〉를 오마주한 말―옮긴이). 우리 가족과 친구, 이웃들은 겁에 질린 채 속수무책으로 일터를 떠나 무기력하게 생활하고 있습니다. 그런데 의료계에 종사하는 우리는 아직 행동할 수 있으니 얼마나 기쁜 일입니까? 이것은 특권입니다! 우리는 이 길을 헤치고 앞으로 나아가야 합니다. _2020년 3월 20일

오늘 자 《뉴욕타임스》는 한 면 전체를 코로나19로 인한 부고에 할애했습니다. 이 상황은 한동안 계속될 것입니다. 서구 세계는 1874년에 처음으로 11만 킬로미터가 넘는 아프리카 횡단 길에 나섰는데 이 탐험은 1877년까지 3년 동안 이어졌습니다. 사람들은 이 길에서 어마어마한 위험과 궁핍, 질병의 공격을 겪었습니다. 228명(여자 36명, 어린이 10명 포함)으로 시작된 이 여정에서, 중간에 충원되거나 포기한 사람들도 있었지만 결국 그 절반인 114명이 목숨을 잃었습니다. 그리고 108명의 영혼이 보금자리를 찾았습니다. 사실 105명에 그칠 뻔했지만 횡단 중 3명의 아이가 태어나서 끝까지 살아남았습니다. 삶은 스스로 길을 찾는 법입니다. _2020년 3월 29일

스미스 박사의 뉴스레터는 미국 전역 여러 병원으로 퍼져 나갔습니다. 그의 리더십이 있었기에 미국은 코로나19 초기의 폭풍 같은 시간을 버텨 낼 수 있었습니다. 그러나 불행히도 지금껏 너무 많은 지도자가 상황을 받아들이지 않고 부정하며 망상에 빠진 채

거침없는 영웅적 개인주의의 면모를 보였습니다. 그래서 이 위기는 끔찍하고 비극적인 모양새로 이어지는 중이고요.

안타깝지만 우리가 속한 문화 속에는 수용과 동떨어져 회피와 공포 속에 일하게 하는 요인이 너무 많습니다. 이러한 사고방식은 구체적이고 측정 가능한 결과를 갈망하게 하지요. 이런 결과물을 만들어 내야만 가치 있고 흠 없는 사람이라고 생각하게 되는 탓이에요. 그러나 이런 갈망은 최고의 성과로 연결되지 못합니다. 불안, 우울, 번아웃, 그리고 비도덕적 행동을 낳을 뿐이지요(이 점에 관해서는 내가 스티브 매그니스Steve Magness와 함께 쓴 전작《마스터리 태도》를 참고하세요). 이런 짐을 지고 있으면 끔찍한 스트레스와 압박감이 뒤따릅니다. 우리는 현재의 능력과 상황을 있는 그대로 수용할 때만 자유로운 기반에 단단히 발을 딛고 이기기 위해 기량을 펼칠 수 있습니다. 여러 해 동안 압박을 느꼈던 사람이라면 그럴 때 족쇄에서 벗어난 기분을 느끼게 될 거예요.

내 클라이언트 중 한 명인 블레어Blare는 큰 회의나 발표 전에 "준비됐어요?"라는 질문을 받는 게 싫다고 털어놓았습니다. 더 할 수 있었고 더 준비될 수 있었는데 그러지 못한 것 같아서 불안한 마음이 들기 때문이지요. 나와 블레어는 그런 말은 큰 의미가 없다는 걸 납득하려고 애썼습니다. 어쨌든 할 수 있는 만큼만 준비될 테니까요. 블레어는 이 사실을 받아들이고 자유로워졌습니다. 그는 이 점을 받아들여 온 마음으로 느끼고 자기 것으로 만들었어요. 다른 사람이 준비됐는지 묻거나 스스로 그런 의문이 들 때면 블레어는 "할 수 있는 만큼" 준비됐다고 대답합니다. 그랬더니 여유가 생기고 편안해졌어요. 마음도 더 열어 놓을 수 있었고요. 기분이 한결 나아졌고 성과도 더 좋아지기 시작했지요. 다시 말하지만, 수용은 변화할 수 없거나 나아질 수 없다는 뜻이 아닙니다. 블레어는 시간이 가면서 변화했고 점점 더 나아졌어요. 수용이란 오늘 내가 있는 곳을 오늘 내 위치로 받아들이는 것이에요. 이것은 우리에게 진정 필요한 자세이자, 우리가 진정 원하는 곳에 닿을 열쇠입니다.

세라 트루는 여러 달에 걸쳐 우울증 치료를 받았습니다. 내가 이 글을 쓰는 지금도 그녀는 계속 나아지는 중이에요. 그렇다고 그녀의 우울증 이야기가 깔끔하게 마무리된 것은 아니랍니다. 트루는 끊임없이 발전하고 있고, 바로 그게 핵심이에요. 그녀는 이렇게 말합니다. "제게 수용은 이제 삶의 당연한 일부예요. 수용은 하루하루가 완벽할 수는 없고 그래도 괜찮다는 걸 받아들이는 거예요. 수용은 겸손해지는 일이고, 지금 내가 있는 곳을 매 순간 깨닫는 일이에요. 내 아픔과 흠, 실패를 인정하는 한편 꾸준히 앞을 향해 걷다 보면 깊은 자유가 느껴져요."

모두가 그렇듯 트루도 아직 고군분투하고 있습니다. 그러나 오랫동안 느끼던 것보다 자신을 더 강한 사람으로 느끼고 있어요. 트루는 어려움을 부정하고 애써 덮어 두기보다는 제아무리 세계적인 선수도 어쩔 수 없는 삶의 일부로 받아들였습니다. 그녀는 현실을 수용하고 직면함으로써 마침내 흔들림 없이 안착할 바탕을 찾았어요. 트루가 다음으로 거칠 과제는 은퇴할 때가 가까워졌을 때 운동을 완전히 놓고 삶의 다음 단계로 건너가는 겁니다. 대부분의 장거리 선수들에게 그렇듯 마흔 언저리가 되면 일어날 일이지요. 트루는 지금 대학원에 입학하는 데 필요한 수업들을 듣고 있습니다. 대학원에서는 임상 심리학을 공부할 생각입니다. 트루는 나에게 편지로 이렇게 말했어요. "삶은 이렇게 생각지도 못한 곳으로 우릴 데려갈 수 있어요. 정말 놀랍지 않나요?"

(실천 1)

'현명한 관찰자의 눈' 기르기

어떤 일이 일어나든지 깊이 매몰되기보다는 뒤로 물러나 멀찍이서 바라보는 편이 도움이 됩니다. 그러면 나와 상황 사이에 거리가 생겨서 상황을 수용하고 더 명확하게 살피기가 수월해지지요. 현명한 관찰자의 눈을 기르려면 따로 시간을 내서 연습하는 방법이 있고, 쉽게 쓸 수 있는 방법을 찾아 일상에 접목하는 방법이 있어요. 2가지를 다 다루겠지만, 먼저 이미 많은 사람이 따르고 있는 첫 번째 방법을 짚어 보겠습니다.

♦ 편안한 자세로 앉거나 눕는다. 5분에서 20분 사이로 타이머를 맞춘다. 눈을 감고 호흡에 집중한다. 코로 공기가 들어오고 나가는 느낌, 배가 올라가고 내려가는 느낌 등 어느 부위든

몸에서 느껴지는 감각에 집중한다. 호흡에서 집중이 흩어질 때마다 그렇다는 사실을 단순하게 인식하고 다시 호흡에 집중한다. 집중하지 못한 것을 자책하지 않는다.

♦ 1~2분 뒤, 혹은 그보다 더 시간이 지난 뒤 마음이 안정되면 나는 내 생각이나 느낌, 상황과 분리된 하나의 '생명력'이라고 상상한다. 내가 '인식' 그 자체가 되었다고 생각한다. 나는 내 생각과 느낌, 환경이 그려지는 화폭, 곧 모든 것을 담아내는 그릇이다. 인식을 파란 하늘로, 떠오르는 생각은 하늘에 떠가는 구름으로 생각해도 좋다.

♦ 이 인식의 눈으로 내 생각과 느낌, 상황을 바라본다. 처음에는 내가 그것들 안에 있는 게 아니라 마치 영화를 감상하듯 화면 바깥에서 그것들을 보는 듯한 느낌이 들 것이다. 잡념이 생기거나 생각, 느낌, 상황 등에 사로잡히는 것 같으면 나에 관한 판단 없이 그 상태를 알아차린다. 그런 뒤 다시 몸속에서 이뤄지는 호흡의 느낌에 집중한다. 호흡을 인식하는 것이 편안해지면 다시 거리를 두고 생각과 느낌을 살핀다.

♦ 이 인식을 그릇 삼아 무엇이든 내가 지금 해결하고자 하는 대상을 담아낸다. 이런 거리가 생기면 상황을 받아들이고 명확하게 살필 수 있으며, 그 결과 현명한 결정을 내릴 수 있다. 이 관점을 받아들이면 양자 물리학에서 말하는 '관찰자 효과 observer effect'와 비슷한 결과를 볼 수 있다. 즉, 관찰하는 대상과 관계를 바꾸면 관찰하는 대상의 본질이 바뀐다. 달라질 수 없

고 감당할 수 없던 과제가 달라질 수 있고 감당할 수 있는 과
제가 된다.

♦ 계속 연습한다. 생각과 느낌, 충동이 강해지고 상황이 심각해
질수록 그것들과 그것들에 대한 나의 인식 사이에서 거리를
유지하기는 어려워짐을 알게 될 것이다. 그러나 시작이 반이
다. 연습이 거듭될수록 어려운 상황에서 벌릴 수 있는 거리가
늘고, 거리를 벌리는 시점도 당겨진다.

이러한 연습을 통해 현명한 관찰자의 눈을 강화하면 일상에 접
목하기가 수월해집니다. 명상을 가르치는 미셸 맥도널드Michele
McDonald는 다음과 같이 4단계 명상법을 만들고 '레인RAIN'이라는
이름을 붙였습니다. 자신이 감정이나 상황을 억누르고 있음을 인
지할 때면 잠시 멈추고 몇 차례 호흡하세요. 그런 뒤 다음의 순서
를 따르면 됩니다.

1. **인식한다**Recognize: 지금 일어나는 일을 인식한다.

2. **허용한다**Allow: 삶을 있는 그대로 받아들인다.

3. **살핀다**Investigate: 다정하게, 그리고 궁금해하는 마음으로 감
정을 헤아린다.

4. **동일시에서 벗어난다**Non-Identification: 감정에 함몰되지 않고
더 큰 관점에서 그것을 바라본다.

더 큰 관점에서 상황을 받아들이고 판단하면 노련하게 상황을 개선할 힘이 커집니다. 연구에 따르면 이는 몸의 통증부터 마음의 통증, 사회적 불안, 어려운 결정을 내려야 하는 상황 등 모든 문제의 치료제가 될 수 있어요. 감정과의 거리는 멀수록 좋지요.

현명한 관찰자의 눈을 신속하게 뜰 수 있는 또 다른 방법은 연구자들이 말하는 '자신과 거리 두기'를 하는 것입니다. 지금 내 상황을 친구가 똑같이 겪는다고 상상해 봅시다. 나는 그 친구를 어떤 눈으로 볼까요? 친구에게 어떻게 조언할까요? UC버클리대학교의 연구에 따르면, 이 방법은 특히 위험 부담이 큰 상황에서 현실을 수용하고 직시하며 더 현명하게 행동하는 데 도움이 됩니다. 10년에서 20년, 30년 정도가 지나서 내가 나이가 들어 더 현명한 사람이 됐다고 상상하면 좋아요. 미래의 나는 현재의 나에게 어떤 조언을 들려줄까요? 현재의 나는 곧바로 그 조언을 따를 수 있을까요?

나와 내가 처한 상황 사이에 공간을 만들면 상황을 있는 그대로 받아들이기가 수월해지고 그 결과 더 생산적으로 대처할 힘이 생깁니다. 그러면 어려운 부분을 부정하고 억누르는 일은 그만해도 되지요. 그 안에 매몰될 필요도 없어요. 대신 그때부터는 상황이 시시각각 끊임없이 달라지더라도 더 깊고 견고하며 더욱더 단단하게 안착한 나를 느낄 수 있답니다.

누구보다 나에게 친절하자

상황을 받아들이고 명확하게 바라보는 것은 어렵습니다. 그런데 그보다 훨씬 더 어려운 일은 생산적으로 행동하는 것이에요. 상황이 긍정적으로 느껴지지 않을 때는 특히 더 그렇지요. 그럴 때는 자기 연민을 시작해 봅시다. 자기 연민은 수용과 현명한 행동을 잇는 다리 구실을 해요. 내면에서 지나치게 자신을 질책하고 비난하는 소리가 들리면 더 나아가기가 어렵고 거기서 더 심각해지면 오히려 뒷걸음질을 치게 됩니다. 자신에게 친절하세요. 나를 친절하게 대하는 일이 영 익숙하지 않다면 그런 게 정말 효과가 있을지 긴가민가하겠지만, 선입견을 바꾸면 도움이 됩니다. 여러 연구에 따르면 어려운 상황에서는 자신을 비판하기보다 연민할 때 상황에 대처하는 힘이 커진다고 합니다. 이를 뒷받침하는 논리는 간단해요. 자신을 비판하면 수치심과 죄책감을 느끼기 쉬워요. 그러면 원하지 않는 상황에 발목이 잡혀 생산적으로 행동하기가 어려워지지요. 반면 마음을 내서 자신을 친절하게 대하면 의미 있는 방식으로 앞으로 나아갈 힘이 생겨요. 자기 연민은 디즈니 공주 이야기를 좋아하는 여덟 살짜리 아이는 물론 서른 살 프로 축구 선수와 예순다섯 살 은퇴자에게도 약이 됩니다.

자기 연민은 쉽게 생기지 않아요. 특히 자신을 혹독하게 대하는 쪽으로 잘 훈련된 A 유형(마이어 프리드먼과 레이 로젠만이 분류한 성격 유형의 하나로 A 유형은 완벽주의 성향이 강하다—옮긴이) 사람은 자신을 연민하기가 더 어렵습니다. 하지만 속는 셈 치고 연습을 계속해 보세요. 자제력을 포기하라는 말이 아니에요. 자제력에 자기 연민을 더해 보라는 뜻이지요. 그렇게 하면 지금 일어나는 일에 더 단단하고 명쾌하게 대처할 힘이 생깁니다. 다른 사람에게도 더 든든한 의지처가 되어 줄 수 있고요. 스토아학파 철학자 세네카는 약 2000년 전 "나는 어떤 점이 나아졌는가?"라고 자문하며 이렇게 적었습니다. "나는 내 친구가 되어 가기 시작했다. 정말 큰 진전이다. 자신에게 친구가 되어 줄 수 있는 사람은 절대 외롭지 않다. 그런 사람은 분명 만인의 친구일 것이다."

- ◆ 나를 단정 짓지 않는다: '난 이런 상황에 있으면 안 돼' 대신 '이런 상황이 아니면 좋겠지만 어쩔 수 없지'로, '내가 상황을 바꿔야 해' 대신 '난 이 상황에서 다르게 해 보고 싶어'로 생각을 바꾼다. 언어는 현실의 형태를 규정한다. 말하는 법을 바꾸는 것은 아주 작은 변화에 불과하지만 죄책감과 수치심, 자기비판을 도려내고 자기 연민을 기르는 데는 큰 도움이 된다. 스스로 자신을 단정하고 있음을 알아차리면 말하는 법을 바꾸고 어떤 일이 일어나는지 지켜보자.

- ◆ 나를 우는 아기로 여긴다: 우는 아기를 안고 달래 본 사람은 아기에게 소리를 지르면 역효과만 난다는 걸 안다. 우는 아기를 다루는 효과적인 방법에는 2가지가 있다. 첫째, 아기를 부

드럽게 감싸 안고 애정을 보인다. 둘째, 아기가 울도록 놔둔다. 개입은 웬만해서 효과가 없다. 이때의 최선은 아기가 울면서 충분히 진을 빼도 괜찮을 만큼 안전한 공간을 마련해 주는 것이다. 이 방법은 어른인 우리에게도 효과가 있다.

실수를 저지르면 실패를 자책하며 뒤처진 자신을 비난하기 쉽다. 그러나 이런 대처는 대부분 상황을 더 나쁘게 몰아간다. 이럴 때는 나에게 소리 지르고 싶은 충동을 물리치고, 대신 나를 사랑하는 편이 훨씬 효과적이다. 만일 그렇게 해도 소용이 없다면 상황과 거리를 두고 큰 소리로 울음을 터뜨려도 괜찮은 공간을 만들어야 한다.

♦ "현실은 바꿀 수 없고 난 지금 최선을 다하고 있어": 이 말은 내가 좋아하는 만트라mantra다. 어려운 상황과 맞닥뜨려 두 번째, 세 번째, 네 번째 화살이 날아오고 있다면 그대로 멈추고 머릿속으로, 혹은 육성으로 부드럽게 말한다. "현실은 바꿀 수 없고 난 지금 최선을 다하고 있어." 여러 연구에서는 이렇게 만트라를 외우면 날 선 비판을 누그러뜨리고 다시 현재의 순간에 집중할 수 있어서, 상황에 저항하고 생각의 굴레에 빠지는 대신 생산적으로 행동할 수 있다고 한다.

나는 처음 부모가 됐을 때 이 만트라를 자주 썼다. 아이가 갓 태어나 밤새 수도 없이 잠을 깨우던 시절에는 하염없이 부정적인 생각에 빠져들곤 했다. '할 수 있는 게 없어. 오늘 밤엔 한숨도 못 잘 테고 내일은 끔찍한 하루가 될 거야. 다시 잠들긴 글렀어. 아기를 갖다니 우리가 실수한 건지 몰라.' 그런데 이런 부정적인 생각을 '현실은 바꿀 수 없고 난 지금 최선을 다하고 있어'라는 견고하지만 온화한 생각으로 바꾸자 현재에 집중할 수 있었다. 그 결과 상황을 있는 그대로 받아들이고 생산적인 행동을 하게 됐다. 때로는 그것이 기저귀 갈기나 다시 잠자리로 돌아가기 같은 사소한 일이었을지라도 말이다. 쉴 새 없이 나를 깨우고 불안하게 한 것은 우는 아기가 아니라 내가 나에게 하는 말이었다. 두 번째, 세 번째, 네 번째 화살이 되어 날아오는 내 이야기 말이다. 육아뿐 아니라 다른 여러 어려움에서도 우리는 이런 문제를 겪는다.

(실천 3)
기분은 행동을 따라간다

상황을 항상 통제할 수는 없지만 상황에 대처하는 방식은 언제라도 통제할 수 있습니다. 흔히 사람들은 동기가 행동을 만든다고 말하지요. 내가 긍정적으로 느낄수록 상황은 나에게 유리해지고, 그러면 건설적으로 행동하기가 수월해진다는 거예요. 이 말은 맞을 때도 있지만 틀릴 때가 더 많아요. 긍정적으로 느껴야만 어떤 일을 할 수 있는 건 아니니까요. 우선 하다 보면 긍정적으로 느낄 기회가 만들어지는 법입니다.

수용 전념 치료 외에 인지 행동 치료와 변증법적 행동 치료 같은 근거 기반 치료법들은 문제 해결 과정에서 행동에 큰 초점을 둡니다. 생각과 느낌, 외부의 상황을 통제하는 것은 불가능하지는 않지만 정말 어렵기 때문이지요. 다년간 이어진 연구에 따르면 특정 방식으로 생각하거나 느끼기 위해 애쓸수록 그 방식으로 생각하고 느끼기는 더 어려워집니다. 원한다고 해서 특정한 마음 상태가 될 수는 없으며, 지금까지 이야기했듯 원한다고 해서 현실을 바꿀 수도 없어요. 대신 태도, 즉 행동을 바꿀 수 있답니다. 어떻게 느끼든 내 가치에 걸맞게 행동하면 그것이 촉매가 되어 상황이 개선될 때가 많아지지요. 과학에서는 이를 '행동 활성화behavioral activation'라고 부릅니다. 이 말을 내가 리치 롤Rich Roll의 팟캐스트에서 처음 들었던 쉬운 말로 바꾸면 "기분은 행동을 따라간다mood follows action" 정도가 될 거예요.

이 개념은 수용 전념 치료법ACT의 C와 T에 잘 녹아 들어가 있습니다. 즉, 충동적으로 행동하는 대신 대처하는 방식을 '선택choose'하고, 생산적인 행동을 '취할take' 수 있어요. 그러려면 먼저 내 핵심 가치를 알아야 하지요. 핵심 가치란 최고의 나 또는 내가 원하는 나를 나타내는 기본 원리들을 말합니다. 진정성, 건강, 공동체, 영성, 침착, 사랑, 가족, 정직, 관계, 창의성 등이 그 예입니다. 시간을 내서 핵심 가치들을 되짚어 보는 것은 가치 있는 일이에요. 3~5개 정도를 파악해 두면 좋지요.

핵심 가치를 파악해 두면 그것들이 행동의 길잡이 역할을 합니다. 예컨대 창의성, 가족, 진정성이 핵심 가치라면 이렇게 자문할 수 있어요. "창의성 있는 사람이라면 이 상황에서 어떻게 할까?" "어떻게 하는 게 가족을 우선시하는 일일까?" "가장 진정성 있는 행동은 무얼까?" 이런 질문에 대한 답은 행동으로 이어집니다. 처음에는 억지로 무언가를 하게 되는 느낌이 들 수 있지만 그래도 괜찮아요. 개의치 말고 계속해 보세요. 행동 활성화 연구 및 수용 전념 치료에서는 그럴 때 일반적으로 상황이 개선되는 것으로 나타납니다.

여기까지 이야기한 것들을 정리하면 다음과 같습니다.

- 지금 있는 곳을 받아들인다. 이는 원하는 곳으로 가고자 하는 과정에서 가장 어려운 일일 때가 많다.
- 상황에 매몰되지 않고 명확히 바라보기 위해 '현명한 관찰자의 눈'을 사용한다. 현재 처한 상황과 상황에 대한 인식이 모두 무너지기 시작한다면 거기서 멈추고 상황을 파악한 뒤 몇 차례 심호흡을 한다. 그런 뒤 상황에서 물러나 거리를 확보한다.
- 자신이나 상황을 혹독하게 비난하기 시작하거나 끝없이 생각에 빠져드는 것 같다면 다음과 같이 자기 연민을 시도한다. "현실은 바꿀 수 없고 나는 지금 최선을 다하고 있어."
- 현실을 받아들이고 명확하게 바라봄으로써 상황을 파악했다면 핵심 가치에 걸맞은 대처법을 선택한다. 그렇게 하면 충동

적으로 반응하는 대신 의식적으로 선택할 수 있다. 여러 면에서 이것은 지혜로운 방법이다.

◆ 행동할 마음이 나지 않더라도 핵심 가치에 따라 움직인다. 기분은 행동을 따라간다.

이 모든 것은 말보다 실천이 어렵습니다. 하지만 반복해서 연습하면 이 주기는 보통 점차 더 자연스러워져요.

(실천 4)
할 수 있는 만큼만 한다

삶에서 중요한 노력을 기울이는 중에 힘에 부치고 불안하고 위태로운 느낌이 든다면 잠시 멈추고 나는 내가 할 수 있는 만큼만 준비될 수 있다는 사실을 떠올립니다. 한두 차례 심호흡하고 아무것도 잘못되지 않았다는 점을 상기합니다. 그러면 어떤 기분이 들까요? 클라이언트들은 나와 함께 이것을 연습할 때면 가슴이 열리고 호흡이 느려지며 어깨가 이완된다고 했어요. 이렇게 자문해 봅시다. '몸이 어떤 상태일 때 더 좋은 성과가 나올까? 불안하고 힘들어하는 몸일까, 이완되고 열린 몸일까?' 클라이언트들은 이구동성으로 후자가 훨씬 낫다고 말합니다.

브라운대학교의 신경 과학자이자 《불안이라는 중독》의 저자인 저드슨 브루어Judson Brewer는 상황을 걱정하고 통제하려는 데서 벗어나 수용하고 함께하려 할 때 후방 대상 피질posterior cingulate cortex의 활동이 둔화한다는 것을 알아냈습니다. 후방 대상 피질은 뇌에서 자기중심적 사고를 담당하는 부분으로, 이곳이 활성화되면 지금 나에게 일어나는 일에 사로잡혀 다른 것은 볼 수 없게 됩니다. 후방 대상 피질의 활동성이 커질수록 최고 성과의 열쇠가 되는 '몰입flow' 상태에 들어가기는 어려워지지요. 브루어는 이렇게 썼습니다. "상황(또는 삶)을 통제하려고 하면 원하는 결과를 얻기 위해 무언가를 열심히 '해야doing' 한다. 그러나 우리는 태도를 이완할 수 있다. 목표와 함께 춤을 추듯이 말이다. 그러면 전개되는 상황과 함께 단순히 '존재being'할 수 있다. 내 방식에서 벗어나려고 애쓰거나 발버둥 칠 필요가 없어진다."

자타 공인 최고의 육상 코치 버드 윈터Bud Winter는 "이완하면 이긴다relax and win"라는 유명한 말을 남겼습니다. 그런데 정말 그런 것 같아요. 상황은 걱정하거나 부정해도 변하지 않지요. 그건 그저 엄청난 시간 낭비일 뿐이에요. 지금 일어나고 있는 일은 바꿀 수 없고 받아들이는 편이 낫습니다. 나는 내가 할 수 있는 만큼만 준비될 수 있으니까요.

마무리

수용은 현실이 어떻게 돌아가든 현실과 함께하는 것입니다. 현실과 함께하면, 상황이 달라지기 바라지만 그렇지 못할 때 자신을 비난함으로써 생기는 고통을 누그러뜨릴 수 있어요. 기대와 경험 사이의 간극을 줄이고 두 번째, 세 번째, 네 번째 화살을 제거할 수 있지요. 사람은 현실을 수용할 때만 평안과 안정감을 얻을 수 있으며, 최소한 그것들을 얻으려면 무엇을 해야 할지 이해할 힘이 생깁니다.

수용은 손을 놓아 버리는 게 아니라 노련하게 대처하기 위해 눈앞에 벌어진 일을 숙고하는 것이에요. 수용은 현재에 만족과 행복을 경험하기 위한 열쇠이자 미래에 앞으로 나아가기 위한 첫 번째 디딤돌이고요. 수용은 삶의 어느 단계에서나 적용할 수 있습니다. 목표가 크든 작든 가까이 있든 멀리 있든 수용은 꼭 필요하고 계속되어야 할 삶의 방식이에요. 현실을 받아들일 때 그 안에서 더욱더 굳건한 안착감을 느낄 수 있지요. 지금 서 있는 그 자리에서 원하는 곳에 이를 더 좋은 기회를 잡을 수 있습니다.

2장

집중:

주의력과 에너지를 확보하기 위해
온전히 몰입한다

서구 사회에서는 '더 많은 것을 더 열정적으로 더 우월하게' 해내야 한다는 영웅적 개인주의를 찬양하며 최적화를 숭배합니다. 우리는 인공 지능에 감탄하고 생산성을 극찬하며 하루에 몇 걸음을 걷는지부터 몇 시간을 자는지까지 모든 것을 수치화합니다. 이번 장 곳곳에 실린 자료에서 알 수 있듯 더 잘하기 위해 더 많은 것을 더 빠르게 하려고 하지요. 이는 합리적인 욕망이에요. 하지만 여기에는 한 가지 큰 문제가 있습니다. 영웅적 개인주의에서 비롯된 믿음과 달리 사람은 기계가 아니잖아요. 컴퓨터와 로봇은 멀티태스킹이 가능하고 피로를 모르죠. 집중이 되거나 되지 않는다는 이유로 기분이 오락가락하지도 않고요. 하지만 인간은 그렇지 않아요. 여기저기 다 참견하며 모든 걸 해내려고 하지만 한 가지도 제대로 하지 못하는 것 같을 때가 많습니다. 주의하고 집중하지 않으면 계속 산만하기만 할 뿐 삶을 통제하는 것은 글러 버린 일로 보이지요. 이것은 우리에게만 힘든 문제가 아니었어요. 수천 년 전 스토아 철학자 세네카는 '분주한 게으름busy idleness'의 주기에 붙잡히지 말라고 당부했거든요. 그는 "너무도 많은 사람이 맹렬히 달음질치며 (사실은 아무것도 하지 않으면서) 항상 바쁘다는 인상을 풍긴다"라고 지적했답니다.

지나치게 바쁘고 산만한 생활은 시대를 초월한 문제이지만, 한편으로 우리 시대만의 문제일 수 있음을 뒷받침하는 근거도 있습니다. 우리는 속도와 양을 강조하며 쉴 새 없이 무언가를 해야 한다고 여기는 분위기 속에 살아갑니다. 첨단 기술에 둘러싸여 온종일 온라인 상태에 머물 수 있고 그렇게 하도록 권장받는가 하면, 사람의 관심을 사로잡고 통제하도록 부추기는 상품과 서비스가 점점 더 저변을 넓혀 가는 경제에서 발을 빼지 못하고 있습니다.

깊이 집중하지 않는 대가로 더 많은 것을 더 빠르게 해내려는 영웅적 개인주의의 헛된 노력은 몸과 마음의 멀티태스킹에서 흔하게 드러납니다. 많이들 생각하는 것과 달리 여러 연구에 따르면, 우리는 멀티태스킹을 할 때 2가지를 한꺼번에 실행하거나 생각하는 것이 아니에요. 사실 그럴 때 뇌는 끊임없이 2가지 일 사이를 왔다 갔다 하거나 과제를 분할 정복할 뿐이지요. 한 번에 한 가지에 대해 인지력의 일부만 가동하는 형태로 말이죠. 사람들은 멀티태스킹을 할 때 2배를 해치운다고 생각하지만, 미시간대학교 연구진에 따르면 기껏해야 절반 정도를 해낸다고 해요. 그럴 때 결과의 질은 물론 일에서 느끼는 즐거움까지 떨어지고요. 킹스칼리지런던의 연구에서는 멀티태스킹에서 비롯된 산만함이 지속된 뒤에는 지능 지수IQ가 10퍼센트까지 떨어진다는 결과가 나왔어요. 이는 대마초 흡연 후보다 2배 이상 낮고 밤샘 후와 비슷한 수치예요. 사람들은 멀티태스킹이 좋은 것이라고 자신합니다. 아주 생산적이고 효율적이며 정말 많은 걸 할 수 있다고 말해요. 하지만 그것은 환상일 뿐입니다.

마음이 산만하면 성과뿐 아니라 정서적 안녕감도 떨어집니다. 집중을 방해하는 상황이 이어지고 눈코 뜰 새 없이 바쁘다 보면 정신 건강은 치명상을 입지요. 하버드대학교 연구진에 따르면 사람은 잡념에 빠져 있을 때보다 온전히 집중할 때 행복감과 만족감이 훨씬 더 올라갑니다. 반면 마음이 산만할수록 불안과 불만은 높아질 가능성이 크지요. 연구진은 이렇게 적었어요. "헤매는 마음은 곧 불행한 마음이다A wandering mind is an unhappy mind."

컴퓨터로 화상 회의를 할 때는 다른 프로그램을 켜고 동시에 실행하는 일이 많지요(대화하다 말고 계속 이메일과 뉴스, SNS를 확인하는 등). '줌 피로zoom fatigue'라는 말이 있을 만큼 화상 회의는 금세 지루하고 피로하게 느껴지는 일이 많은데, 분명 멀티태스킹이 한몫하고 있을 거예요.

정말 무서운 건 사람들은 보통 삶에서 매우 많은 시간을 집중하지 못한 채 살아간다는 사실입니다. 조각난 집중력은 점점 더 우리의 기본 수행 방식이 되어 갑니다. 연구에 따르면 사람들은 깨어 있는 시간의 평균 47퍼센트를 눈앞의 것이 아닌 다른 것을 생각하는 데 쓴다고 해요. 우리는 계속해서 계획을 세우고 전략을 다듬고 과거를 돌아보고 미래를 고민하지 않으면 중요한 것을 놓치고 뒤처질 것이라고 믿도록 길들여져 왔어요. 그러나 사실은 그 반대일지 모릅니다. 계획과 전략에만 힘쓰고 과거와 미래에만 매달린다면 결국 모든 것을 놓치고 말 거예요.

안착의 두 번째 원리는 집중presence입니다. 집중은 내 앞에 놓인 것에 온전히 몰두하는 것을 말해요. 집중하면 마음이 한곳에 모여 힘과 안정감이 생기지요. 의식적으로 집중을 연습하면 개인적인 영역과 일의 영역이 모두 놀랍게 개선될 수 있습니다. 그러나 집중의 이점을 더 깊이 있게 알아보기 전에 집중을 가로막는 것들을 먼저 간략히 살펴보려고 해요. 안타깝지만 집중은 점점 더 경험하기 어려운 상태가 되어 가고 있어요. 이 점을 극복하려면 우선 그 이유를 알아야 합니다.

산만함에 중독된 사람들

우리가 자나 깨나 산만함의 세계에 머물게 된 것은 디지털 기기의 영향이 가장 큽니다. 영국의 한 통신 규제 기관의 연구에 따르면 사람들은 보통 12분에 한 번씩 핸드폰을 확인한다고 해요. 확인하려고 했다가 하지 않은 경우는 포함하지 않은 수치예요. 조사 대상의 71퍼센트는 핸드폰 전원을 항상 켜 두고 있고 40퍼센트는 기상 후 5분 안에 알람 확인 외 용도로 핸드폰을 쓴다는 연구 결과도 있습니다. 그런데 집중하기가 어려워지는 것은 디지털 기기를 눈으로 직접 들여다볼 때만이 아니에요. 기기를 확인하지 않는 사이사이 시간도 습관처럼 산만한 상태가 지속되거든요. 결국 그러는 동안 '초경계 상태hyper-alertness'에 머물도록 뇌를 훈련하는 셈입니다. 지금 여기가 아닌 다른 데서 일어날 일들을 생각하며 얼른 들어가 확인하고 싶은 충동과 온종일 함께하면서 말이에요. 인류가 지금만큼 진화하기 전에는 이런 행동 양식이 유리하게 작용했어요. 예컨대 먹을 것이 부족하던 시기에 살았던 인류는 그 충동 덕분에 포식자를 피하고 먹이를 찾을 수 있었으니까요. 그러나 21세기에 행복하고 건강하고 만족스러운 삶을 살고 싶다면 그런 식으로는 곤란합니다.

육상 코치 스튜어트 맥밀런Stuart McMillan은 지난 20년 동안 높은 성과를 최고로 여기는 문화 속에서 35명 남짓의 올림픽 메달리스트를 훈련시켰습니다. 스튜(나는 그렇게 불러요)는 내 가까운 친구이기도 한데 그와 이야기해 보니 요즘 선수들에게는 허벅지 근육 손상이나 수행 불안뿐 아니라 디지털 기기의 방해도 만만찮은 문제인 모양이었어요. "우리는 보통 핸드폰이 삶을 방해한다고 생각하지 않습니까? 그런데 내 선수 중에는 삶이 핸드폰을 방해한다고 생각하는 친구들이 있어요. 올림픽에 가서까지 그렇다니까요!"

《멈추지 못하는 사람들》의 저자로 뉴욕대학교에서 디지털 기기를 연구하는 행동 과학자 애덤 알터Adam Alter는 맥밀런의 선수들만이 아니라 모든 사람이 핸드폰을 내려놓거나 이메일에서 로그아웃하지 못하는 데는 여러 가지 이유가 있다고 합니다. 그중 큰 이유는 사람들이 시도 때도 없이 울리는 기기의 알림을 세상 속 자신의 가치와 연결 짓기 때문입니다. 좋아요, 리트윗, 댓글, 이메일, 문자 메시지에 대한 모든 알림은 피상적으로나마 내가 세상에 존재하며 나는 중요한 사람이라는 메시지를 전해요. 이 메시지는 제법 큰 보상이지요. 디지털 기기를 집어 들고 '새로 고침'을 누르는 행위는 존재감 확인 차원의 슬롯머신 게임과 같아요. 그러니 그토록 많은 사람이 핸드폰에 빠져드는 것은 너무도 당연한 일인지 모릅니다.

관심 경제attention economy(개별 고객이나 특정 고객 집단의 관심에 맞추어 제품이나 서비스를 제공함으로써 소비자를 유인하는 시장을 형성하는 경제 활동—옮긴이) 속 장사꾼들은 장삿속을 채울 셈으로, 타인과 연결되고자 하는 인간의 욕구만이 아니라 인간이 타고난 신경계까지 이용해요. 인터넷 사이트와 뉴스피드, SNS 등에 연결되는 앱에서 접하는 모든 것, 즉 자극적인 헤드라인부터 귀를 사로잡는 배경 음악과 배경 화면 색깔(이런 것들에는 빨강이 많죠. 전문가들은 감정을 가장 격앙시키는 색깔 중 하나로 빨강을 꼽습니다) 등은 중요하고 흥미로워 '보이는' 것들에 관심을 쏟는 인간의 본능적 충동을 사로잡도록 설계됩니다. 텔레비전이나 웹사이트, 스마트폰 앱 등은 이런 설계에 따라 뉴스를 보여 줌으로써 뇌가 도파민을 분비하도록 유도해요. 도파민은 강력한 신경 화학 물질로, 우리는 도파민이 분비될 때 경험의 대상을 의미 있는 일로 인식하며 그 일을 되풀이하려 하지요. 캐나다 온타리오주에 있는 칼턴대학교에서 인지 과학을 가르치는 짐 데이비스Jim Davis 교수는 저서 《리비티드 Riveted》에서 이렇게 말했습니다. "도파민 수치가 높아지면 모든 것이 중요하게 보인다. …… 뉴스가 퍼지려면 내용이 얼마나 중요한지와는 별개로 사람들의 두려움이 있어야 한다. 두려움은 일상성과 지속성을 희석시키고 새로운 관심을 불러일으킨다."(도파민은 걱정과 두려움에 관여하는 호르몬이다—옮긴이)

1951년, 철학자 앨런 와츠Alan Watts는 자신의 저서 《불안의 지혜 The Wisdom of Insecurity》에서 이렇게 한탄했습니다. "높은 생활 수준이라는 마약은 감각에 작용하는 폭력적이고 복잡한 자극제다. 이 마약을 복용하면 감각이 점차 둔해져서 더 독한 자극제를 원하게 된다. 사람은 자신을 방해할 무언가를 갈망한다. 가장 짧은 시간 안에 가장 많은 것이 광경과 소리, 전율, 흥분의 파노라마로 이어지기를 바란다." 중독은 어제오늘의 이야기가 아닙니다. 오늘날 우리가 손에 쥔 마약은 단지 훨씬 더 접근성이 좋고 효과가 강력하다는 점이 다를 뿐이지요.

집중력 흡혈귀로부터
벗어나려면

온갖 알림과 뉴스 등 우리가 요즘 세상에서 흔히 마주하는 방해 요인들은 사탕과 비슷합니다. 사탕은 안 먹으면 먹고 싶고 먹으면 맛도 좋지만 쓸데없이 포만감은 주지 못하고 영양가도 없으니까요. 많은 양을 한꺼번에 먹으면 속이 좋지 않을 뿐이에요. '리트윗'과 '좋아요', 늦은 밤 상사의 문자 메시지, 인스타그램 게시물, '따끈따끈한' 뉴스가 아무리 중요하다 한들 내가 가장 소중히 여기는 사람과 일에 집중하는 것보다 더 중요하거나 만족감을 줄 수는 없습니다.

틱낫한 스님은 《삶의 지혜》에 이렇게 썼습니다. "핸드폰과 컴퓨터 앞에 앉아 다른 세상에 몰두하는 것은 이제 사람들에게 습관이 되었다. 살아남기survive 위해서다. 그러나 우리가 원하는 것은 살아남는 것 이상이다. 우리는 살고live 싶다." 나도 같은 생각이에요. 분주한 생활, 쉴 새 없이 쏟아져 나오는 정보, 디지털 활용 능력 등 우리는 온갖 잘못된 것들에 맞추어 자신을 최적화하고 있지요. 그럴 때면 정말 많은 것을 하고 있다고 합리화하기가 쉽지만 실제로는 아무것도 하지 않는 경우가 대부분입니다. 적어도 그렇게 해서 정말 의미 있는 일을 하기는 어려워요. 계속 산만하기만 한 상태로는 당연히 성취감도 느낄 수 없습니다. 사탕은 아무리 먹어도 배가 차지 않아요. 잠깐 입이 즐거울 수는 있지만 곧 탈이 나서 금세 후회가 밀려오지요.

물론 최적화 자체가 나쁜 것은 아닙니다. 문제는 우리가 최적화를 완전히 잘못 이용하고 있다는 데 있어요. 미리엄-웹스터 사전에서는 최적화를 '최대한 완벽하고 효과적이고 실용적으로 만드는 것to make as perfect, effective, or functional as possible'으로 정의합니다. 영어로 최적화를 뜻하는 'optimize'는 '최고'를 뜻하는 라틴어 'optimus'에서 나온 말이에요. 즉, 최적화가 목표라면 양적으로 더 많은 것을 하는 데에 초점을 맞춰서는 안 됩니다. 나에게 가장 중요한 목적과 사람에 온전히 집중하는 데 초점을 두어야 해요. 곧 언급하겠지만 이런 방향의 최적화에 힘쓸 때 최고의 마음으로 최고를 해낼 수 있습니다. 오직 가치 있는 일을 할 때만 행위에 가치가 부여되는 법이지요.

에드 바티스타Ed Batista는 명망 높은 스탠퍼드 경영대학원의 강사이자 실리콘 밸리의 수많은 기업 경영진이 찾는 카운슬러입니다. '셀프 코칭의 기술the Art of Self-Coaching'이라는 제목으로 그가 가르치는 강좌는 스탠퍼드 경영대학원에서 가장 인기 있는 수업 중 하나예요. 경영 기법만 아니라 인간성도 중요하게 다루기로 유명합니다. 바티스타는 자신이 가르치는 학생이나 클라이언트를 대할 때는 물론 개인적인 삶에서도 집중과 주의력의 중요성을 강조해요. 그는 집중과 주의력을 얻는 첫걸음은 무엇을 얻고 무엇을 잃는가를 정직하게 평가하는 것이라며 이렇게 말합니다. "사람들은 보통 지금 내가 접시에 더하는 것을 통해 앞으로 무엇을 얻게 될지만 생각합니다. 그렇게 할 때 잃는 것은 뒷전일 때가 많아요." 다시 말해, 한 가지에 'YES'라고 말할 때마다 그 외 다른 것에는 'NO'라고 말하는 것과 같다는 사실을 기억해야 합니다.

바티스타의 사고방식은 모임과 프로젝트만이 아니라 하루 중 거치는 자잘한 결정에도 적용할 수 있어요. 우리는 핸드폰을 확인할 때마다, 그렇지 않았더라면 그 시간을 채웠을 창의적인 사고의 기회를 잃고 맙니다. 이메일에 답장하기 위해 집중을 흐트러뜨릴 때마다 중요한 일에 공들이며 진전을 볼 기회를 뺏기는 셈이지요. 과거에 일어났던 일이나 미래에 일어날지 모를 일에 골몰할 때마다 지금 눈앞에 있는 사람이나 일과 긴밀히 연결될 힘은 잃어버리는 거예요. 바티스타는 이렇게 말합니다. "집중력은 유한한 자원입니다. 집중력 흡혈귀는 곳곳에 도사리고 있다가 이름처럼 쭉쭉 삶을 빨아 먹습니다."

바티스타는 집중력이 잘 유지되도록 주변 환경을 의식적으로 설계하기를 좋아합니다. "외적 환경을 적절하게 꾸려 두면 머리로 가는 내적 부담이 훨씬 줄어듭니다." 그런 의미에서 그는 핸드폰을 끈 채 다른 방에 두는가 하면 인터넷 브라우저나 이메일 앱을 닫아 두기도 하지요. 연구에 따르면 핸드폰 같은 잠재적 방해 요인은 당장 사용하지 않고 시야에 두는 것만으로 집중의 질을 떨어뜨릴 수 있다고 해요. 학자들은 그 이유를 2가지로 추정하는데요. 첫째, 디지털 기기를 확인하고 싶은 마음을 억누르는 데는 정신적 에너지가 제법 많이 들어갑니다. 둘째, 디지털 기기가 있으면 세상에서 일어나는 일을 모조리 손안에 불러들일 수 있습니다. 그런데 그 생각만으로도 집중에는 큰 방해가 되지요. 핸드폰을 무음 모드로 바꾸고 뒤집어 놓더라도 바닥으로 향한 화면에서 일어나는 일을 생각하지 않기는 힘들어요. 어쨌든 핸드폰은 시야에 있는 한 집중과 주의력을 흔들어 놓을 수밖에 없어요(이 주제에 관해서는 스티브 매그니스와 나의 공저인 《피크 퍼포먼스》에서 더 자세하게 다뤘습니다).

한편 바티스타가 가르치고 실천하는 개념 중에는 '견고한 경계 구축하기'라는 것이 있습니다. 그는 자신의 관심에서 벗어나는 사람과 일, 또는 정신을 산만하거나 조급하게 만드는 사람과 일에 관여할 상황이 되면 망설임 없이 거절할 줄 알아요. 그는 이렇게 조언합니다. "집중하기가 어려운 상황에 있다는 생각이 들면 스스로 이렇게 질문해 보세요. '내가 지금 여기서 뭘 하는 거지?' 로봇처럼 항상 눈앞의 일에만 빠져 있어야 한다는 말이 아닙니다. 그런데 누군가와 함께 있거나 어떤 일을 하면서 계속 지루하고 산만해진다면 그것은 곧 그 사람이나 일에 시간과 집중력, 에너지를 쏟아서는 안 된다는 신호입니다."

그럴 때 바티스타는 스토아 철학자 세네카와 그가 서기 49년에 쓴 《인생의 짧음에 관하여On the Shortness of Life》라는 에세이를 떠올립니다. 세네카는 이렇게 썼지요. "문제는 살아갈 시간이 짧다는 것이 아니라 그 시간을 어마어마하게 낭비한다는 것이다. …… 사람들은 재산은 아껴 쓰면서 시간은 최고로 낭비한다. 그때만큼은 인색해지는 것이 마땅한데도." 세네카를 비롯한 스토아 철학자들은 살아가는 방법을 알면 삶은 아주 길어질 수 있다고 가르쳤습니다. 시간과 에너지, 집중력을 지켜 내 현명하게 쓴다면, 즉 중요한 사람과 장소, 일에 집중한다면 삶의 매 순간 더 나은 것을 경험할 수 있어요.

몰두할수록
삶의 질이 달라진다

사람은 지금 눈앞에 놓인 대상에 온전히 집중할 때 더 수월하게 몰입할 수 있습니다. 몰입은 달리기, 섹스, 그림, 코딩, 수학의 증명, 즐거운 대화, 명상, 서핑 등 어떤 일에든 완전히 몰두한 상태를 말해요. 몰입한 상태에서는 시간과 공간에 대한 자각이 달라지지요. 흔히 말하는 '더 존The Zone'에 들어가게 되는 거예요. 수십 년간 이어진 심리학 연구에 따르면 사람은 이 몰입 상태에서 최고의 성과를 내고 최고의 기분을 느낍니다. 몰입 상태에 이르기 위한 가장 중요한 전제 조건은 지금 하는 일에 완전히 집중할 수 있도록 방해 요인을 제거하는 거예요.

몰입의 또 다른 일반적 특징은 자의식 탈피입니다. 몰입할 때 우리는 경험과 하나가 됩니다. 주체와 대상, 나와 내가 하는 일 사이의 구분이 사라지는 거예요. 과학자들이 몰입의 정의를 문자로 구체화한 것은 몇십 년 되지 않지만, 세계 곳곳의 오랜 지혜에서는 이미 수천 년 동안 몰입의 중요성을 강조해 왔습니다. 예컨대 불교에서 말하는 영적 수행의 목표 중 하나는 '니르바나Nirvana'입니다. 니르바나란 공간적, 시간적으로 영원히 확장하는 '나보다 더 큰 존재'와 연결됨으로써 내가 사라진 상태를 말해요. 도교의 핵심 개념인 '도道'는 하나 됨, 즉 음과 양으로 대표되는 주체와 객체의 어우러짐, 또는 물아일체物我一體로 설명됩니다. 스토아 철학자들은 일이나 대화에 온전히 몰두할 때 오랫동안 만족할 수 있다고 기록했어요. 한편 고대 그리스의 가장 중요한 도덕적 덕목은 '아레테Arête', 즉 활동에 온전히 몰입할 때 비롯되는 탁월함이었지요. 그리스에서는 인간이 아레테를 통해 잠재력을 완전히 드러낼 수 있다고 믿었어요. 그럴 때 자신이 가진 최고치를 해낼 수 있고, 공동체와 재능을 나눌 수 있다고 생각했습니다. 이러한 지혜는 세계의 각기 다른 지역에서 도래했지만 그 안에는 분명 공통된 메시지가 있어요. 지금 이 순간에 완전히 몰입할 때 최고로 능력을 발휘할 수 있다는 것이었지요.

하버드대학교의 매슈 킬링스워스Matthew Killingsworth와 대니얼 길버트Daniel Gilbert는 집중과 감정 상태의 연관성을 더 깊이 이해하고 싶었습니다. 두 사람은 (내 눈에는 아이러니로 보이지만) 아이폰 앱을 개발해 팝업 창으로 2250명의 자원자와 무작위로 접촉해서 지금 얼마나 행복한지, 어떤 일을 하고 있는지, 지금 하는 일에 집중하는지 아니면 과거나 미래를 생각하는지를 물었습니다. 그 결과 두 사람은 집중의 질에 따라 생활에 대한 만족도가 달라진다는 사실을 알아냈어요. "집중이 흐트러지는 빈도와 그럴 때 하는 일이 본래 무엇을 하고 있었는가보다 더 정확하게 행복을 예측하는 변수가 될 수 있습니다." 킬링스워스의 설명입니다. 더 깊이 집중할 때 더 나은 생활을 할 수 있어요. 킬링스워스와 길버트는 이렇게 알게 된 사실이 오랜 지혜에서 말하는 것과 일치한다는 사실 또한 알아냈습니다. 《사이언스》에 게재된 이들의 논문에는 다음과 같은 문장이 있습니다. "오랜 옛날부터 이어진 많은 철학과 종교에 따르면, 행복은 현재를 사는 데서 비롯된다." 두 사람은 이 연구의 결과가 오랜 옛날의 가르침이 옳다는 것을 입증한다고 결론지었습니다.

한편, 하버드대학교의 또 다른 연구에서는 1930년대와 1940년대에 보스턴에서 자란 700여 명의 신체적, 정서적 안녕감을 추적 관찰한 적이 있습니다. 이런 종류의 연구 가운데 가장 오랫동안 가장 집중적으로 행해진 이 연구는 피실험자들의 삶을 10대 후반 내지 20대 초반 시절부터 80~90대 시절까지 면밀하게 따라가며 진행되었지요. 성인의 발달을 다룬 것으로 유명한 이 '그랜트 연구 grant study'는 이를 통해 행복하고 만족스러운 삶의 의미에 관한 답에 근접할 수 있었습니다. 연구 결과, 사람의 신체적, 정서적 안녕감을 높이는 요인에는 지나친 음주와 흡연 삼가기, 자주 운동하기, 영양가 있는 식사하기, 적정 체중 유지하기, 배움의 끈 놓지 않기 등 사람들이 흔히 예상하는 답이 많이 포함되어 있었지요. 그러나 이 연구를 30년 이상 이끈 정신과 전문의 겸 상담 치료사 조지 베일런트George Vaillant에 따르면 행복과 장수의 가장 큰 요인은 '사랑'이었습니다. 베일런트는 이렇게 적었어요. "75년의 기간과 2000만 달러의 금액을 투자한 그랜트 연구는 두 마디로 요약할 수 있다. '행복은 사랑이다Happiness equals love-full stop.'"

사람과 일, 삶에 집중하고 깊은 관심으로 그런 대상을 보살피는 것이 아니라면 무엇이 사랑일까요! 사람은 온전히 집중할 때 신성한 공간으로 들어갑니다. 철학자 겸 아이키도(상대방을 맨손으로 무력화시키는 스포츠—옮긴이) 대가인 조지 레너드George Leonard는 그곳은 "신이 거하는 곳"이라고 했습니다. 아마도 이 공간은 사랑이 거하는 곳이기도 할 거예요. 누가 알겠어요? 신과 사랑, 니르바나, 도, 아레테, 몰입은 모두 하나이고 같은 존재인지도 몰라요!

팝 스타의 미국 도보 횡단기

마이크 포즈너Mike Posner는 스무 살 되던 2008년에 듀크대학교 기숙사 방에서 〈쿨러 댄 미Cooler Than Me〉라는 노래를 썼습니다. 그 시절로는 드물게 팝과 일렉트로니카를 섞은 독특한 노래였지요. 당시 그의 고향 디트로이트의 라디오 방송에서는 이 노래가 자주 흘러나왔답니다. 나는 〈쿨러 댄 미〉 발표 직후에 디트로이트 근처에 살았던 터라 그 무렵 분위기를 잘 알아요. 몇 개월 동안 차 탈 때는 물론이고 미용실과 헬스장, 카페에서도 이 노래가 빠지면 섭섭했지요. 〈쿨러 댄 미〉는 디트로이트 밖에서 유행하기 시작해 얼마 뒤인 2010년 5월, 빌보드 핫 100Billboard Hot 100에서 2위를 차지했습니다. 본인 말마따나 "입은 꾹 닫고 음악만 만들어서" 어린 시절 부모의 걱정거리였던 사람이 꿈을 이룬 것이죠. 그는 2016년에 2집 음반 〈앳 나이트, 얼론At Night, Alone〉을 발매했고 그중 한 곡인 〈아이 투크 어 필 인 이비자I Took a Pill in Ibiza〉는 대히트를 기록했습니다. 이 노래는 스타의 롤러코스터 같은 생활과 잦은 공허감을 이야기하는 내용이에요. 포즈너는 음반 계약이 성사되고 유명인이 되면 행복할 줄 알았지만 그렇지 않았어요. 돈, 섹스, 마약, 큰 무대는 생각만큼 좋지 않았던 거지요.

포즈너는 2019년에야 다음 음반인 〈리얼 굿 키드A Real Good Kid〉를 냈습니다. 그사이에 많은 일이 있었지요. 일렉트로닉 댄스 음악계의 상징적 인물로서 아비치Abicci란 이름으로 활동하던 절친한 친구 팀 버글링Tim Bergling이 자살로 생을 마감했고, 여자 친구는 그를 떠났거든요. 설상가상 세상 누구보다 가까운 친구였던 부친조차 급성 뇌종양으로 73세에 세상을 떠났고요. 쾌활하고 긍정적인 분위기를 띠던 과거의 음반들과 달리 〈리얼 굿 키드〉에는 그가 경험한 어두운 시간이 고스란히 담겨 있어요. 그는 이 음반을 만들면서 깊은 슬픔을 정리하고 마무리할 수 있었다고 말했어요. 이 음반은 전체적으로 견고하지 못한 날것의 분위기를 풍깁니다. 흥분한 그가 소리를 지르거나 울부짖는 부분도 그대로 들어가 있지요. 나는 이 음반을 처음 들었을 때 몹시 충격을 받았습니다. 아픔과 고통, 의문, 치유, 기쁨 등 포즈너의 모든 것이 헤드폰을 따라 내 심장 속을 파고들었어요. 마치 조지 레너드가 말한 신성한 공간에 포즈너와 함께 있게 된 기분이었지요. 이것은 우연한 느낌이 아니었습니다. 〈리얼 굿 키드〉는 포즈너가 음반을 듣는 사람들에게 전하는 당부를 담은 짧은 트랙으로 시작해요. 내용은 다음과 같습니다. "총 40분 동안 재생되는 이 음반은 멈추지 않고 한 번에 끝까지 듣도록 제작되었습니다. 문자 메시지나 이메일 등 외부의 방해가 전혀 없는 상태에서 감상하시기 바랍니다. 만일 지금은 40분을 온전히 집중하기가 어려우시다면 다음에 다시 들으실 것을 정중히 부탁드립니다."

나는 〈리얼 굿 키드〉가 발매된 지 1년쯤 지나서 포즈너와 이야기를 나눴습니다. 그는 처음 음반이 나왔을 때 몹시 답답하고 쓸쓸했다고 했어요. 끝없는 홍보 행사와 순회공연에서 겪는 좋고 나쁜 순간들, 팝 스타라서 생기는 관계의 피상적인 측면이 두려웠답니다. 사랑하는 사람들의 죽음이 아직 뇌리에 생생했고, 본능적으로 자신도 언젠가 죽으리라는 생각이 들기 시작했다고 해요. "그러든지 말든지요. 걸어서 미국을 횡단하고 싶어요. 항상 해 보고 싶었는데 미루지 않으려고요. 얼마나 오래 살지 모르잖아요. 그러니까 지금 할 겁니다." 음반 회사에서는 난감해했지만 포즈너는 개의치 않았습니다. 그는 순회공연도 그만두고, 늦은 밤 쇼에도 나가지 않겠다고 했어요. 뭔가 실마리를 찾기를 바라며 온갖 소음에서 벗어나 두 발로 미국을 가로지를 생각이었지요. 그렇게 갈증을 채우고 부디 오래 유지되는 만족감을 느끼고 싶었습니다.

2019년 4월 15일, 마이크 포즈너는 뉴저지주 애스버리파크 Asbury Park에서 미국 도보 횡단을 시작했습니다. 그리고 6개월이 지난 10월 18일 금요일에 종착지인 캘리포니아주 베니스비치Venice Beach에 도착했어요. 그렇게 4600킬로미터 가까운 거리를 걷는 동안 그는 상상도 못 하던 일들을 겪었습니다. 예컨대 콜로라도 동부에서는 방울뱀에 발목을 물려 생사를 오가기도 했지요. 헬기로 병원으로 이송되어 집중 치료실에서 닷새를 보낸 뒤 몇 주 동안 재활을 거쳤지만 그래도 마음이 바뀌지는 않았어요. 걸을 만큼 몸이 회복되자 뱀에 물렸던 지점으로 돌아가서 다시 걷기 시작했지요. 그러나 그에게 가장 큰 영향을 미친 것은 몸에 닥친 어려움이 아니라 마음에 일어난 변화였다고 합니다. "있는지조차 몰랐던 곳들에 갔습니다. 좋고 또 힘든 모든 순간에 집중하며 그 한 점 한 점을 통과하는 법을 배웠어요. 더 강하고 흔들림 없이 말이죠."

포즈너는 횡단 중 지나게 된 몇 곳에서 어쿠스틱 기타만 들고 깜짝 공연을 열었습니다. 그는 이런 공연을 하면서 자신이 음악 만드는 일을 좋아했던 이유를 다시금 떠올렸다고 해요. 포즈너는 음악은 물론 청중과 깊이 연결되며 집중할 수 있는 시간을 좋아했었지요. "깜짝 공연에서 만나는 사람들에게서 큰 사랑을 받았어요. 그럴수록 삶의 소음과 리트윗, 좋아요, 댓글 같은 갖가지 방해꾼들은 사소하게 느껴졌고요. …… 그런 건 정말 하나도 중요하지 않았어요. 삶이 느리게 흘러갔고 정말 오랜만에 안착했다는 느낌이 들었어요. 아름다웠죠."

포즈너는 그동안 자신이 행복과 성취에 관해 잘못 생각하고 있었단 걸 깨달았습니다. "전에는 삶에 엔드 존End Zone(미식축구에서 점수를 내기 위해 공을 가져가는 상대방 진영의 끝—옮긴이)이나 골대가 정해져 있다고 생각했어요. 저 역시 거기 가 본 적이 있는 것 같았고요. 그런데 그렇지 않았어요. 엔드 존 같은 건 없어요. 매일의 결정이 있을 뿐이죠. 하루를 어떤 자세로 살아야 할까? 어디에 내힘과 관심을 쏟아야 할까? 무엇에 집중해야 할까? 이런 질문에 진지하게 답하다 보면 행복이 보이는 것 같아요."

포즈너는 도보 횡단을 마친 직후 유튜브에 동영상을 게시했습니다. 이 영상의 제목은 〈Live Before I Die(죽는 그 순간까지 살아가리)〉입니다. 영상이 중반에 이르면 굵고 크게 대문자로만 "LIFE IS NOW(삶은 바로 지금)"라는 문구가 화면에 나타나요. 포즈너가 도보 횡단에서 배웠고 우리 모두에게 가르쳐 줄 수 있는 가장 중요한 사실은 바로 이거예요. 안착은 지금 이 순간 펼쳐지는 삶을 살아 내기 위해 바로 '여기here'에 존재하는 것이지요. 포즈너는 걷는 시간을 통해 극적인 변화를 끌어냈습니다. 그러나 양육, 창작, 예술, 운동 등 많은 일을 하는 동안 우리도 비슷한 길을 갈 수 있어요. 평소에 내가 어디에 어떻게 관심을 쏟는지를 찬찬히 들여다보면 나를 잊고 안착할 때 비롯되는 힘을 본능적으로 경험할 수 있답니다. 그러면서 언뜻 어긋나게 보이는 것들이 사실은 하나이고 같다는 것을 알게 되지요. 흔히 사람들은 삶을 살아온 햇수로만 계산

해요. 그러나 그보다 중요한 것은 그 시간 동안 정말로 살아 낸 시간의 양, 즉 집중한 시간의 양일 겁니다.

무엇에 집중할지
내가 선택한다

포즈너는 횡단을 시작할 무렵 이런 말을 되뇌었습니다. "내가 지금 누구인지 남에게 보여 주려고 걷는 게 아니야. 내가 앞으로 누가 될 수 있는지 내가 알기 위해 걷는 거야." 이 말에는 집중의 중요한 역설이 들어가 있어요. 온전히 집중할 때 현재와 더불어 미래의 경험을 만들어 갈 수 있지요.

독일계 유대인으로 1933년에 나치 정권을 피해 미국으로 망명했던 에리히 프롬은 이 점을 잘 알았습니다. 그는 뛰어난 심리학자이자 사회학자 겸 인문주의 철학자로 다재다능한 사람이었지요. 프롬은 1976년에 《소유냐 존재냐》에서 "생산적 활동productive activity"이라는 말을 사용했습니다. 생산적 활동은 활동에 "사람의 힘이 드러나고 사람과 활동, 그 결과가 하나 될 때" 이뤄집니다. 이 말이 익숙하게 들린다면 당연한 일이에요. 프롬이 말한 생산적 활동은 현대 과학의 몰입, 불교의 니르바나, 도교의 도, 그리스 철학의 아레테와 놀랍도록 닮았거든요.

프롬은 생산적 활동은 일만이 아니라 삶 전반에서 최고를 창출

한다고 믿었습니다. 이 이론에 따르면 생산적 활동의 질은 오늘 하는 일을 결정짓고 오늘 하는 일은 내일의 나를 결정짓습니다. 프롬은 생산적 활동의 바탕을 '정신 집중concentration'과 '최고의 관심supreme concern'으로 규정했는데, 이 개념들을 여기서 쓰는 말로 바꾸면 간단히 '집중presence'이라고 할 수 있어요. 프롬에 따르면 최고의 성과를 내고 최고가 되기 위해서는 집중력을 길러 그 힘을 의미 있고 생산적인 활동에 써야 합니다. 프롬이 말하는 생산적 활동은 생산성에 관한 현대의 사고방식과 사뭇 달라요. 현대의 생산성은 부산하고 산만하지만, 프롬의 생산적 활동은 의식적이고 사려 깊기 때문이지요. 생산적 활동은 타성에 젖은 분주함에 휩쓸리거나 양을 중시하는 것과 거리가 멉니다. 생산적 활동이란 어디에 어떻게 집중할지를 의식적으로 선택하는 것입니다.

선택의 중요성은 아무리 거듭 말해도 지나치지 않아요. 점점 더 많은 연구에서 강조됩니다. 사람들은 중요한 것에 관심을 두는 게 아니라 관심 두는 것을 중요하게 여긴다고 말이죠. 여기에는 불교 철학의 '가려서 물 주기selective watering' 개념이 고스란히 드러납니다. 이 개념을 간단히 설명해 볼게요. 우선 마음에는 기쁨, 정직, 분노, 질투, 탐욕, 사랑, 망상, 창의력 등 다양한 씨앗이 있습니다. 불교 철학에서는 자신을 정원사로 여기고 집중력과 관심을 씨앗에 주는 양분으로 삼도록 가르치지요. 물을 주는 씨앗은 크게 자라고 이렇게 자라난 씨앗은 우리의 됨됨이를 결정짓습니다. 다시 말해, 집중의 강도와 대상으로 결정되는 집중의 질이 우리가 살아가는 삶의 질을 판가름하는 거예요.

불교에서 이 가르침을 처음으로 기록한 지 2000여 년이 지난 뒤 작가 데이비드 포스터 월리스David Foster Wallace는 2005년 케니언 칼리지 졸업식에서 〈이것은 물이다This is Water〉라는 유명한 축사를 남겼습니다. 거기서 그는 이렇게 말했어요. "'생각하는 법을 배운다'는 것은 의식하고 자각하게 된다는 의미입니다. 내가 관심을 기울일 대상을 선택하고, 경험에서 의미를 구축하는 방식을 선택할 만큼 말이지요. 성인으로 살아가면서 이런 선택권을 행사하지 못하면 삶은 통째로 남의 것이 됩니다." 포스터 월리스의 말이 정말 맞아요.

이쯤이면 제대로 집중할 때의 '득'과 집중을 방해받을 때의 '실'이 분명해졌기 바랍니다. 그러나 이해와 실천은 별개예요. 집중은 그냥 되는 일이 아니죠. 머리로 받아들였다고 해서 구체적인 행동이 바로 나오는 것도 아니고요. 아는 것이 몸에 익으려면 근육을 단련할 때처럼 훈련이 필요합니다. 회사의 중역으로 일하는 내 클라이언트 중에는 집중하기가 어렵고 하루가 쉴 틈 없이 바쁘다며 힘들어하는 이가 많아요. 때로는 나 역시 그렇고, 십중팔구 모든 사람이 그럴 거예요. 사람들은 누구나 더 집중하고 싶어 하지요. 더 깊이 집중할 때 얻는 이점을 모르는 사람은 없어요. 그러나 어떻게 하면 정말로 더 집중할 수 있을지는 어렵기만 합니다. 그래서 이럴 때 도움이 될 몇 가지 확실한 방법을 이제부터 소개하려고 해요. 집중하는 삶을 위해 산만한 삶을 포기하기란 쉬운 일이 아니니까요. 그러나 조금씩 나아질 수 있어요. 노력이 헛되지 않을 겁니다.

$$\boxed{\text{실천 1}}$$

내 주위에서 방해 요인들 제거하기

주변에 땅콩 맛 엠앤엠M&M's 초콜릿이 무한정 널렸는데 현미밥과
채소로 손을 뻗기는 어렵습니다. 집중, 몰입, 생산적 활동은 초콜
릿, 즉 방해물을 없애면 더 수월해져요. 집중력을 갉아먹는 여러
디지털 기기들은 고도의 기술력을 갖춘 엔지니어와 행동 중독 분
야의 전문가들이 설계한 결과물이지요. 이들은 사람을 디지털 기
기에 푹 빠뜨리는 것이 목표이고 유능하게 그것을 달성합니다. 그
러므로 디지털 기기의 방해에 저항하려고 하는 것은 질 것이 뻔한
게임에 가까워요. 단, 의지력은 집중하고 싶은 순간이 아니라 그전
부터 발휘해야 한다는 것을 염두에 두면 도움이 될 수 있어요. 호
메로스의 서사시 《오디세이아》에서 가장 유명한 장면은 주인공 율
리시스가 이성적인 사고가 불가능해질 것을 알면서 사이렌의 노
래를 듣고 싶어 하는 부분일 겁니다. 저항할 수 없이 아름다운 사
이렌의 노래는 율리시스가 사명을 이루지 못하게 하는 것은 물론
적에 가담하도록 그를 유혹할 터였죠. 이때 율리시스는 데리고 있
던 선원들의 귀를 밀랍으로 틀어막아 듣지 못하게 하고 자신을 돛
대에 묶은 뒤 어떤 일이 있어도 풀어 주지 말라고 당부합니다. 덕

분에 그는 사이렌의 노예가 되지 않고도 노래를 들을 수 있었지요. 철학에서는 이를 '율리시스의 계약Ulysses pact'이라고 부릅니다. 큰 유혹과 직면하면 의지력만으로는 절대 유혹을 이길 수 없음을 시사하는 말이랍니다.

유혹이 될 법한 방해 요인을 처음부터 차단하려면 2단계 과정이 필요합니다. 첫 번째 단계는 깊이 집중해서 일하고 싶은 시점이나 온전한 몰입을 즐기며 타인과 연결되고 싶은 시점을 파악하는 것이에요. 두 번째 단계는 그 시점이 되기 전에 미리 방해 요인을 제거하는 것이지요.

◆ 온전히 집중할 시간을 따로 정해서 플래너에 적어 두거나 규칙적인 루틴의 일부로 만든다. 핵심은 이 시간에 할 일을 사전에 알아 두는 것이다. 이렇게 계획하고 의식적으로 노력하는 단계가 없으면 갖가지 방해 요인은 집중할 시간을 쉽게 잠식하고 만다.

◆ 디지털 기기를 어디에 보관하고 그 외 다른 방해 요인은 어떻게 제거할지 계획해 둔다. 핸드폰이나 컴퓨터 같은 디지털 기기는 눈에 보이기만 해도 집중력을 떨어뜨릴 수 있음을 명심한다. 기기의 전원을 끄는 것만으로는 충분하지 않다. 눈에서 멀어지면 마음에서도 멀어진다. 내 클라이언트 중에는 핸드폰과 컴퓨터를 지하실에 두거나 사무실을 떠나 와이파이가 제공되지 않는 카페로 자리를 옮겨 일하는 이들이 있다. 이메

일과 좋아요, 리트윗, SNS의 댓글 따위를 자주 확인하는 편이라면 이 단계가 특히 중요하다. 이런 알림을 확인하는 것은 존재감을 확인하기 위해 슬롯머신 게임을 하는 것과 다르지 않음을 기억한다. 카지노에 앉아서 도박 아닌 다른 것에 집중한다는 건 어불성설이다.

♦ 만족감 대신 불안감이 먼저 들더라도 당황하지 않는다. 마냥 디지털 기기에 묶여 생활하는 데 익숙한 사람이라면 기기를 내려놓는 것 자체가 스트레스가 될 수 있다. 처음에는 20분만이라도 좋으니 방해 없이 집중하는 시간을 마련해 천천히 시간을 늘려 간다. 심리학자들이 노출 및 반응 방지법exposure and response prevention이라고 부르는 이 훈련은 불안증에 특히 효과가 좋다. 훈련은 불안을 느끼는 대상에 자신을 노출하는 것과 불안을 해소할 목적의 반응을 하지 않는 것, 즉 방지하는 것으로 이뤄진다. 이 경우에 노출은 기기를 확인하거나 과거와 미래를 걱정하지 않고 온전히 집중하는 것이고, 방지할 반응은 핸드폰을 확인하거나 생각에 빠지는 것이다.

♦ 노출 및 반응 방지법을 훈련하다 보면 처음에는 초조하고 불안한 마음이 더 커질 수 있다. 그러나 시간이 가면 차츰 나아진다. 특히 초반에 어려움이 있는 경우에는 이 훈련법이 도움이 된다는 사실을 아는 것만으로 힘이 될 수 있다. 절대 연습을 놓지 말자. 몇 주가 지나면 핸드폰을 치우고 과거와 미래를 끊임없이 걱정하지 않아도 세상이 끝나지 않는다는 사실

을 뇌가 새로 터득할 것이다. 그러면 아무런 방해 없이 지금 이 순간에 자리 잡기가 더 수월해진다. 더 의미 있는 일들을 해내고, 점점 더 큰 안정감을 느끼며, 더 깊은 성취감과 만족감을 경험하게 될 것이다.

♦ 마지막으로, 짧게라도 깊은 몰입과 집중의 리듬에 자신을 맡겨 보자. 집중을 방해하는 것들은 마치 달콤한 사탕처럼 훨씬 더 매력적으로 보일 때가 많다. 사탕 대신 현미밥을 먹고도 뿌듯한 마음이 되려면 시간이 필요하다. 나 역시 이 책을 쓰는 동안 자리를 잡고 앉을 때면 열에 아홉 번은 트위터를 하고 이메일에 답하며 뉴스와 정치 사이트를 들락거리는 것이 글쓰기보다 훨씬 쉬워 보였다. 그러나 몇 분이 지나 집중의 리듬에 빠져들면 내가 다른 것을 하지 않고 글을 쓰고 있다는 사실이 항상 그렇게 기쁠 수 없었다.

지금쯤 이런 생각이 들 거예요. 잠깐이라도 집중하는 것이 그렇게 좋다면 더 오래 집중하면 더 좋지 않을까? 하루 동안 방해꾼들로부터 완전히 벗어나 보면 어떨까? 훌륭한 생각이지만 나를 비롯한 많은 사람에게는 현실적이지 못한 목표예요. 우리는 결국 새로운 것들과 집중을 방해하는 것들의 유혹을 이기지 못할 것이고 그런 자신을 탓할 테니까요. 여기에 대해 나는 클라이언트들에게 조금 다른 접근법을 알려 줍니다. 일과 사람에만 깊이 집중할 시간을 따로 정하되 나머지 시간에 일어나는 일들은 그냥 두는 거예요. 예컨대 이메일을 수천 번 확인하더라도 집중하기로 정한 시간만 아니라면 괜찮습니다. 그러면 (방해받지 않고) 부정적인 결과를 피하기 위해 끊임없이 안간힘 쓰거나 아무리 노력해도 실패만 맛보는 대신 성공이라고 부를 만한 패턴을 만들고 긍정적인 결과(온전히 집중한 상태의 느낌)를 얻게 되지요. 시간이 가면서 완벽하게 집중하는 시간에 대한 경험치가 쌓일수록 방해 요인들은 매력이 떨어져 보이게 됩니다. 이 과정을 거치는 동안 집중은 삶 전반으로 확대되고요.

내가 코치하던 클라이언트 중에 팀Tim이라는 사람이 있었습니다. 팀은 큰 성공을 거둔 세일즈맨으로 아침이고 저녁이고 온라인 상태로 지내는 것이 익숙했어요. 팀은 이런 방식이 썩 마음에 들지는 않지만 다른 식으로 생활한다는 것은 좀체 상상할 수 없었지요. 처음에 우리는 하루에 2번, 30분씩만 제대로 집중해서 일하고 저녁 8시면 핸드폰을 끈 뒤 서랍에 넣는 것을 목표로 잡았습니다. 넉 달 뒤 팀은 대개 하루 3번 90분씩 깊이 집중해서 일했고 저녁 6시 30분에는 핸드폰을 치울 수 있게 됐습니다. 이렇게 달라진 비결을 묻자 팀은 하나도 어렵지 않았다며, 소소한 승리를 꾸준히 이뤄 냈을 뿐이라고 답했답니다. 팀은 더 집중할수록 성과가 좋아지고 만족감도 커진다는 사실을 차츰 알아 갔습니다. "처음 한두 주가 힘들었어요. 뒤처질까 봐 정말 불안했죠. 그냥 이메일을 열어 버릴까 싶었어요. 하지만 포기하지 않았죠." 결국 팀은 땅콩 맛 엠앤엠 초콜릿보다 현미밥과 채소를 훨씬 더 즐겁게 먹는 법을 터득했습니다. "내가 나를 속여 왔다는 걸 알았어요. 이메일도 메시지도 당장 답해야 하는 경우는 거의 없거든요. 대부분 몇 시간쯤 기다린들 큰일 나지 않아요." 팀은 몰입하고 집중하는 힘을 되찾으면서 삶에서 잃어버렸던 시간 역시 조금씩 되찾아 갔어요. 자신에게 중요한 활동과 사람에는 더 많이, 잠깐뿐인 피상적인 것에는 더 적게 시간을 썼지요. 팀은 더 단단하게 안착한 느낌이 들기 시작했습니다. 이 이야기에는 중요한 교훈이 있어요. 집중하는 삶에 이르는 가장 좋은 방법은 작게 시작해서 점차 크게 이뤄 가는 겁니다. 시작은 몇 분이라도 좋아요. 몇 분은 몇 시간이 되고 마침내 며칠로 이어질 거예요.

(실천 2)

감정의 굴곡을 따라 파도타기

(율리시스처럼) 자신을 돛대에 묶어 버리거나 방해 요인을 모조리 제거하는 것이 항상 가능하지는 않습니다. 생각과 느낌, 충동처럼 번번이 집중을 방해하는 것들을 뜻대로 완벽하게 통제한다는 것 역시 가당치 않아요. 그러나 할 수 있는 것도 있지요. 나를 방해하는 것들에 끌리는 마음, 행동 대신 다른 생각에 빠지는 마음을 '있는 그대로 느끼는 것'입니다. 브라운대학교의 신경 과학자 저드슨 브루어는 이렇게 말했어요. "무언가를 갈망할 때 갈망에 무릎 꿇

는 대신 그대로 그 감정의 파도를 타면 그때마다 습관을 강화하는 과정을 멈출 수 있습니다." 쉽게 말하면, 사탕을 먹지 않은 채 먹고 싶은 충동만 느끼는 법을 배울 수 있다는 거예요. "이런 감정의 파도는 뒤집은 'U'자 형태로 옵니다. 점점 올라가다 정점을 찍고 다시 내려가는 걸 그대로 느끼면 됩니다." 브루어의 말처럼 우리가 할 일은 감정의 파도를 타는 거예요.

방해가 느껴질 때 그 감정의 파도를 그대로 따라가다 보면 유혹에 굴복하는 순간이 있습니다. 예컨대 핸드폰을 확인하거나 토끼 굴로 들어가듯 이메일과 SNS에 빠져들게 되지요. 지난 일을 생각하고 다가올 일을 걱정하는 데 정신이 팔릴 수도 있고요. 그래도 괜찮습니다. 그럴 때는 그냥 이런 일이 일어나는 동안과 그 후에 느껴지는 감정에 깊이 집중해 보세요. 신기하게 마치 초콜릿을 너무 많이 먹었을 때처럼 살짝 기분이 좋은 듯하다가 불쾌감이 느껴지기 시작할 거예요. 산만한 하루를 보냈거나 잠깐 온전한 집중을 방해받았을 때 생기는 불쾌감을 제대로 느끼면 다음에는 휩쓸리지 않고 더 수월하게 파도를 탈 수 있습니다. 다시 말해 방해 요인을 의미 있는 신호가 아닌 무의미한 소음으로 인식하도록 뇌를 훈련할 수 있는 거예요.

반대로 깊이 집중한 상태를 제대로 느끼는 것도 도움이 됩니다. 깊이 집중할수록 몰입에서 벗어난 상태로 돌아가는 과정은 빠르게 일어나고, 당연히 몰입의 순간이 얼마나 좋았는지 짚어 볼 틈이 사라져요. 그러니까 온전히 집중한 뒤에는 몇 분간 시간을 내서 그 경험을 곰곰이 곱씹어 보세요. 그럴 때 내가 클라이언트들에게 쓰곤 하는 쉬운 방법은 '일기 쓰기'예요. 깊이 집중한 뒤 1~2분을 들여 몇 마디로 경험을 적기만 하면 됩니다. 온전하게 집중할 때 들었던 느낌을 더 많이 떠올리고 더 깊이 내면화할수록 산만함에 굴복할 위험이 줄어들지요. 그럴 때 이메일, 좋아요, 댓글, 리트윗 같은 방해물에서 비롯되는 무의미하고 일시적이며 사탕처럼 영양가 없는 보상은, 삶에서 의미 있는 사람과 일에 깊이 집중할 때 얻는 더 만족스러운 선물과 비교하면 더없이 희미해진다는 사실을 본능적으로 알게 될 겁니다.

(실천 3)

명상으로 내 마음 챙기기

명상이라고 하면 책상다리를 하고 앉은 사람이 극한 행복을 느끼며 눈을 감은 장면이 떠오를 거예요. 매체에서 그리는 명상은 주로 이런 모습이지요. 적어도 서구에서는 그렇습니다. 하지만 이런 식의 보여 주기는 큰 오해를 낳았어요. 왜냐하면 명상의 주된 목적은 이완을 돕는 것인데 명상에 관해 이보다 더 사실과 동떨어진 묘사는 없거든요. 여기서 이야기할 '마음챙김mindfulness'은 명상의 한 갈래로, 충실한 삶을 사는 데 필요한 지혜와 연민, 집중력을 기르는 데 도움이 됩니다.

조용히 앉아 호흡에 집중할 때마다 많은 생각과 느낌, 충동이 일어날 거예요. 대부분 불쾌한 쪽으로 말이죠. 마음챙김 명상을 실천할 때는 생각과 느낌, 충동에 빠지는 대신 호흡으로 돌아갑니다. 명상을 가르치는 존 카밧진Jon Kabat-Zinn은 이렇게 썼습니다. "우리가 할 일은 그저 바라보고 내려놓고, 또 바라보고 내려놓는 것이다. 때로는 불안하고 초조한 상태라도 괜찮다. …… 그냥 바라보고 내려놓고, 바라보고 그대로 두면 된다." 마음챙김 명상에서는 육체적으로든 상징적으로든 가려움이 느껴지면 긁지 말고 그대로 두라고 말해요. 바라보고 느끼고 미소 지으며 호흡에 다시 집중하는 것이지요. 그러면 대부분의 가려움은 긁지 않고 내버려 두는 중에 저절로 해소됨을 알게 됩니다. 마음챙김 명상을 자주 실천하면 여러 경구에도 등장하는(예를 들어 미국 작가 엘리스 루스벨트 롱워스Alice Roosevelt Longworth는 이런 말을 했다. "내 생활 철학은 간단하다. 비면 채우고 가득 차면 비우고 가려우면 긁는다."—옮긴이) '가려움'은 우리를 장악할 힘을 잃고 우리는 더 원활하게 원하는 곳에 집중할 수 있게 됩니다. 내적, 외적 방해물을 인식하고, 길을 가로막는 모든 것에 반응하는 대신 아무 판단 없이 중요한 곳으로 다시 관심을 돌릴 힘이 생기는 것이지요. 이것은 하루아침에 되지 않아요. 잦은 연습이 필요한 일이지요.

수도승 반테 구나라타나Bhante Gunaratana는 이렇게 썼습니다. "고질적이고 습관적인 사고방식을 뿌리 뽑으려면 시간이 얼마나 걸리던 꾸준히 마음챙김 명상을 반복해야 한다. 방해가 되는 모든 것은 종이호랑이일 뿐이다. 종이호랑이 자체는 아무 힘이 없다. 꾸준히 먹이지 않으면 결국 생명을 잃는다." 최신 과학에서도 같은 말을 합니다. 여러 연구를 통해 집중은 근육과 같다는 사실이 밝혀졌거든요. 지금 집중하면 나중에 집중할 힘이 커지고 지금 집중하지 못하면 나중에 집중하지 못할 가능성이 커집니다.

마음챙김 명상은 틀을 정하거나 정하지 않고 실천할 수 있어요.

◆ 틀 안에서 실천하는 법: 3분에서 5분 사이로 타이머를 맞추고 편안하게 앉거나 눕는다. 짧게 시작해서 점점 시간을 늘린다. 짧게 시작해서 꾸준히 하는 것이 거창하게 시작해서 점차 시들해지는 것보다 낫다. 다음으로 코, 가슴, 배 등 호흡의 감각이 가장 강하게 느껴지는 곳에 마음을 둔다. 마음이 호흡을 벗어나 생각과 느낌, 충동을 향하면 집중이 흩어졌다는 사실에 대한 판단을 내려놓고 있는 그대로를 인식한다. 그런 다음 다시 호흡으로 마음을 돌린다. 방해받았다는 사실에 대해 옳고 그름을 판단하게 되더라도 '나를 판단하는 나'를 판단하지 않는다! 현재 일어나는 일에만 집중하되 어느 곳에도 얽매이지 말고 상황이 펼쳐지는 모양새를 그대로 알아차린다. 그것이 전부다.

마음챙김 명상은 아주 쉽고 또 아주 어렵다. 명상이 뜻대로 되지 않는다고 해서 큰일은 아니다. 뜻대로 되지 않는다는 것은 나아지고 있다는 증거다. 산만해지지 않고 호흡에 집중하기

가 얼마나 어려운지를 알아차리는 것만도 의미 있고 가치 있
는 깨달음이다. 내가 정말 자주 습관적으로 나를 판단한다는
사실을 깨닫고 그 판단에서는 얻을 게 없음을 알아차리면 자
기 연민이 가능해진다. 그리고 마침내 내면에서 일어나는 온
갖 소음을 웃어넘길 줄 알게 된다.

◆ 틀을 벗어나 실천하는 법: 집중하고 싶은 일이나 사람에게 마
음을 두지 못하고 있다면 그 사실을 알아차린다. 그런 뒤 살
살 마음을 돌려보낸다.

정해진 틀을 따르든 따르지 않든, 마음챙김 명상의 목적은 절대
방해받지 않는 것이 아닙니다. 평생을 수도자로 생활하는 사람조
차 집중하지 못할 때가 있어요. 목표는, 마음이 방해받을 때 자신
을 질책하지 않고 더 빨리 상태를 알아차려 원하는 곳으로 마음을
되돌리는 것이지요. 그러면 더 깊이 더 많이 집중함으로써 삶의 더
많은 부분을 내 것으로 만들 수 있습니다.

틀 안에서 마음챙김 명상을 할 때는 1장에서 이야기한 '현명한
관찰자의 눈'을 적용하면 좋아요. 처음 몇 분 동안은 계속 호흡으
로 돌아가면서 마음을 집중하고, 그런 다음 멀찍이 떨어져서 현명
한 관찰자의 눈을 사용해 더 큰 관점에서 자신을 바라보는 것이지
요. 순서는 바꿔도 좋습니다.

'하지 않을 일' 목록 만들기

정확한 시기는 알 수 없지만 1200년대에 살았던 승려 무문 혜개無門慧開는 이런 기록을 남겼습니다. "불필요한 일들로 마음이 흐려지지만 않는다면 지금이 인생에서 으뜸가는 계절이로다."

2019년, 나는 혜개의 통찰을 염두에 두고 미셸Michell이라는 클라이언트를 코치하기 시작했습니다. 미셸은 큰 조직의 고위 간부였어요. 그녀는 집중의 가치를 아주 잘 알았지만 승진 뒤 경영진에 바로 전달되는 보고서와 프로젝트를 다루면서 집중을 실천하기가 몹시 어려웠지요. 그 결과 일상에서 자신이 뜻대로 할 수 있는 건 아무것도 없다고 느끼고 있었습니다. 집중하지 못하고 헤매는 시간이 길어지자 결국 미셸은 번아웃 상태를 향해 곤두박질치기 시작했지요. 원하는 곳에 시간과 에너지를 쏟거나 집중할 수 없는 탓에 큰 좌절과 원망, 분노를 느꼈어요. 동료들과 남자 친구까지 알아차릴 정도였지요. 삶에서 자신이 원하는 씨앗을 가려내어 물을 주지 않은 결과가 겉으로 드러나고 있었어요.

나는 미셸에게 겁이 나지만 사실은 별로 중요하지 않은 일, 조금 또는 전혀 가치가 없는데 그녀를 괴롭히는 일을 전부 말해 보라고 했습니다. 미셸은 그런 것들을 길게 적어 왔어요. 나는 다음으로 왜 그런 일을 그저 그만두지 못하는지 물어보았지요. 그중에는 그녀가 습관처럼 저항하지만 결국 그만두지는 못하는(나도 항

상 그랬죠) 일이나, 마음만 먹으면 당장이라도 도려낼 수 있는 일
도 있었습니다. 그러나 미셸이 말한 일 중에는 다른 사람이 관련된
일 또한 많았어요. 미셸은 협업 형태의 여러 업무 가운데 의미 없
는 것들이 있다는 뜻을 내비치면 동료들의 기분이 상할까 봐 겁을
냈습니다. 나는 이해할 수 있다고 말했어요. 그러고는 그녀가 이
런 것들의 가치를 얼마나 정확하게 평가했다고 생각하는지 물었
지요. "꽤 정확해요. 거의 다 말이 안 되는 일이거든요." 미셸이 대
답했습니다. 나는 혹시 동료들 역시 같은 생각이라면 어떨지 물었
어요. 그들도 같은 생각이지만 그녀와 똑같은 이유로 (이 말도 안
되는 것들에 관해) 입 밖에 꺼내기를 겁내고 있을지 모르는 것 아니
냐고 했죠. 미셸은 눈을 빛내며 말했습니다. "그렇게는 생각 못 해
봤어요!"

그 후 몇 주 동안 미셸은 마음을 열고 동료들과 진솔한 대화를
나눴고 '말이 안 되는 일'을 70퍼센트 가까이 없앴습니다. 미셸만
이 아니었어요. 모든 팀원이 전보다 자유로워졌으며 정말 중요한
일에 더 집중할 수 있게 되었지요.

사람들은 도움 되지 않는 일에 놀랄 만큼 많은 시간과 에너지,
관심을 쏟습니다. 이런 것들은 한때 유용했지만 지금은 그렇지 않
은, 그저 습관적으로 하는 일들일 거예요. 아니면 미셸의 경우처럼
다른 사람이 얽힌 일일 수도 있고요. 보통 이런 일에 집중하는 데
방해가 되는 유일한 존재는 우리 자신이에요. 그러나 그것이 몹시
위험한 상황임을 기억한다면 얼마든지 바꿀 수 있습니다. 한 시간

한 시간을 보내는 방식이 곧 하루를 보내는 방식이니까요. 작가 애니 딜러드Annie Dillard는 유려한 말로 다음과 같이 꼬집었습니다. "하루하루를 어떻게 보내는가에 따라 인생이 결정된다How we spend our days is …… how we spend our lives."

2장에서는 자신의 '핵심 가치'를 파악한 뒤 핵심 가치에 도움이 되는 일들을 찾아보았습니다. 내가 내 핵심 가치와 일치하는 방향으로 관심과 에너지를 돌리고 있는지 주기적으로 자문하는 것은 중요해요. 개인적으로, 직업적으로 겉만 번지르르한 일에 쓰는 시간을 줄이고 의미 있는 일에 쓰는 시간을 늘리려면 일상에서 무엇을 바꿔야 할까요? 삶에서 원하지 않지만 자주 물을 주고 마는 씨앗에는 어떤 것이 있을까요? 정말 원하는 씨앗에만 물 줄 자유를 확보하려면 어떻게 해야 할까요? 미셸처럼 하지 않을 일을 목록으로 만들어 그것들을 주저 없이 도려내세요. 할 일 목록 역시 유익할 수 있습니다. 그러나 해야 한다고 생각한 일들이 거추장스럽게 집중을 방해하고 생산적 활동을 가로막고 전혀 생산성 없는 것들에 집중하게 하는 결과를 낳는다면, 즉 세네카가 말한 '분주한 게으름'에 빠지게 한다면 그래도 유익하기만 할까요? 집중력을 되찾고 싶을 때는 보통 '하지 않을 일'을 적는 것이 훨씬 더 효과적입니다.

마무리

집중한다는 것은 잦아들 줄 모르는 방해 요인에 이리저리 휘둘리지 않는 것, 곧 현재 자리에 안착하는 것만을 의미하지 않습니다. 집중은 미래를 위해 바탕을 마련하는 것이기도 하지요. 집중할 때 방향성 없이 세상의 흐름에 떠밀리지 않고 자신의 발전을 적극적으로 이끌어 나갈 수 있습니다. 또, 관성에 젖은 무의미한 생산성 대신 의미 있는 생산성에 집중할 수 있어요.

우리는 오래전 붓다가 말한 '니르바나'와 도교의 '도' 같은 몰입의 상태에서 시간의 개념이 완전히 사라지는 것을 경험하게 된다고 이야기했습니다. 이것은 사실이에요. 온전히 집중해 있으면 과거나 미래가 염려되지 않지요. 그럴 때는 뒤처지는 것을 걱정하거나 해야 할 다른 일들을 고민하지 않게 됩니다. 집중한 상태에서는 단순히 지금 여기에 존재할 수 있습니다. 그 결과 덜 서두르고 더 인내하게 되지요. 이것이 바로 이제부터 이야기할 안착의 다음 원리입니다.

3장

인내:

참고 견디면
더 빨리 도달할 수 있다

도나Donna는 1990년대 초반 대학을 졸업하고 곧바로《포천Fortune》
100대 기업에서 일을 시작했습니다. 20년 동안 승진에 승진을 거
듭하며 점차 더 책임이 막중해졌고, 급기야 2016년에는 생각지 않
게 그때까지의 커리어 중 가장 높은 직책에 올라서게 됐어요. 최고
경영진 자리를 제안받은 것이지요. 도나는 전 세계에 수천 명의 직
원과 사무실을 둔 조직에서 8명뿐인 최고 간부 중 한 명이 된다고
했어요. 그녀는 최고 간부 중 유일한 여성이자 아프리카계 미국인
이었는데, 나중에 일부 동료들은 그녀가 "두 가지 유일무이"를 한
번에 달성했다며 존경을 표현했습니다.

　나는 도나가 이 직위를 받아들인 지 얼마 안 됐을 무렵 그녀를
코치하기 시작했어요. 도나는 이런 일은 상상조차 못 했다고 했죠.
"난 그저 관심 분야를 따라가면서 좋은 사람들과 일하려고 했을 뿐

이에요. 그런데 어쩌다 보니 간부가 되었네요. 전부 꿈같은 일이에요." 도나는 전부터 회사의 운영진으로 중요한 책임을 맡아 왔지만 이런 자리는 처음이었습니다.

도나가 최고 경영진 자리로 가게 된 이유 중 하나는 아무리 큰 프로젝트에서도 끝을 보고 마는 힘이 있었기 때문이에요. 도나는 거대 조직 안에서 일을 밀어붙일 줄 알았고 제대로 속도가 나지 않으면 직접 두 팔을 걷어붙이고서라도 끝을 맺기로 유명했어요. 그녀는 세상에서 둘째가라면 서러울 행동가였고 일을 성사시키는 대단한 재주가 있었지요. 해내고야 말겠다는 집념은 10명, 100명, 심지어 1000명의 리더일 때까지는 득이 될 수 있습니다. 그러나 그 숫자가 수만 명이 되고, 거대한 배의 키를 잡고 끊임없이 달라지는 흐름을 헤치며 앞으로 나아가려 할 때는 이 마음이 방해가 되기 시작해요. 도나는 경영진이 된 뒤 일을 추진해 매듭지으려 할 때마다 번번이 좌절감을 느꼈어요. 스트레스를 받으면서 몇 시간이고 일을 놓지 않았고 거의 밤을 새우다시피 했지요. 그러나 온갖 노력에도 불구하고 추진하려는 계획과 프로젝트에서는 진전이 없을 때가 많았고 심지어 더뎌지는 일도 생겼어요.

기업의 간부로 있는 내 클라이언트들이 처음으로 중책을 맡으면 으레 경험하고, 누구나 중요한 목표를 향해 노력할 때면 어김없이 거치는 상황을 도나 역시 겪었습니다. 우리는 당장 결과를 보고 싶어 하지요. 안정감을 느끼고 상황을 통제하고 싶어 하며 문제를 해결하고 바로잡기를 원해요. 영웅적 개인주의의 핵심을 이루는 이런 태도는 분명 어떤 상황에서는 로켓도 움직일 만한 원동력이 되어 전속력으로 돌진할 힘을 줍니다. 그러나 그렇지 않은 많은 경우에는 역효과를 내고 말아요. 도나는 효과적으로 일하며 중심을 잡기 위해 새로운 리더십, 곧 새로운 존재 방식을 배워야 했습니다. 즉, 그녀는 인내하는 법을 배워야 했어요.

앞으로 이야기하겠지만, 여기서 인내란 아무 결과 없이 마냥 기다리기만 하는 것과는 달라요. 여기서 말할 인내는 사려 깊고 변함 없는 뚝심입니다. 뚝심은 장기적으로 더 빠르고 멀리 가기 위해 단기적으로는 속도를 늦출 때 나오는 것이지요. 도나와 나는 일이 억지로 되게 하는 것과 저절로 되게 내려놓는 것, 일에 개입하여 내 뜻대로 하려 하는 것과 뒤로 물러나 적당한 시기에 자연스럽게 이뤄지도록 기다리는 것은 뚝심, 즉 인내심에 따라 갈린다고 생각합니다. 때와 장소에 따라 맞는 전략은 다를 거예요. 그러나 사람들은 대부분 내려놓는 것과 물러나는 것이 최적인 경우에조차 무조건 뛰어들어 안간힘을 쓰려고 해요.

안착의 세 번째 원리는 인내입니다. 인내는 서두르고 조급해하며 급한 일을 지나치게 중시하는 태도를 누그러뜨려 장기전에 유리한 상황을 만듭니다. 그럴 때 안정감과 힘을 얻고 꾸준히 발전할 수 있지요.

빨리 가려면 천천히 가야 한다

2014년, 샬러츠빌 버지니아대학교의 사회 심리학자 티모시 윌슨 Timothy Wilson은 최근 들어 유독 사람들이 기다림을 힘들어하는 것 같다는 생각이 들었습니다. 윌슨은 이 가설을 시험하기 위해 학부생과 지역 주민 수백 명을 모집해 "생각할 시간thinking periods"을 갖게 했어요. 참가자들은 15분 동안 아무것도 없이 빈방에 들어가 있어야 했고, 스마트폰과 노트북 등은 모두 따로 보관되었지요. 윌슨은 참가자들에게 15분 동안 가만 앉아서 기다리는 것과 강한 전류로 자신에게 충격을 주는 것 중 하나를 선택하라고 했습니다. 결과는 말 그대로 충격적이었어요. 남성의 67퍼센트와 여성의 25퍼센트가 가만 앉아서 기다리는 쪽보다 제 몸에 전기 충격을 (많은 경우에 자주) 가하는 쪽을 선택했기 때문이지요. 이들은 마조히스트가 되기로 작정한 게 아니었어요. 실험 전에는 모든 참가자가 돈을 내고서라도 스스로 충격을 가하는 일은 피하겠다고 했으니까요. 그러나 딱 15분 동안이지만 앉아서 기다리는 일이 시작되자 대다수 남성과 제법 많은 여성이 차라리 자기 몸에 전기를 흘려보내는 편이 낫겠다는 판단을 내렸습니다.

윌슨의 가설은 옳았어요. 이 연구의 결과에는 사람들이 지루함을 싫어하고 기다림을 힘겨워한다는 사실이 잘 나타났지요. 실험 참가자들이 기다림을 피할 셈으로 고통을 선택했다니 놀라운 일이지만, 여기 나타난 일반적인 주제는 그다지 놀랍지 않아요. 우리

사회는 당장의 결과를 강조하니까요. 사람들은 한 번 클릭으로 주문한 음식이 몇 분 안에 문 앞에 도착하기 바라요. 길이가 긴 탐사 보도 기사보다는 280자로 된 트윗을 읽고요. 속전속결 백전백승을 약속하는 갖가지 장삿속에 끊임없이 주머니를 열지요. 영웅적 개인주의에 젖어 즉각적인 부와 건강, 행복을 갈망하고, 영원한 삶을 꿈꾸며 수명에 집착해요. 여기서 모순은 마법 같은 약 한 알과 다이어트 식단, 비장의 무기와 즉효 약을 통해 그 일이 당장 일어나기를 바란다는 겁니다.

2006년 포레스터Forrester에서 실시한 조사에 따르면, 사람들이 온라인에서 물건을 살 때 웹페이지 로딩을 기다리며 참을 수 있는 시간은 4초 미만이었습니다. 3년 뒤에는 그 시간이 2초로 줄었고요. 2012년에 구글 엔지니어들이 알아낸 것에 따르면 인터넷 사용자들이 검색 결과를 기다리며 참을 수 있는 로딩 시간은 5분의 2초, 즉 눈 깜짝할 만한 시간이었어요. 어느 모로 보든 이 추세는 완화되는 것 같지 않아요. 인터넷의 광범위한 영향을 깊이 있게 살펴본 뒤《생각하지 않는 사람들》을 쓴 니콜라스 카Nicholas Carr는 이렇게 말했습니다. "디지털 기기로 인해 자극의 강도가 세지고 새로운 것들이 더 빠르게 쏟아져 나오면 우리는 그 속도에 적응하게 됩니다. 인내심이 약해지는 것이죠. 그러다 자극이 전혀 없는 순간이 오면 사람들은 당황하기 시작하고 어쩔 줄 몰라 합니다. 자극을 기대하도록 훈련되어 있으니까요."

2012년 퓨리서치센터Pew Research Center의 '인터넷과 미국인의 삶

프로젝트Internet and American Life Project'는 〈삶의 과잉 연결로 인해 밀레니얼 세대가 얻는 득과 실Millenials Will Benefit and Suffer Due to Their Hyperconnected Lives〉이란 제목의 보고서를 발표했습니다. 이 보고서에서는 세계가 과도하게 연결됨에 따라 "즉각적인 만족감에 대한 기대"가 부작용으로 나타나고 있다고 했어요. 여기서 '부작용'이란 말을 쓴 이유는 말 그대로 그것이 부작용이기 때문이에요. 그러나 편리한 기술이 본래 나쁜 것은 아니지요. 나 역시 디지털 기기 없으면 못 사는 사람이고요. 로딩을 기다리다 컴퓨터 화면 속 모래시계에서 모래가 더디게 떨어지는 것 같으면 누구보다 답답해요. 그러나 삶의 다른 영역에서까지 이런 속도와 지속적인 자극, 즉각적인 만족감을 기대하면 문제가 될 수 있어요.

보통 좋은 것들은 결실을 보는 데 시간이 걸립니다. 그래서 인내심은 운동과 사업, 창작, 과학, 관계 등의 영역에서 특히 큰 장점으로 작용해요. 실리콘 밸리에서는 "빨리빨리 움직여 돌파해 나가라Move fast and break things"라고 말합니다. 그러나 실리콘 밸리의 그 많은 회사에서 나타난 실패와 의도치 않은 해로운 결과들이 말하듯 그런 태도로는 결국 내가 깨질broken 때가 많지요. 그러나 인내심을 기르면 광적인 에너지와 불안감에 사로잡힐 상황에서 보호막이 생겨요. 항상 새로운 것을 찾으며 자꾸만 경로를 바꾸고 싶은 유혹을 가라앉힐 수 있는 거죠. 일이 더디게 진행되는 것 같을 때도 안정감 있고 진중하게 상황과 직면할 수 있습니다. 장기적인 안목으로 바라보며 상황이 알아서 전개되도록 물러설 시점을 파악할 힘이 생겨요. 그러면서 필요한 순간에 신속히 움직이기가 수월해집니다. 내 친구 저스틴은 캘리포니아 오클랜드 시내에서 응급실 의사로 일합니다. 저스틴은 1분 1초를 다투는 외상 환자가 들어오면 다음과 같이 만트라를 되뇌어요. "빨리 가려면 천천히 가야 해Go slow to go fast."

대부분 사람에게 조금씩은 익숙한 주제인 '다이어트'에 관해 생각해 봅시다. 살을 빼려고 하는 많은 사람은 저지방, 저탄수화물, 사우스비치South Beach, 앳킨스Atkins, 대시DASH, 존Zone, 오니시Ornish, 키토제닉, 간헐적 단식 등으로 명명된 갖가지 다이어트 방법 사이에서 유행의 첨단을 따라 끊임없이 노선을 바꿔요. 이런 다이어트는 효과가 없다는 말을 하려는 게 아니에요. 요지는 계속 방법을 바꾸면 몸무게를 줄이는 데 도움이 되지 않는다는 겁니다. 2018년 스탠퍼드대학교에서는 저지방 다이어트와 저탄수화물 다이어트를 비교하기 위해 참가자들에게 임의로 다이어트 방식을 정해 준 뒤 1년 동안 그들을 추적 관찰했어요. 그 결과 체중 감량을 가장 크게 좌우하는 변수는 어떤 방법으로 다이어트를 하는가가 아니라 정해진 방식을 고수하는가였습니다. 무모하게 굶는 것 외에 가장 살을 많이 뺄 방법은 한 가지 방식을 끝까지 유지하는 거예요. 그거면 충분하지요. 그런데 이해는 쉽지만 실천은 어려워 보이죠. 인디애나대학교 의과대학 교수인 에런 캐럴Aaron Carroll은 《뉴욕타임스》에서 이 내용과 함께 영양을 다룬 여러 실험의 결과를 언급하며 이렇게 설명했습니다. "느리지만 꾸준한 변화를 수반하는 다이어트가

장기적으로 성공 가능성이 높다."

당연히 이 점은 다이어트뿐 아니라 성과, 건강, 행복 등 지속적인 변화가 필요한 모든 영역에 적용됩니다. 과정을 서두르거나 너무 빨리 결과를 기대하면 결국 실망하고 또 실망할 뿐이에요. 노력의 크기와 의미가 커지면 인내심의 크기도 커져야 해요. 내가 강박 장애로 가장 힘든 시간을 겪을 때 제일 도움이 됐던 조언 중 하나는 내 정신과 주치의인 루카스 V.D.Lucas V.D. 박사의 말이었어요. "인내심을 발휘하세요. 9회까지 가야 끝나는 게임이거든요." 그 당시 나는 7점 차로 앞서가며 9회 말에 다다라 있기를 바랐지만 분명 현실은 2회도 끝날 기미가 보이지 않는 상황이었을 거예요. 박사는 회복은 장기적인 노력이 필요한 일이라며 도중에 오르막도 내리막도 만나고 좋을 때도 나쁠 때도 있으리라고 말해 주었어요. 박사의 조언은 나에게 큰 울림을 주었지요.

개인적으로든 직업적으로든 우리는 삶의 많은 영역에서 현재를 너무 가까이서 들여다보며 마치 지금이 전부인 것처럼 생각하는 경향이 있습니다. 한결같이 속전속결에 집중하며 이런 세태를 강조하는 문화는 도움이 되지 않아요. 그러나 한발 물러나 삶에서 일어나는 그토록 많은 일이 9회까지 이어지는 게임임을 알아차리면 어떤 일을 하든 마음속 조급함을 조금 내려놓을 수 있어요. 그런 조급함에서 비롯되는 괴로움 역시 마찬가지지요. 상황이 어려워지더라도 그 상태가 영원하지 않으리라는 것을 알면 어려움은 살짝 가벼워져요. 그 결과 더 진중하고 일관성 있게 전진할 수 있고요.

그럴 때 결국 더 큰 기회가 생긴답니다. 안착의 가장 확실한 지표
인 '성취감을 주는 성공'을 향해 문이 더 크게 열리는 거예요.

돌파구는 하루아침에 생기지 않는다

찰스 다윈은 젊은 지질학자 시절 5년 가까운 시간을 비글호에서 보
냈습니다. 비글호는 다양한 과학 탐사를 목적으로 전 세계를 일주하
는 대형 선박이었어요. 비글호가 항해를 시작한 것은 1831년이었
지만, 다윈이 당시에는 '종의 변이'로 알려졌던 '자연 선택 이론'을
만들기 시작한 것은 항해가 끝나가던 1835년 갈라파고스 제도에
들어가면서였어요. 바다에서 4년 이상을 보내고서야 그 혁명적 통
찰이 구체적인 형태를 띠기 시작한 것이지요. 그러나 이것은 시작
에 불과했습니다. 다윈은 항해를 마치고 돌아오기 무섭게 열정적
으로 이 이론에 매달려 1836년부터 1838년 사이에 중대한 결실을
얻었어요. 그러나 그의 걸작《종의 기원》이 책으로 나온 것은 1859
년이 되어서였답니다. 다시 말해 다윈이 공들이고 공들여 이 아이
디어를 완성하기까지 20년 넘는 세월이 걸린 셈이에요. 그러는 동
안 그는 수없이 방향을 잘못짚었고 숱하게 비판을 받았으며 정신
적인 어려움까지 겪었습니다. 그렇지만 모두 극복해 냈어요. 다윈
은 자신이 성공한 가장 큰 요인을 "과학에 대한 사랑과 어떤 문제

든 오래 숙고할 줄 아는 무한한 인내심" 덕으로 돌렸습니다. 현대 역사에서 가장 위대한 과학적 돌파구인 다윈의 이론은 어느 날 뚝 딱 만들어지지 않았어요. 사실 완성까지 20년이 걸렸지요. 비글호 를 타고 항해를 시작한 지 28년이 지난 뒤 처음으로 《종의 기원》 을 출간했을 때, 이 도발적이고 파격적인 선구자는 반백 살이 되어 있었습니다.

영웅적 개인주의의 시각에서 보는 것과 달리 진전은 서서히 일 어날 때가 많습니다. 그러나 그래도 괜찮아요. 중요한 일에서 의 미 있는 차이를 만들어 내려면 피할 수 없는 장애물과 정체기를 뚫 고 갈 수 있을 만큼 진득하고 뚝심 있게 노력해야 하지요. 그럴 때 정체기처럼 보이는 시간이 존재하겠지만 실제로는 전혀 그렇지 않 습니다. 노력의 결과가 아직 보이지 않을 뿐이지요. 사람이 중요한 일에 힘을 기울일 때는 일이 사람에게 힘을 줍니다. 나는 아직 조 급하게 쫓기는 순간에 가장 행복하고 흡족했다고 말하는 사람을 만나지 못했어요.

이 모든 것은 머리로만 이해하면 전부 그럴듯해 보여요. 하지만 현실에서는 정체기만큼 힘든 시간이 따로 없죠. 정체기에는 온갖 숨은 동기가 겉으로 드러납니다. 혹시 당신이 지금 하는 일을 계속 하는 이유가 외적인 결과에 중독됐기 때문인가요? 발전이 눈에 보 일 때 나타나는 도파민(기분을 좋게 하는 신경 화학 물질) 홍수가 없 더라도 그 일을 지속할 수 있나요? 소비문화는 항상 즉각적인 성 공과 '꿀팁', 눈과 귀를 사로잡는 유행과 속임수, 즉효 약을 약속하며 우리를 경로에서 끌어내리려 하는데, 그런 분위기에 크게 흔들리지 않을 수 있을까요?

이러한 질문에 대한 답은 장기적인 성공과 성취를 판가름합니다. 돌멩이를 깨뜨리려면 몇 번을 다시 내리쳐야 할 때가 많지요. 그러나 완전히 깨지지 않았다고 해서 그전까지 가한 충격이 다 소용없는 것은 아님을 기억합시다. 충격은 내리칠 때마다 누적되지만 그러는 동안 아직 결과가 눈으로 확인되지 않을 뿐이에요. 한두 번만 더 내리치면 돌멩이는 곧 깨질 거고요.

특히 스포츠 훈련에서는 어느 날 '갑자기' 그런 돌파구가 보이는 일이 심심치 않게 일어나요. 몇 주 동안 1마일을 8분에 달렸는데 갑자기 그 기록이 7분 45초로 훅 단축되는가 하면, 몇 달 동안 120킬로그램짜리 바벨을 들고 스쿼트를 했는데 어느 날 자고 일어났더니 140킬로그램짜리를 번쩍 들어 올리게 되는 일도 있지요. 운동 과학자들은 이를 '보상 및 초과 보상의 주기cycle of compensation and supercompensation'라고 부릅니다. 몸이 힘든 훈련을 소화하고 거기에 적응하려면 시간이 필요해요. 세포 측면에서 운동의 효과를 보려면 운동 후 최소 열흘이 지나야 할 때가 많고 대부분은 그보다 긴 시간이 지나야 합니다. 게다가 보통 운동 후에는 세포의 상태가 기존보다 나빠진 뒤에 다시 좋아져요. 엘리트 스포츠의 경우 목표로 하는 효과를 눈으로 확인하려면 1년을 꼬박 훈련해야 하는 경우가 비일비재합니다. 그러는 동안 선수들의 몸은 운동에 대한 보상 기간을 거치지요. 즉, 몸이 회복하고 훈련의 스트레스를 이겨

내는 동안 정체기나 퇴행기를 겪어요. 그러나 그 뒤에는 훨씬 큰 보상이 있지요. 드디어 몸이 눈에 띄게 좋아지는 거예요.

이 패턴은 운동선수들에게서만 나타나지 않습니다. 2018년 과학계의 명망 높은 학술지 《네이처》에는 창의적이고 지적인 작업의 성과를 다룬 한 연구가 소개되었어요. 연구진에 따르면 대부분의 사람은 직업적 '극성기極盛期, hot streak'를 겪습니다. 극성기란 '개인적으로 평소보다 훨씬 더 눈부신 성과를 내는 때'를 말해요. 그러나 그 시기는 예측하기 어려워요. 연구진은 이렇게 설명했습니다. "개인의 커리어 가운데 불쑥 나타나는 이 시기는 일시적으로만 나타나며 이때 생산성 면에서 감지할 수 있는 변화는 없다." 그렇다면 모든 극성기의 공통점은 무엇일까요? 답은, 구체적인 진전이 훨씬 적었던 그 이전 단계가 지난 뒤에 그 시기를 발판 삼아 극성기가 나타난다는 사실입니다. 만일 너무 빨리 포기하거나, 일을 그만두거나, 접근법을 바꿔 버렸더라면 그런 돌파구는 나타나지 않았을 거예요. 그들은 그저 인내하는 연습이 필요했을 뿐이지요. 빈센트 반 고흐는 죽기 2년 전인 1888년에 20점이 넘는 그림을 그렸어요. 그의 가장 유명한 작품인 〈별이 빛나는 밤〉과 〈해바라기〉가 이때 나온 그림이지요.

인내와 끈기를 통해 놀라운 극성기를 이뤄 낸 또 한 사람을 꼽자면 타네히시 코츠Ta-Nehisi Coates를 이야기하지 않을 수 없군요. 젊은 시절 코츠는 작가로 살아남기 위해 고군분투하며 1996년부터 2008년까지 여러 출판사를 전전했어요. 2008년에는 첫 번째 저서

《아름다운 투쟁The Beautiful Struggle》을 출간했지만 누구 하나 눈여겨 보지 않았고요. 그때까지 코츠는 3번이나 일자리를 잃었어요. 그의 가족은 빚을 지지 않기 위해 실업 수당과 그의 아내가 버는 돈, 친척들의 도움에 의지해 근근이 생계를 이었습니다. 그러나 코츠는 꿋꿋하게 글을 썼어요. 그러다 2008년에 잡지 《애틀랜틱》에 온라인 칼럼을 발표했고 더디지만 확실한 인기를 구가하며 열렬한 독자층을 확보하기 시작했어요. 그러나 코츠가 완전히 궤도에 올라선 것은 2012년 무렵, 즉 작가가 되고 20년 가까운 시간이 흘러 수백 편의 글을 쓰고 난 뒤의 일이었죠. 그해에 그는 《애틀랜틱》에 〈흑인 대통령에 대한 두려움Fear of a Black President〉이란 제목으로 커버스토리를 썼습니다. 2014년에 쓴 〈배상금 소송The Case for Reparations〉은 인터넷에서 가장 널리 읽히고 논의된 글 중 하나로 자리매김했지요. 2015년에 나온 그의 두 번째 책 《세상과 나 사이》는 《뉴욕타임스》 베스트셀러 1위를 차지하고 퓰리처상 최종 후보에 올랐습니다. 무엇보다 이 책은 미국 안팎에서 일어나던 인종에 관한 담론을 명백히 바꿔 놓았어요. 2017년 그의 마흔두 번째 생일을 며칠 앞둔 어느 날 《타임스》는 코츠를 "비슷한 연령대에서 가장 영향력 있는 흑인 지식인 중 한 명"으로 선정했습니다.

코츠는 방해 요인을 제거하고 인내하는 중요성을 언급하며 젊은 작가들을 향해 이렇게 말했어요. "우리는 이 모든 것들 덕분에 세상을 최대한 많이 볼 수 있습니다. 그러나 세상을 보려면 시간이 있어야 합니다. 우리는 시간이 절실합니다. 시간을 벌고 싶다면 시간을 잡아먹는 것들을 양산하지 말아야 합니다." 또한 그는 창의적 돌파구를 묻는 말에 이렇게 답했습니다. "그건 그렇게 비밀스러운 일이 아닙니다. 연습에 연습을 거듭하고 또 거듭하다 보면 문득 상상도 못 했던 존재가 되어 있을 겁니다." 내가 이 글을 쓰는 2020년, 사회 정의 운동이 일파만파로 퍼지는 가운데 코츠의 글은 일주일에 몇 번씩 여기저기서 인용되고 있어요. 그의 인내와 끈기는 그 자신만이 아니라 이제 세상을 바꾸고 있습니다.

놀랍게도 인내가 가장 큰 장점으로 작용하는 곳은 과학 기술 분야와 최첨단 산업 분야일 거예요. 흔히 스타트업이라고 하면 영웅적 개인주의와 속도, 젊음 등을 떠올리는 일이 많지요. 하지만 이런 생각은 틀렸어요. 페이스북 창업자 겸 CEO 마크 저커버그는 이렇게 말한 적이 있습니다. "기업가라면 젊고 기술을 잘 알아야 한다고 강조하고 싶습니다. 젊은 사람이 무조건 더 똑똑합니다." 그러나 이 말을 할 당시 20대 후반에 불과했던 저커버그는 뭘 몰랐던 것 같아요.

MIT 경영대학원의 연구에서는 저커버그가 틀렸음이 확연히 드러납니다. MIT 연구진은 구체적인 연구를 통해 2007년부터 2014년 사이에 미국에 생긴 모든 사업체를 검토했어요. 이 자료에는 270만 명의 창업자들에 관한 정보가 포함되었지요. 연구진은 창업자의 연령에 따라 고용, 매출액 증가, 기업 공개 가치IPO 같은 기업의 다양한 성과 척도가 어떻게 달라지는지 비교했습니다. 그 결과 청년층보다는 중년층이 기업가로 성공할 가능성이 훨씬 컸어요. 연구 대상이 된 기간 동안 성장 속도 면에서 미국 내 상위 0.1퍼센트를 차지한 기업들의 경우 회사 창립 당시 창립자의 평균 연령은 45세였습니다. 중년층 창립자들은 기업 공개 가치를 기준으로 할 때 역시 가장 성공세가 뚜렷했지요. 기업을 크게 성장시킬 가능성도 50세 창업자가 30세 창업자보다 1.8배 높게 나타났습니다. 이 연구진에 따르면 젊은 나이에 기업을 시작한 사람들이라도 시간이 흘러야 최고 기량을 발휘했어요. 스티브 잡스와 애플이 만든 명실공히 가장 혁신적인 제품인 아이폰이 시장에서 파란을 일으킨 것은 잡스가 52세 되던 해였지요. 이때 잡스는 다윈이 《종의 기원》을 처음 내놨을 때보다 2살이 많았습니다.

물론 운동, 업무, 인간관계 등 어느 영역에서든지 아무 변화 없이 항상 하던 것만 똑같이 하는 것의 위험성을 간과할 수는 없습니다. 과학에 관해 글을 쓰는 데이비드 엡스타인David Epstein이 저서 《늦깎이 천재들의 비밀》에서 밝혔듯 사람들은 자신의 흥미와 기술에 더 적합한 쪽으로 방향을 바꾸거나 새로운 것을 찾는 편이 더 현명할 때조차 무작정 열과 성을 다하느라 너무 많은 시간을 들이곤 합니다. 특히 새로운 것을 배울 때는 더욱더 그렇지요. 경제학자들은 특정 활동과 일에 적합한 정도를 가리켜 '자질 적합도match quality'라는 말을 씁니다. 엡스타인은 자질 적합도가 그릿grit(심리학자 앤절라 더크워스Angela Duckworth가 개념화한 용어. 성공과 성취를 끌어내는 데 결정적인 역할을 하는 투지나 용기를 뜻한다—옮긴이)보다 훨씬 더 중요하다는 점을 설득력 있게 제시했습니다. 결국 지금 하는 일이 잘 맞을 때 그 일을 끈기 있게 해 나갈 가능성이 커지는 셈입니다(내 커리어를 보면 이 점이 잘 나타납니다. 나는 항상 글을 쓰겠다는 '그릿'이 강했어요. 초등학교 시절부터 셀 수 없이 많은 장애와 실패를 겪었고, 그러면서 절대 글은 못 쓸 거라는 말조차 들었지요. 이런 상황은 고등학교까지도 계속됐고, 나는 대학교 언론학과 입시에서까지 낙방했습니다. 에세이와 기사를 써서 거절당한 적 역시 무수히 많은데 지금까지 그런 일은 자주 일어났어요. 하지만 나는 과학이나 수학에서 그릿을 발휘한 적은 없습니다. 그렇다고 내가 기본적으로 그릿이 있거나 없는 사람이란 뜻은 아닐 거예요. 그저 나는 글쓰기를 과학이나 수학보다 훨씬 더 좋아할 뿐이니까요. 나는 글쓰기에 관한 자질 적합도가 한층 더 높은 사람인 겁니다. 이 책이 그 결과이고요).

그러나 자질 적합도를 이미 갖춘 상황이라면 접근하는 방식을 너무 빨리 포기하거나 바꿀 때도 똑같거나 그 이상의 위험이 따릅니다. 운동선수, 기업 임원, 창작자들과 함께 일하는 내 동료들이 비공식적으로 조사한 결과나 내 개인적 경험에 비추어 보면 사람들은 일을 너무 빨리 포기해 버릴 때가 너무 오래 끌고 갈 때보다 훨씬 많습니다. 행동 편향commission bias에 짓눌린 사람들을 생각하면 당연한 결과인지 몰라요. 행동 과학 용어인 행동 편향은 행동하지 않는 쪽보다 행동하는 쪽에 치우치는 성향을 말합니다. 사람들은 결과를 보지 못하면 초조해요. 일이 더 빨리 돌아가게 하려면 뭐라도 해야만 할 듯한 충동을 느끼지요. 그러나 아무것도 하지 않는 쪽이 최선일 때도 많습니다. 하던 그대로를 유지하면서 상황에 따라 계획을 수정하며 자연스럽게 일이 펼쳐지도록 손을 놓는 것이 정답인 경우가 생각보다 많아요. '가만있지 말고 아무거나 해 보자' 대신 '아무거나 하지 말고 가만있어 보자'라고 생각할 수 있어야 하는 거예요.

꾸준할수록 나아진다

나아진다는 것의 진실은 이렇습니다. 나아지려고 서두르는 대신 작게나마 꾸준히 단계를 반복하면 결국 큰 결실을 볼 기회가 생겨요. 스탠퍼드대학교 교수이자 인간 행동 분야의 세계적인 전문가인 BJ 포그BJ Fogg는 이 점을 누구보다 잘 알았습니다. 포그가 고안한 인간 발달 모형에 따르면, 필요한 행동을 취하려면 주어진 일을 완수할 동기와 능력이 모두 있어야 합니다. 만일 동기와 관계없이 너무 많은 것을 빨리 해낼 셈으로 능력에 비해 무리하는 일이 많아지면 의욕이 꺾이고 얼마 못 가 힘이 빠질 가능성이 크지요. 그리고 몸과 마음에 상처가 잦아집니다. 그러나 천천히 조금씩 도전을 늘려 가면 지난주에는 힘들던 일이 오늘은 수월해질 거예요. 다시 말해 습관은 습관 위에 쌓입니다. 소소하고 꾸준하게 이룬 낱낱의 승리는 시간이 가면서 결합체를 이루죠. 물론 발전이 항상 꾸준히 이어질 수 있는 건 아니에요. 좋은 날이 있으면 나쁜 날도 있으니까요. 하지만 우리가 바라는 것은 '평균'이 더 나아지는 거예요.

인내하여 평균을 올리는 것의 예는 투자에서 잘 드러납니다. 많이 사용되지는 않지만(인내심이 필요하므로) '매입 원가 평균법dollar-cost averaging'으로 알려진 투자법이 있습니다. 이 투자법의 기본 원리는 대규모 투자 대상에 매일 소액을 투자하는 거예요. 그렇게 하면 시장이 하락할 때는 매입 수량이 늘고 상승할 때는 매입 수량이 줄지요. 매입 원가 평균법은 '평균으로의 회귀regression toward the mean'를 이용한 방식입니다. 통계 용어인 평균으로의 회귀는 역동적인 시스템이 평균 상태로 돌아가려고 하는 단기적 경향성을 이르는 말이에요.

이 투자법을 적용하면 장기적으로 보아 시장이 점진적으로 상승하는 한, 즉 근본적으로 평균이 점차 올라가는 한 수익이 납니다. 이 원리는 투자가 아닌 삶의 다른 영역에도 적용할 수 있어요. 어쩌다 한 번 영웅적 개인주의에 몸 바친 뒤 번아웃을 겪는 것보다는 일관성을 유지하는 데 집중하며 시간이 흐름에 따라 평균을 올리는 전략이 훨씬 낫지요. 그러려면 편안한 날만이 아니라 힘들고 어려운 날조차 노력을 계속해야 합니다. 적게라도 꾸준히 나아가는 쪽을 선호하는 사고방식을 취하면 큰 성공과 실패를 경험할 때의 흥분은 없을 테지만 더 오랫동안 발전할 수 있으니까요. 이런 사고방식은 더 큰 안정감과 편안함을 줍니다. 지금부터는 안정감과 편안함이 흥분보다 큰 성취감을 선사한다는 사실을 이야기할 거예요.

흥분이 곧 행복은 아니다

2018년에 마라톤 세계 신기록을 수립한 케냐의 육상 선수 엘리우드 킵초게Eliud Kipchoge는 자기 분야에서 세계 최고입니다. 그는 누구보다 빠르기도 하지만 누구보다 깊이 생각하는 사람으로 '달리는 철학 왕The Philosopher King of Running'이란 별명이 있어요.

성공의 비결을 묻는 말에 킵초게는 훈련에서 무리하지 않는 것이 열쇠라고 답했습니다. 그는 늘 최고이기만 하려고 애쓰지 않아요. 대신 꾸준히 인내하며 노력하지요. 예컨대 자주 코치를 교체하는 대부분의 운동선수와 달리 킵초게는 10년 이상 같은 코치와 훈련했습니다. 그는 세계 기록을 세우기 얼마 전에 《뉴욕타임스》와 한 인터뷰에서, 웬만하면 훈련에서는 최고치의 80퍼센트 정도만 힘을 쓰고 90퍼센트 이상으로 자신을 밀어붙이지 않는다고 대답했어요. 그는 그러는 덕분에 몇 주를 끄떡없이 훈련에 임할 수 있지요. 킵초게는 억지로 일을 성사시키는 대신 알맞은 시기에 일이 저절로 흘러가게 할 줄 알았습니다. 그의 코치 패트릭 상Patrick Sang은 킵초게가 그런 속도를 낼 수 있는 비결로 '조금씩 천천히' 발전하는 것을 꼽았어요.

킵초게 본인 역시 《타임스》와의 인터뷰에서 이렇게 말했어요. "마음이 이완된 상태에서 달리고 싶습니다." 그는 실제로 원하는 그대로를 해내고 있지요.

킵초게는 빠른 만큼 편안하기로 유명합니다. 마라톤 코스 안에서든 밖에서든 정말 편안하지요. 킵초게가 코스를 달리는 모습은 비단처럼 부드러워요. 그럴 때 그의 얼굴에는 대개 미소가 가득합니다. 혹독한 경기가 막바지에 이르렀을 때조차 다르지 않아요. 다른 선수들이 눈에 띄게 괴로워하며 일그러진 얼굴로 뻣뻣하게 달리다 무너져 갈 때 킵초게는 가뿐하게 미끄러지듯 달려 나갑니다. 코스 밖 킵초게는 말이 느리고 유해요. 다른 선수들은 경기에서 이기고 기록을 내야 한다는 압박에 사로잡혀 있을 때 킵초게는 전혀 다른 모습이지요. 가령 세계 기록을 세우던 날 경기 전 인터뷰에서 목표에 대해 질문받자 그는 어깨를 으쓱하며 이렇게 답했습니다. "정확히 말해 저는 단지 최선을 다해서 뛰려고 노력할 겁니다. 그게 세계 기록이 된다면 감사할 일이죠."

편안함은 인내의 부수적 결과일 때가 많습니다(또한 집중의 결과이기도 합니다. 앞서 말했듯 이 원리들은 서로 연결되어 있지요). 편안함은 순간에 온전히 집중하며 일이 나름의 시기에 펼쳐지도록 기다리되 과정을 억지로 밀어붙이거나 서두르지 않을 때 생겨요. 그러나 흥분은 결이 다릅니다. 흥분하면 마음이 졸아들고 세상이 좁아져요. 다음에 다가올 일에만 정신이 팔려 현재 위치보다 앞서 있어야 직성이 풀리죠. 흥분은 잠시 기분 좋은 느낌이 드는 면이 있어요. 폭발하듯 흥분되는 순간은 분명 삶을 입체적으로 만들지요. 그러나 그런 감정을 만들어 내려고 노력하는 데 집착하면 지금 당장 눈앞에 있는 걸 놓치기 쉬워요. 이미 걸음은 그 자리를 벗어나 앞으로 달려가고 있기 때문이에요. 반면 편안함은 경계가 넓습니다. 편안함을 느끼면 시간이 느려지고 공간이 넓어져요. 틱낫한 스님은 이렇게 썼습니다. "행복과 흥분을 구별해야 한다. 세상에는 흥분이 곧 행복이라고 여기는 사람이 많다. 그들은 스스로 행복으로 여기는 무언가를 생각하고 기대한다. 그들에게는 그것이 행복이다. 그러나 흥분한 상태에서는 평화로움을 느낄 수 없다. 진정한 행복의 근간은 평화로움이다."

속도로 뒷받침되는 흥분과 인내에 근거한 편안함은 분명 다릅니다. 나는 경험을 통해 그 차이를 알게 됐어요. 아직 아기였던 아들이 통통 튀는 보들보들한 파란 공에 몹시 관심을 보이던 어느 날 아침의 일이었죠. 가만 보니 아들이 8개월짜리 유아 버전의 캐치볼을 좋아할 것 같았어요. 평생 운동광으로 살아온 나는 몹시 흥분하기 시작했습니다. 그러나 현실은 달랐어요. 사실은 아들이 아닌 내가, 아들이 캐치볼을 하면 좋겠다고 생각하는 상황이었으니까요. 게다가 나는 아주 신이 나서 그 일이 당장 일어나기를 바랐어요. 아들을 격려하며 어떻게든 게임 방법을 알려 주면 곧 따라올 수 있을 것만 같았거든요. 하지만 아들은 관심이 없었어요. 5분쯤 지나자 아차 싶었지요. 아들은 나름의 방식으로 그저 공을 만끽하고 있었어요. 빨아 보고 들여다보고 만져 보고 입에 넣어 보았고 놓으면 굴러가는 걸 마냥 신기해하더군요. 그런데 나는 가능성은 희박하지만 일어날 수도 있는 일에 흥분하기 바빠서 상황을 내 뜻대로 휘두르려 했어요. 당장 아이와 캐치볼을 하려 하면서 말이죠. 그 순간 나는 아들을 아들로 바라볼 기회를 놓치고 있었습니다. 그런데 캐치볼을 해야만 한다는 생각과 아직 다가오지 않은 것에 대한 흥분에서 나를 놓아주자 전체가 완전히 다르게 보였어요. 긴장감과 초조함이 누그러졌고 제약의 끈이 느슨해진 것 같았지요. 더 집중하게 됐고 마음을 열고 지금 눈앞에서 일어나는 일을 경험할 수 있었어요. 비록 그것은 캐치볼과 영 거리가 멀었지만 말이에요. 나는 앞으로 일어날 법한 일을 생각하는 데서 벗어나 지금 일어나는 일에 집중하기 시작했습니다. 흥분 대신 편안함을 느꼈고 속도를 따지며 미래를 고민하는 대신 인내하며 현재에 집중했습니다.

나는 이 일로 추진력 강한 사람들은 항상 편안함보다 흥분을 좋아한다는 걸 생각하게 됐어요. 내가 그랬고, 내가 아는 많은 사람이 그랬지요. 사람들이 어떤 일에 다가가는 이유는 그 일이 바라는 대로 진행되기 원하면서 혹여 그렇게 될지 모를 가능성에 흥분을 느끼기 때문이에요. 물론 흥분은 유리하게 작용하는 면도 있습니다. 유리하다는 것의 의미를 빠른 성취와 측정 가능한 결과로 정의한다는 선에서는 적어도 그렇지요. 그렇기에 흥분은 다소 습관적인 성질을 떱니다. 그런데 문제는 흥분이 기쁨과 편안함을 희생한 대가일 때가 많다는 거예요. 흥분은 일이 저절로 펼쳐지도록 내려놓는 것이 나을 때조차 상황을 통제하고 일이 성사되게 애쓰도록 사람을 몰아붙이거든요.

그렇다고 절대 속도를 내거나 흥분해서는 안 된다는 뜻은 아닙니다. 여기서 말하려는 것은 흥분의 결과로 잃게 되는 것들까지 고려할 필요가 있다는 거예요. 10번 찍어 안 넘어가는 나무 없는 것처럼 앞서 말한 그 돌멩이 역시 몇 번 더 내리치면 금세 깨질 거예요. 그런데 우리는 나중에 돌멩이가 깨질 순간을 그리느라 눈앞에 펼쳐지는 일에 대해 인내하고 집중할 때 찾아오는 편안함은 늘 놓치고 있는지 모릅니다. 사람들은 시간을 벌 셈으로 일을 '잘' 하려 하기보다 '빨리빨리' 해치우려 해요. 그러나 그렇게 번 시간에 다시 더 많은 것을 더 빨리하는 것뿐이라면 왜 굳이 그렇게 서둘러야 할까요? 나는 자기 묘비에 "서두르다 갔노라"라는 말이 적히길 바라는 사람은 보지 못했습니다.

(실천 1)
아등바등 말고 물러서서 느긋하게

이번 장 맨 앞에 나왔던, '어쩌다 보니 간부'가 되어 버린 도나는 큰 프로젝트에서 적절한 시점에 물러나는 법을 배웠습니다. 두 팔을 걷어붙이고 개입하고 싶은 충동이 들 때면 그 충동을 신호로 보고, 만일 가만있다면 어떻게 될지 자문했어요. 때에 따라 혼란스러운 답이 돌아올 때도 있었지요. 그러면 당연하다는 듯 결정을 밀어붙였습니다. 하지만 혼란스러운 답은 대부분 프로젝트나 계획의 전개 방향이 조금 달라져야 할 것을 뜻할 뿐 직접 나선다고 해서 더 좋아질 건 없어 보일 때가 많았어요. 도나는 물러서는 데 편안해질수록 느긋해졌어요. 성과도 더 높아졌지요. 프로젝트에서는 내일 더 빠르고 효율적으로 가기 위해 오늘은 천천히 가야 할 때도 있다는 걸 깨달았고요. 도나는 직책에 걸맞은 눈부신 모습으로 성장했어요. 내가 아는 가장 안착한 리더 중 한 명이 되었지요. 그녀는 길게 내다보았고, 그래서 숱한 성공과 실패를 버텨 냈답니다. 그리고 기억했어요. 개인적으로나 직업적으로 삶에서 이뤄지는 중요한 모험은 대부분 9회까지 이어지는 게임이란 걸요.

리더가 된 도나를 코칭하는 동안 나는 줄곧 '충분히 좋은 어머니good enough mother'라는 개념을 염두에 두었어요. 충분히 좋은 어머니는 1950년대 초반에 심리 분석가 도널드 위니콧Donald. W. Winnicott이 발전시킨 개념입니다. 여기서는 그 개념을 업데이트해 사용하려고 해요. 위니콧에 따르면 충분히 좋은 부모는 자녀의 필요 사항에 사사건건 응해 주지 않습니다. 이들은 헬리콥터 부모는 아니지만 자녀를 방치하지도 않아요. 대신 자녀가 스스로 성장하며 삶을 펼칠 수 있도록 안전한 공간을 마련해 주지요. 충분히 좋은 부모라도 나서서 개입해야 할 때는 있습니다. 그러나 그것이 지향점은 아니에요. 이들의 목표는 그릇을 만들고 거기서 과정(여기서는 양육)이 저절로 펼쳐지게 하는 거예요. 위니콧은 대부분 부모가 자녀의 요구 사항에 너무 쉽게 개입한다며, 물러서는 법을 배우려면 의식적인 노력이 필요하다고 말했습니다.

충분히 좋은 부모의 자세는 개인적인 성장과 자녀의 양육을 비롯한 삶의 여러 큰 프로젝트에 도움이 될 수 있습니다. 속도를 늦추고 물러서는 편이 나을 때조차 무엇이든 해 볼 셈으로 서두르고 아등바등하는 편이라면 특히 더 그렇지요. 발 빠르게 움직여 개입하고 싶은 충동이 들 때는 지금 내가 어떻게 하고 있든지 10퍼센트 정도 속도를 늦출 때 벌어질 일을 생각해 봅시다. 살살 물러나서 적당한 때 더 오랫동안 일이 자연스럽게 전개되도록 손을 놓아 보면 어떨까요(이 방법은 더 소소하게 실천해 보아도 좋습니다. 이를테면 이메일 나중에 보내기 등이 목표가 될 수 있지요)? 때로는 개입이 맞을 수 있어요. 그러나 이렇게 쉬어 갈 때면, 그리고 더 넓게 보며 충분히 좋은 부모의 태도로 접근할 때면 자동 조종 장치autopilot를 단 것처럼 앞으로만 나아가는 대신 결정을 분간할 힘이 생깁니다. 그리고 아무 소득 없이 쳇바퀴 돌 듯 움직이던 방식과 거기서 비롯된 스트레스에서 벗어나 더욱더 안착해 생활할 수 있어요.

(실천 2)
결과보다 과정에 집중하기

《도덕경》은 도교에서 가장 유명한 기록 중 하나입니다. 6세기에 《도덕경》을 쓴 노자는 오랜 옛날 공자와 같은 시대를 살았던 사람으로, 소극적인 은둔자로 여겨지곤 해요. 그러나 도교를 연구하는 스티븐 미첼Stephen Mitchell에 따르면 이는 노자가 주장한 '위무위爲無爲'에서 비롯된 오해라고 합니다. 위무위란 말 그대로 무위無爲를 행하는 것, 즉 행하지 않음을 행하는 것을 말해요. 그러나 도덕경을 찬찬히 읽어 보면 알겠지만 사실 노자는 세상에서 행동을 취하는 것에 관해 온갖 조언을 아끼지 않았어요. 다만 그는 천천히, 꾸준히, 조화롭게 이뤄지는 행동을 옹호했지요. 노자는 무작정 노력하고 실패하기보다는 삶의 흐름에 세심하게 주의를 기울이고, 인내하며, 할 수 있는 일을 꾸준히 하도록 조언했습니다. 그리고 이렇게 썼어요. "(대가大家는) 작은 일을 꾸준히 하여 큰일을 이룬다."

목표가 크면 목표를 이루는 데 지나치게 흥분해서 과정을 서두르기가 쉬워요. 바라는 결과를 얻는 것이 전부가 되어 신중하지 못한 행동을 할 수 있기 때문이지요. 예컨대 운동선수는 그런 이유로 부상이나 질병을 얻고 과한 훈련을 무릅씁니다. 전통적인 업무환경에서 일하는 사람들은 이럴 때 번아웃을 겪을 위험이 있어요. 하버드 경영대학원에서는 〈열광적인 목표: 과하게 설정한 목표에서 비롯되는 시스템상의 부작용Goals Gone Wild: The Systematic Side Effects of Over-Prescribing Goal Setting〉이라는 제목의 워킹 페이퍼working paper(심사 중인 논문—옮긴이)가 나온 적이 있습니다. 이 논문에서는 하버드대학교, 노스웨스턴대학교, 펜실베이니아대학교의 연구진이 함께 목표 설정의 부정적인 면을 살펴보았어요. 연구진이 알아낸 것에 따르면, 특히 측정 가능한 결과에 근거한 목표를 지나치게 강조할 때 사람들은 동기가 떨어지고, 불합리한 위험을 감수하며, 비윤리적인 행동을 하는 경우가 많았지요.

큰 목표를 세우고 투지를 불태워 그것을 달성하는 데 집중하기보다는 목표를 자잘하게 쪼개고 그 각각에 힘을 모아 보세요. 이 방법은 놀라울 만큼 강력한 집중 기제로 작용합니다. 이 방법이 토대가 되면 아득한 목표를 염두에 둔 상황에서도 지금 여기에 흔들림 없이 집중하며 끝까지 인내할 수 있어요. 현재 앞에 놓인 일에 집중하면 삶은 더 나아질 거예요. 나는 이런 태도를 '과정 마인드셋process mindset'이라고 부릅니다. 과정 마인드셋이 있으면 시간을 충분히 쓰는 편이 전략적으로 더 나은 상황에서 결과만 보고 서두르는 걸 막을 수 있어요. 중요한 목표를 이루고자 힘쓰는 과정에서는 대부분 무시무시한 노력을 쏟아붓기보다는 한 걸음이라도 현명하게 걸어 나갈 때, 그리고 어느 하루를 죽도록 애쓰기보다는 몇 달, 때로는 몇 년 동안 자신을 단련해 나갈 때 장기적인 발전을 이룰 수 있어요.

과정 마인드셋 기르는 법

1. 목표를 세운다.
2. 이 목표를 달성하는 데 필요한 개별 단계들을 파악한다. 각 단계는 내가 통제할 수 있는 수준이어야 한다.
3. 목표는 개의치 말고 개별 단계를 수행하는 데 집중한다. 집중하는 정도와 그 순간 들인 노력을 바탕으로 나를 평가한다.
4. 스스로 목표에 집착하고 있다는 느낌이 들면 그 느낌을 신호로 본다. 이 신호가 오면 목표를 이루기 위해 '지금 당장' 해야 할 일이 무엇인지 생각한다. 때로 그 답은 아무것도 하지 않는

것, 즉 휴식하는 것일 수도 있다.

5. 해야 해서 하는 것은 시간을 채우는 것일 뿐 나아지는 길이
아님을 명심한다.

한 번 덜하고 마치기

한 번 덜하고 마치기는 현명한 운동 코치들이 오래전부터 써 온 전
략입니다. 아직 트랙 한 바퀴를 더 돌 수 있고 바벨을 한 번 더 들
수 있고 1마일을 더 달릴 수 있을 때 운동을 끝마친다는 뜻이지요.
계속하고 싶은 마음이 들겠지만, 가령 한 번만 더 전속력 달리기를
해 보고 싶겠지만 영웅적 개인주의의 사고에서와 달리 쉴 새 없이
몸을 혹사하며 자신을 무너뜨려서는 안 됩니다. 이럴 때는 지금은
멈추고 다음에 거기서부터 다시 시작할 수 있어야 해요. 내일 얼마
나 할 수 있는가는 오늘 얼마나 하지 않는가에 따라 달라져요. 이
전략은 운동을 넘어선 영역에서도 효과가 탁월합니다. 예를 들어
글쓰기에 관한 흔한 조언 중 하나는 한 문장을 덜 쓴 상태로 마치
라는 거예요. 아직 몰입 상태에 있을 때 글을 마무리하면 다음 글
쓸 시간에 리듬을 되찾고 안정감 있게 글을 이어 가기가 훨씬 더
수월해집니다. 그 일반적인 실천법은 다음과 같아요.

◆ 과거에 인내심이 부족해서 겪었던 문제(부상, 질병, 번아웃 등)
들을 생각해 본다.

◆ 익숙한 대로, 지금 하고 싶은 대로가 아니라 매일 의식적으로
한 번 또는 그와 비슷한 분량을 덜하고 하루를 마친다.

한 번 덜하고 마치기를 하려면 훈련이 필요합니다. 우선 과정을
신뢰해야 하고, 필요할 때 인내하고 절제하며 꾸준히 작은 걸음을
내딛다 보면 큰 결실을 얻으리라는 확신이 있어야 해요.《영국스
포츠저널British Journal of Sports》에 수록된 조사에 따르면 운동 중 부상
이 가장 많이 발생하는 것은 운동량을 급격히 늘릴 때라고 합니다.
부상을 피하는 가장 좋은 방법은 시간이 지남에 따라 천천히 운동
량을 늘리는 거지요. 심하게 운동을 많이 한 경우, 즉 이번 주 운동
량이 평소 운동량(지난 4주간 평균 운동량)의 2배가 넘어간 경우에
는 운동의 양과 강도를 점진적으로 늘릴 때보다 부상 위험이 급격
히 올라갑니다. 운동량을 늘리는 정확한 황금 법칙은 과학적으로
논의할 문제지만, 일반적으로 말해 어느 하루의 운동량이 지난달
평균 운동량보다 너무 많으면 곤란해요. 내 경험으로 보아 이 원리
는 기업의 간부인 클라이언트들을 코치할 때 유용했어요. 사람들
은 너무 많은 것을 너무 빨리 해내야 하거나 갑자기 엄청난 결과를
쏟아 낼 수 있다고 자신하는 경우에 머지않아 번아웃 증세들과 맞
닥뜨릴 위험에 처하거든요.

그러나 일이든 운동이든 한 번 덜하고 마치는 것만큼 어려운 일

은 없습니다. 특히 의욕에 불타는 사람들에게는 더욱더 그렇지요. 나 역시 운동 중에 부상이 생기거나 창의적인 일을 하던 중에 정체기가 찾아오는 것은 대부분 이 점을 간과한 탓이었어요. 결국 내가 이런 점을 모르는 게 아니란 말을 이렇게 장황하게 늘어놓았네요. 맞아요, 나는 무엇이 잘못인지 알고 있습니다. 그럴 때 도움이 되는 방법은, 내가 아는 대로 하는 것 같지 않으면 좀 알려 달라고 동료들과 친구들에게 부탁해 두는 거예요. 마라톤 신기록 보유자 킵초게처럼 생각해 봅시다. 진전은 조금씩 천천히 일어나잖아요. 오늘은 흥분과 속도에 사로잡혀 목표를 비켜 가기 일쑤고 내일은 결국 좌절과 번아웃을 겪고 만다면, '조금씩 천천히'라고 적어서 사무실, 작업실, 강의실, 운동 장소 등 필요한 곳에 붙여 두면 어떨까요!

$$\text{실천 4}$$

일상에서 디지털 기기 치우기

2장에서는 집중하기로 정한 시간을 사수할 목적으로 디지털 기기 등의 방해물을 치울 때 얻는 이점에 관해 이야기했습니다. 그러나 그럴 때만이 아니라 하루 중 일상적인 활동을 할 때도 핸드폰 같은 디지털 기기를 치워 두는 연습을 할 수 있어요. 가령 장 볼 때 핸드폰은 차에 두고 나가 보세요. 계산대 줄에 서서 기다려야 하는 상황이 되면 자의는 아니지만 인내심을 연습할 수 있겠지요. 이때 일반적으로 장애가 되는 2가지 생각은 다음과 같아요.

1. 줄 서서 인내심 연습하는 것 정도는 너무 쉬워서 도움이 안 돼.
2. 최신 뉴스와 문자 메시지, SNS, 이메일을 확인할 수 있는데 왜 굳이 흐름에 뒤처져야 하지?

일단 우리는 첫 번째 생각이 옳지 않다는 걸 알아요. 버지니아대학교의 실험에 참가했던 사람들은 아무것도 안 하고 기다리기만 하느니 차라리 자기 몸에 전기 충격을 가하는 쪽을 선택했잖아요. 그런데 스마트폰 화면을 터치하는 것은 전기 충격을 주는 것보다 훨씬 고통이 덜한 일이니까요(줄 선 사람들이 핸드폰은 쓸 수 없지만 전기 충격은 가할 수 있다면 어떤 일이 일어날지 궁금하긴 하네요)!

두 번째 생각에 관해 내 의견을 말하자면, 메시지에 즉각 답하지 못하거나 최신 뉴스에 뒤처질 때 치러야 한다고 생각하는 대가보다는 인내심 훈련의 이점이 훨씬 큽니다. 특히 '따끈따끈한' 소식들이란 실제로는 대부분 뭔가 중요한 것처럼 포장된 쓰레기 유희에 불과해요. 핸드폰 없이 기다리는 짧은 시간은 자극적이고 새롭고 빠른 것에 대한 중독 상태를 무너뜨리는 데 도움이 되지요. 이 효과는 삶의 더 큰 측면으로 이어져요. 새롭고 빠른 것에 대한 의존도가 낮아지면 손 놓고 있거나 속도를 늦추기보다 정말 새로운 것을 찾고 빨리빨리 움직여야 할 시점을 더 의식적으로 결정할 수 있어요.

또한 핸드폰을 치우면 지금 하는 일에 더 집중할 기회가 생겨요. 집중과 인내는 불가분의 관계라는 것을 명심합시다. 예를 들어 장을 보고 계산대 앞에 줄을 설 때는 창의적인 아이디어를 떠올려 보세요. 계산원과 눈을 마주치고 미소를 주고받거나 대화를 시도해 보세요. 이런 대화는 대부분 누구에게나 큰 이점을 안기지요. 다음은 핸드폰을 내려놓고 인내심과 집중력을 기를 수 있는 몇 가지 상황에 대한 아이디어예요.

- ♦ 자잘한 용무를 볼 때
- ♦ 산책할 때
- ♦ 운동할 때
- ♦ (어렵지만) 화장실에 있을 때

이런 상황에서는 절대 핸드폰을 쓰지 말아야 한다는 뜻이 아니에요. 각자에게 더 효과적인 다른 상황 또한 많을 거예요. 핵심은, 일상에서 디지털 기기를 내려놓고 가차 없이 밀려드는 새로운 것들과 속도에서 물러날 최소한의 몇 분을 알아 두면 좋다는 거지요.

하루 3회 5번씩 호흡하기

안착의 다른 원리들과 마찬가지로 인내 역시 길러야 할 기술입니다. 아무 노력도 하지 않고 저절로 인내심이 생기리라고 기대해서는 안 돼요. 인내심에 '탁' 하고 불을 켤 스위치 같은 것은 없어요. 인내심을 기르려면 인내심이 필요해요. 그래서 속도와 임기응변에 익숙한 사람에게는 이 일이 훨씬 더 곤란한 문제가 됩니다. 인내심을 기르는 간단하지만 효과적인 방법으로는 규칙적으로 멈춤을 연습하는 것이 있어요. 간단하게, 눈 감고 5번 호흡하기를 하루 3차례 해 봅시다. 이 호흡은 다른 일을 하는 중에도 할 수 있어요. 저녁 식사를 할 때, 샤워할 때, 양치할 때, 아침에 핸드폰을 확인하기 전에도 가능하지요. 이때 목표는 한 가지, 들숨과 날숨을 끝까지 따라가는 거예요.

이 호흡은 이 책을 통틀어 가장 간단하게 실천할 수 있는 방법이지만 그렇다고 쉽지는 않습니다. 습관처럼 속도를 내는 사람이라면 연습을 하려고 1분만 멈춰도 끝없이 불편한 느낌이 들 거예요. 특히 처음에는 더 그렇지요. 겨우 2번 호흡했을 뿐인데 몸이 들썩이고 마음이 급해진다면 그 상태를 단순한 마음으로 알아차리세요. 그런 뒤 산만해진 자신을 탓하지 말고 다시 호흡의 감각으로 돌아가세요. 꾸준히 연습하면 더 편안해지기 시작할 거예요. 이렇게 호흡을 연습하면 삶의 다른 영역에까지 변화가 생겨요. 이 연습이 아니었더라면 긴장하고 옹졸해지며 불안하고 조급했을 시점에 마음을 열고 안정감을 느낄 수 있답니다.

앞서 언급했듯 잠시 멈출 힘이 생기면 방법을 바꾸고 싶거나 중요한 변화를 만들고 싶을 때 큰 도움이 됩니다. 사람은 행동 편향, 즉 행동을 하지 않는 쪽보다 하는 쪽으로 기우는 일이 많다는 사실을 기억하세요. 흔히 우리는 변화나 행동을 통해 얻을 것만 생각하고 잃을 것은 생각하지 않아요. 그럴 때 필요한 것은 그저 잠깐 멈추고 무엇을 잃게 될지 생각해 보는 거지요. 정답은 없으며 각자 처한 상황에 따라 답은 달라요. 여기서 핵심은 질문을 고민하기 위해 멈추는 거예요. 이렇게 잠시 멈춰 서 보면 지금 더 인내하는 법을 배우는 데 그치지 않고 더 장기적이고 사려 깊은 시각에서 미래를 바라보는 데 도움이 됩니다.

마무리

궁극적으로 사람의 마음이 인내보다 속도를 향해 기울곤 하는 데는 이유가 있습니다. 속도는 방어 기제가 될 수 있어요. 바깥의 시선에 맞추어 끊임없이 속도를 내며 영웅적 개인주의에 휩쓸리다 보면 가장 두려운 것들과 마주할 필요가 없어져요. 그러나 아무리 부산하게 움직여도 두려움의 대상을 사라지게 할 수는 없어요. 또한 아무리 애써도 그것들을 앞질러 갈 수는 없지요. 그런 것들은 결국 항상 우리를 따라잡고 말아요. 그런 두려움은 다른 모든 두려움의 근원일 때가 많답니다. 예컨대 자신의 죽음이 그렇지요. 죽음은 무엇보다도 직면하기 두려운 개념이니까요.

고대 불교 문헌에는 로히땃사라는 존재에 관한 이야기가 나옵니다. 신의 아들로 단호하고 적극적이던 로히땃사는 자신을 영웅으로 여겼어요. 한번은 그가 붓다에게 물었지요. "태어남과 죽음, 고통과 차별이 있는 이 세상을 속도로 벗어날 수 있다고 생각하십니까?"

붓다는 대답했습니다. "도반이여, 그렇지 않습니다. 제아무리 속도가 빨라도 걸음을 옮겨서는 이 세상을 벗어날 수 없습니다."

로히땃사는 다시 말했어요. "세존의 말씀이 맞습니다. 전생에 나는 더없이 빠르게 움직였습니다. 마치 빛의 속도와 같았지요. 먹지도 자지도 마시지도 않았답니다. 하지만 아무것도 못 할 만큼 무서운 속도로 달리고도 세상을 벗어나지 못했습니다. 그 전에 죽어버렸으니까요."

비정상적으로 빠르게만 움직여서는 원하는 곳에 갈 수도, 힘과 안정감을 얻을 수도 없습니다. 어쩌다 한 번 효과를 볼까 말까 한 즉효 약과 꿀팁, 비장의 무기는 궁극적인 해답이 될 수 없어요. 돌파구는 대부분 진득하고 뚝심 있는 노력을 통해 오래 다져진 바탕에서 생겨납니다. 삶에서 의미 있는 일을 시도하는 많은 경우에 빨리 갈 수 있는 가장 좋은 방법은 담담하지만 굳건한 끈기로 천천히 가는 거예요. 현대의 과학과 고대의 지혜, 그리고 높은 성취감을 느끼는 각 분야 최고들을 보면 알 수 있어요. 인내하는 마음으로 나아가면서 얻는 결과는 더 오랫동안 지속되지요. 그리고 우리는 그 과정에서 더 좋은 것들을 경험합니다. 편협함은 덜고 솔직함은 더하며 서두름은 덜고 집중은 더할 수 있어요. 한편 속도에서 벗어나 인내로 옮겨 가려면 두려움을 마주해야 합니다. 하지만 걱정할 것 없어요. 다음 장에서 이야기하겠지만, 두려움을 있는 그대로 직면할 때 자신을 더 깊게 믿고 신뢰할 수 있습니다. 그리고 다른 사람들과 연결될 수 있지요. 금 간 곳을 드러내고 제대로 살필 때 우리는 더 단단해집니다. 영어로 취약성을 뜻하는 'Vulnerability'의 어원 'Vulnus'는 '상처'를 뜻해요. 상처를 드러내려면 마음의 힘이 필요합니다. 마음의 힘은 상처(취약성)를 드러낼 때 생기는 것이지요.

4장

취약성:

약한 면을 인정하면
내면의 힘과 확신이 생긴다

나는 성과 분야의 전문가로 막 자리를 잡을 무렵, 그러니까《뉴욕
타임스》《월스트리트저널》《포브스》《와이어드》, NPR 등 유명 매
체에서 내 글을 싣기도 하고 인용하기도 할 무렵에 강박 장애를 앓
기 시작했습니다. 그러다 유독 힘에 부치던 어느 날 저녁 즈음, 젊
은 남자에게서 이메일 한 통을 받았어요. 남자는 나에게 서른한 살
밖에 안 된 젊은 나이에 많은 것을 이루고 멋진 삶을 일군 비결을
물었지요. 그날 내가 진종일 불안에 시달리며 인생은 문자 그대로
무의미하단 생각에 괴로워한 것을 그는 알지 못했어요. 나는 강박
장애의 잔인한 올가미에 묶여 있었어요. 괴로운 생각은 끔찍한 느
낌으로 이어졌고, 그런 생각과 느낌은 애써 밀어내도 더 억세게 되
돌아왔습니다. 이 과정은 끝없이 반복됐어요. 그 이메일을 읽고 처
참한 기분이 들었습니다. 이중생활을 하는 사기꾼이 된 것 같았거

든요. 사람들은 나를 성과 전문가 겸 작가로 볼지 몰라도 내가 느끼는 나는 완전히 망가져 아무짝에도 쓸모없는 사람이었으니까요.

이중생활에 대한 내 경험(곧 더 자세히 이야기하겠습니다)은 다소 극단적일 수 있지만 이런 감정 자체가 드문 것은 아니에요. 사실 이 감정은 아주 오래전부터 항상 존재해 왔는데 요즘은 그 강도가 더 세진 것 같아요. 사람들이 인터넷과 SNS를 통해 삶의 모든 것을 완벽한 모습으로만 보여 주는 탓이지요. 스탠퍼드대학교 연구진은 SNS에서는 세상이 지나치게 장밋빛 관점으로 그려진다는 점을 포착했어요. 그 이유에 대해서는, 대부분의 SNS 사용자가 공유할 내용을 선별적으로 거른 다음 미리 선택한 이미지와 사건들을 편집해서 더 멋지고 매력적으로 보이게 하기 때문이라고 설명했지요. 예컨대 막 부모가 된 사람이 완벽한 아기의 모습을 SNS에 공유하려 한다고 칩시다. 하지만 이 사람은 아기로 인해 불면의 밤을 보내고, 불안한 마음이 들며, 사실은 배우자를 깊이 사랑하지 않고, 결혼 생활이 부담스럽다는 점은 말하지 않아요. 링크드인에 이력을 올리는 사람들 역시 마찬가지예요. 그들은 프로젝트가 어마어마하게 성공했다고만 하지, 그 프로젝트 때문에 불안과 번아웃을 겪었고 인간관계가 무너져 버렸다고는 말하지 않아요. 이런 선택적 공유의 결과, 사람들은 나만 남과 다른 것 같다는 생각을 안고 살아갑니다. 나 말고 다른 사람들은 모두 환상적이고 행복하기만 한 삶을 산다고 느끼는 거예요. 이 잘못된 인식은 관련된 모든 이에게 더 큰 괴로움을 안깁니다. 우선 편집된 게시물을 보는 사람은 내 삶은 절대 그만큼 좋지 못하다고 느끼게 돼요. 그래서 그보다 더 거르고 편집한 게시물을 올리죠. 그러면 자신에게조차 더 높은 기준에 따라 편집된 이야기를 들려주는 셈이고, 결국 SNS 속 누군가에게 뒤지지 않기 위해 더욱더 안간힘을 쓰는 악순환이 발생하고 말아요. 정말 많은 SNS 사용자가 이 굴레를 벗어나지 못합니다. 따라서 이 모든 과정은 점점 더 허울만 좋은 삶을 향해 치닫게 되는 거예요. 게시물을 올리는 사람과 보는 사람 모두에게(사람들은 대부분 같은 날 2가지를 다 하죠) 씁쓸한 뒷맛만 남기면서요.

물론 이 악순환의 고리는 SNS에만 국한되지 않습니다. 우리는 온라인뿐 아니라 직장을 비롯해 사람들이 모이는 여러 상황, 그리고 때로는 자신에 관해 스스로 만든 완벽한 이야기 속에서조차 부풀려진 모습에 맞춰 살아가려고 해요. 그럴 때 사람들은 심리학 용어로 '인지 부조화cognitive dissonance'를 겪습니다. 인지 부조화란 남에게 보여 주는 자신과 실제 자신이 일치하지 않다고 느끼는 상태를 말해요. 사회학자 어빙 고프먼Erving Goffman은 1959년, 저서 《자아 연출의 사회학》에서 '앞무대front stage' 자아와 '뒷무대backstage' 자아에 관해 이야기했습니다. 앞무대 자아란 다른 사람과 교류하거나 자신을 속이려 할 때 내세우는 자아예요. 앞무대 자아는 마치 청중을 앞에 두고 연극의 인물을 연기하듯 보여 주기 성향이 강하지요. 반면 뒷무대 자아는 그런 연기를 멈출 때 전면에 드러납니다. 이 자아는 다른 사람의 시선을 걱정하지 않을 때, 그리고 완벽함에 관한 터무니없는 기준, 즉 영웅적 개인주의의 환상 같은 기준과 비교해서 자신을 평가하지 않을 때 나타나요. 앞무대 자아와 뒷무대 자아는 이분법적 관계가 아닙니다. 우리가 하는 대부분의 행동은 둘 사이 어딘가에서 나타나지요. 그러나 앞무대 자아를 연기하는 데 너무 많은 시간을 들이거나, 특히 이 두 자아 사이의 간극이 큰 경우에는 괴로움이 뒤따르는 경우가 많습니다.

성공의 비결을 묻는 이메일을 읽은 뒤 내 삶의 괴로움은 이 정도면 족하다는 생각이 들었어요. 얼마 후 나는 강박 장애 경험을 공개적으로 드러내기로 했지요. 숨죽여 고통스러워할 사람들을 돕고 싶은 마음에 더해, 무엇보다 그렇게 해서 일관된 나를 느끼고 싶었어요. 나는 잡지 《아웃사이드》에 허심탄회한 긴 글을 썼습니다. 무엇 하나 숨기지 않고 솔직하게 이야기했지요. 혼자서 정신적인 어려움을 겪는 사람들에게 미칠 영향을 우려한 편집자가 글에서 제법 많은 양을 들어냈지만 잡지에 실린 버전에서 몇 곳을 추려 모아 보면 다음과 같습니다.

작년 10월 말 장시간 차를 모는데 몹시 괴로운 일이 일어났다. 난데없이 한 가지 생각이 들더니 머릿속을 아프게 파고드는 것이었다. '도로를 이탈해서 당장 모든 걸 끝내 버려야 해. 가족들은 나 없이도 괜찮을 거야.' 마치 내가 곧 생각이 되어 버린 듯 무슨 수를 써도 생각에서 벗어날 길이 없어 보였다. 그러나 마음 깊은 곳에 있는 나는 알고 있었다. 사실은 자살하고 싶지 않다는 걸 말이다. 나는 이런 생각과 느낌이 말이 안 된다는 걸 알

만큼은 나를 알았다. 하지만 잠깐의 노력으로 그 고통을 끝낼 수만 있다면 삶에서 모든 것을 포기할 수 있을 것 같았다. 너무 고통스러웠다. 사는 동안 그렇게 힘겨운 네 시간은 처음이었다. 그 공포는 며칠 동안 계속되었고 나는 너무 무서워서 차에 타지도, 날카로운 물건 근처에 가지도, 혼자 있지도 못했다. …… 불안한 마음은 내 삶을 송두리째 집어삼켰다. 머릿속은 온통 그 생각뿐이었다. 사실 지금도 그럴 때가 있다…….

마음을 흔드는 병은 받아들이기가 어렵다. 생각해 보자. 몸에 이상이 생기면 "다리에 쥐가 났네" "뒤꿈치에 피로 골절이 생겼어" 같은 말이 쉽게 나온다. 그러나 내가 내 마음을 통제하지 못하면 대체 '나'는 누굴까 싶은 의문이 든다. 성과 전문가라면서 이런 일을 겪는다는 사실 역시 납득할 수 없기는 매한가지다. 나는 때로 언제 들통날지 몰라서 겁에 질린 사기꾼이 된 기분이다.(Brad Stulberg, "When a Stress Expert Battles Mental Illness," Outside, March 7, 2018.)

이 글을 쓰고 공개하기는 물론 쉽지 않았습니다. 하지만 사기꾼이 된 듯한 기분을 안고 지내는 것보다는 그 편이 훨씬 쉬웠어요. 이 글은 금세 내가 쓴 글 가운데 가장 많은 조회 수를 기록했지요. 정신적인 질병에 관한 경험을 이야기하는 사람들에게서 수백 통의 이메일이 날아왔습니다. 발신자 중에는 자기 분야에서 세계적인 수준에 도달한 사람도 많았어요(여기서 배울 수 있는 또 한 가지!

사람은 누구나 어려움을 겪고, 어둡고 힘겨운 시기를 거칩니다). 나는 인기 있는 글을 쓰려던 게 아니었어요. 그저 나와 다른 사람에게 진짜가 되려고 했을 뿐이었죠. 본래 내가 내 강박 장애에 대해 쓰게 된 이유는 분열된 자아에서 온 괴로움을 해소하고 인지 부조화, 즉 앞무대 자아와 뒷무대 자아 사이의 거리를 줄여서 조금이나마 더 수월하게 치유되고 싶었기 때문이었답니다.

나는 이 일을 겪으면서 중요한 교훈을 얻었습니다. 나는 천하무적이 되고 영웅적 개인주의의 이상에 맞추려고 죽기 살기로 노력하는 데서 벗어나 그 누구도 아닌 나 자신이 되어야 했던 겁니다.

안착의 네 번째 원리는 취약성입니다. 취약성을 드러낸다는 것은 내가 약점으로 여기거나 두려워하는 내 모습과 직면해야 할 때조차 나와 남에게 정직해지는 것을 말해요. 불교, 스토아학파, 도교 같은 고대의 지혜에서는 오랫동안 취약성을 가르쳤어요. 이들 전통에서는 공통적으로 좋은 것과 나쁜 것, 아름다운 것과 추한 것에 마음을 열고 내면의 감정을 깊이 파고들어 살필 것을 강조했습니다. 취약성을 있는 그대로 마주하면 나를 더 온전히 알고 신뢰할 수 있고, 다른 사람과 더 가깝고 돈독해질 수 있다고 했지요. 13세기 신학자 마이스터 에크하르트는 스스로 약하다고 생각하는 곳이 강하고, 강하다고 생각하는 곳이 약한 법이라고 말했습니다. 앞으로 이야기하겠지만, 자신의 취약성을 더 깊이 고민하고 열린 마음으로 받아들이며 남에게 터놓을 때 사람은 더 굳건하게 안착할 수 있어요. 취약성은 틈으로 이해하면 쉬워요. 틈은 있는 그대로 바라보고 적당할 때 드러내야 채울 수 있는 거지요.

나를 알아야
나를 믿을 수 있다

모든 내면의 감정에 마음을 여는 것은 어렵고, 때로는 두려운 일입
니다. 완벽과는 거리가 있고 강하기는커녕 무너져 버릴 듯한 나를
스스로 인식하는 것은 괴로운 일일지 몰라요. 휴스턴대학교 연구
교수인 브레네 브라운Brené Brown은 저서 《진정한 나로 살아갈 용기》
에서 이렇게 말했습니다. "나는 지금까지 연구에서 20만 건이 넘
는 자료를 다뤘지만 취약성을 드러내지 않고 용기를 발휘한 예는
단 한 건도 찾지 못했다. …… 위험, 불확실, 감정적 노출을 감수하
지 않고 용기 낼 수 있는 순간을 떠올리는 것이 가능한가?" 그러나
브라운에 따르면 내 취약한 면면과 익숙해지고 그것을 받아들이는
법을 배워 갈수록 삶은 훨씬 더 편안해진다고 해요. 브라운의 연구
에서는 취약성을 끌어안을 때 자존감이 올라가고 (자신을 포함한 많
은 사람과) 관계가 돈독해지며 연민을 끌어낼 수 있음이 드러났지
요. 혁신을 추진하는 사람은 그럴 때 도움을 받기도 했어요. 더불
어, 취약성을 드러내는 건 꼭 필요한 일이랍니다. 적어도 성취감
가득한 삶을 간절히 바라는 사람이라면 더더욱 그래야 하지요.
　몇 해 전 시인이자 철학자인 데이비드 화이트David Whyte의 강연

에 간 적이 있습니다. 강연장을 떠날 무렵 내 노트에는 다음 문구가 적혀 있었어요. "내가 마음 쓰는 것이 나를 취약하게 한다. 내가 마음 쓰는 것이 내 가슴을 무너지게 한다."

사람, 일, 일상의 활동 등 무엇에든 마음을 쓴다는 것, 정말로 진지하게 마음을 쓴다는 것은 쉬운 일이 아닙니다. 세상은 내가 원하는 대로만 돌아가지 않고 늘 변해요. 자녀가 떠나고 몸은 늙어가며 떠밀리듯 은퇴할 날이 옵니다. 경기에서 지고 프로젝트는 수포가 되며 운동 목표를 달성하지 못하는 때도 있어요. 20년을 함께한 동반자가 암에 걸리고, 30년을 함께한 배우자는 세상을 뜹니다. 삶은 그런 거예요.

이럴 때 사람들이 자신을 지키기 위해 흔히 택하는 방식은 마음을 거두는 거예요. 전부를 내주는 대신 일부만 겨우 내놓거나, 가슴에 담장을 둘러 내면과 세상을 갈라놓는 것이지요. 그렇게 하면 통증은 크지 않을지 모릅니다. 그러나 그래서는 기쁨마저 없고, 풍요로운 많은 것을 놓치고 말아요. 풍성한 삶에는 취약한 면면이 필요합니다.

화이트는 이렇게 썼어요. "취약성은 나약함이나 잠시 지나가는 불편함, 없어도 괜찮은 그 무엇이 아니다. 취약성은 선택이 아니다. 그것은 인간 본성의 저변에 늘 존재하는 변하지 않는 흐름이다. 취약성으로부터 달아나려는 것은 본성의 정수로부터 달아나려는 것과 같다."

어렵더라도 달아나기를 그만두면 그때부터는 나에게서 낯설게 느끼던 부분들이 사라집니다. 내 전부를 알게 되기 때문이지요. 내 전부를 알면 내 전부를 믿을 수 있어요. 진정한 힘과 신뢰는 이 믿음에서 나옵니다. 라이너 마리아 릴케의 시에는 이런 구절이 있어요. "활짝 펼쳐지고 싶다. 어느 한 곳도 접힌 채 존재하고 싶지 않다. 접힌 곳의 나는 거짓이기에."

바탕에 저항과 압력, 착각이 자리 잡고 있으면 그 자리는 곧 금이 가고 무너지기 십상입니다. 1장에서 이야기했듯 밀어내려고 하는 것은 눈에 띄지 않게라도 기세가 세지기 마련이에요. 하지만 그런 것들을 영영 억누르기만 할 수는 없어요. 결국 모습을 드러내고 우리를 뿌리까지 흔들어 놓기 때문이지요.

더 강해지기 위해
약한 부분으로 향하다

2017년 11월 5일은 NBA의 클리블랜드 캐벌리어스Cleveland Cavaliers와 애틀랜타 호크스Atlanta Hawks가 맞붙던 날입니다. 전반 1, 2쿼터가 끝나갈 무렵 캐벌리어스는 54대 45로 경기에서 뒤지고 있었습니다. 나이 29세, 신장 203센티미터를 자랑하는 캐벌리어스의 막강 포워드 케빈 러브가 4득점 4리바운드에 그치며 난조를 보인 탓이었어요. 러브는 왠지 이상한 기분이 들었습니다. 전날 밤에는 이유 없이 몸이 좋지 않았던 터였지요. 3쿼터 초, 캐벌리어스의 감독

타이론 루가 타임아웃을 외쳤습니다. 러브는 숨을 헐떡이며 벤치로 들어왔어요. 갑자기 입이 마르고 가슴이 두방망이질 쳤어요. 그는 대체 무슨 일이 일어난 것인지 알 수 없어 혼란스러운 마음으로 경기장을 빠져나가 라커룸으로 들어갔습니다. 고통은 순식간에 집채만 한 크기로 몰아닥쳤어요. 바닥에 누워 버린 러브는 가쁜 숨을 몰아쉬었지요. 곧 죽을 것만 같았고, 다음 일은 잘 기억나지 않았어요. 구단은 황급히 그를 클리블랜드 소재 병원으로 옮겼고 의사들은 여러 가지 검사를 했습니다. 특별히 나쁜 곳은 없었지요. 그는 안도했지만 더더욱 혼란스러웠습니다. 대체 이게 무슨 상황일까요?

나중에 러브는 자신이 엄청난 공황 발작을 경험했단 걸 알게 됐습니다. 공황 발작은 흔한 병이에요. 《일반정신의학자료모음집 Archives of General Psychiatry》에 게재된 논문에 따르면 인구의 22.7퍼센트가 평생 한 번은 공황 발작을 겪습니다. 이 고립된 공격을 경험하는 사람들은 대부분 불쾌하고 걱정스러운 마음으로 며칠을 보낸 뒤 일상으로 돌아가지요. 그러나 소수는 장기적인 불안의 단계로 접어듭니다. 그런 식으로 미국 성인 중 18퍼센트가 불안 장애를 앓고 2~4퍼센트가 그보다 심각한 수준의 정신 장애를 앓습니다. 러브는 자신이 후자의 범주에 들어가게 될 것을 우려했어요. 그는 《더플레이어스트리뷴The Player's Tribune》에 쓴 글을 통해 이렇게 말했어요. "일어난 일을 감춘 채 앞으로 나아가려고만 할 수는 없었다. 공황 발작이며 그 일로 비롯된 모든 것을 전부 무시하고 싶었지만,

그만큼 또 그럴 수 없었다. 시간이 흐르면 상태가 더 나빠질지 모르는데 그때 가서 모든 걸 마주해야 하는 상황은 원치 않았다. 내가 아는 건 거기까지였다." 그래서 러브는 당시 NBA의 대표 터프가이로서는 들어 본 적조차 없는 일을 시도했습니다. 자신의 취약점을 직시하고 심리 상담사를 만난 거예요.

비록 처음에는 회의감이 들었지만 그는 금세 심리 상담의 가치를 이해했어요. "제대로 들여다보기 전에는 인식조차 못 하던 곳에서 정말 많은 문제가 나올 수 있다는 사실을 깨달았다. 우리는 자신을 안다고 생각하기가 쉽다. 하지만 한 겹 한 겹 벗겨 내면 아직 나에 대해 알아야 할 게 이렇게 많다는 사실이 정말 놀라울 것이다." 러브가 《더플레이어스트리뷴》에 쓴 말입니다. 러브는 내면을 깊숙이 들여다보는 과정에서, 캐럴 할머니의 죽음이 자신에게 정말 큰 충격이었지만 그 감정을 억누르려고만 했다는 사실을 알게 되었어요. 그를 기른 캐럴 할머니는 지금의 그가 있게 한 장본인이었지요. 할머니가 돌아가시던 2013년에 그는 NBA의 스타로 떠오르고 있었고, 눈코 뜰 새 없이 바쁘게 돌아가는 시즌을 뛰느라 할머니의 죽음을 애도할 시간조차 없었습니다. 러브는 할머니에 관한 감정을 꺼내 놓는 과정이 "끔찍하고 서툴고 힘겨웠다"고 해요. 그러나 시간이 가면서 슬프고 혼란스러운 감정에 다가갈수록 가장 두렵던 지점이 더 안정감 있게 느껴졌어요. 그는 또 이렇게 썼습니다. "이 모든 것의 실체를 다 알아낸 것은 아니라는 점을 분명히 하고 싶다. 나는 나를 알아 가는 어려운 과정을 이제 막 시작했을 뿐이다. 29년 동안 회피한 그 과정을 말이다. 이제 나를 속이지 않을 것이다. 나는 삶에서 불편하게 느끼는 것들을 있는 그대로 마주하며 좋은 것들을 즐기고 그것들에 감사하려고 노력한다. 좋은 것, 나쁜 것, 추한 것을 모두 끌어안을 것이다."

러브만이 아닙니다. 러브가 《더플레이어스트리뷴》에 공황과 불안에 대한 경험을 쓰기 한 달 전, 즉 리그의 올스타전을 이틀 앞둔 날 자정이 지날 무렵에 당시 토론토 랩터스Toronto Raptors의 슈팅 가드 더마 더로전은 다음과 같이 트윗을 남겼어요. "우울증이 나를 짓누른다……." 말 없고 내성적인 선수로 알려졌던 28세의 더로전은 자신과 세상 앞에 이 세 마디로 정신적 어려움을 털어놓기 시작했습니다. 더로전은 《토론토스타Toronto Star》와 인터뷰에서 이렇게 말했어요. "아무리 강하게 보여도 결국 우리는 모두 사람입니다. 그건 어쩔 수 없는 사실이에요. 제가 싫어하고 부끄러워하던 건 아무것도 아닌 게 아니었습니다. 우울증을 앓는 사람이 그렇게 많다는 걸 전 이제야 알았어요. 누군가는 이렇게 말할 수 있겠죠. '저 사람은 우울증이 있다면서 바깥에서 성공 가도를 달리며 인터뷰를 하네.' 그렇게 생각하셔도 전 괜찮습니다." 더로전은 우울증이 가장 어둡고 외롭게 치달을 무렵 병을 제대로 직면했고, 다른 사람들에게 역시 그렇게 할 힘을 주었습니다. 더로전과 러브는 더 강해지기 위해 약한 지점에 다가갔던 거예요.

깊고 어두운 감정과
마주하기

그리스 신화에는 안전지대와 마을의 경계 바로 너머에 사는 판Pan 이라는 신이 있습니다. 인간들은 잘못해서 그의 영역에 발을 들여 놓기라도 하면 공포와 두려움에 떨었답니다. 게다가 그 땅을 탈출 하려고 하면 작은 나뭇가지, 돌멩이, 땅에 난 자잘한 구멍, 돌풍 같 은 가장 사소한 장애물들이 벗어날 수 없는 공포를 일으켰고, 겁 에 질려 판에게 희생된 이들은 죽음의 나락으로 떨어졌습니다. 그 러나 일부러 모험을 감행한 끝에 가까이 다가와 판을 숭배한 이들 이 있었습니다. 판은 그런 이들을 해치지 않았어요. 그는 적극적으 로 자신을 찾아온 방문객들에게 풍요와 건강, 그리고 궁극의 선물 인 지혜를 주었어요. 모든 사람에게는 나름의 판이 있습니다. 피하 고 달아나기를 멈추고 제대로 직면하려고 할 때 우리는 지혜를 얻 을 수 있어요.

사라 버렐리스는 이 점을 잘 압니다. 자신의 이름으로 4장의 음 반과 여러 히트곡을 냈던 버렐리스는 2014년에 번아웃을 겪기 시 작했어요. 그녀는 팝 스타의 자리와 음반계에서 물러나 자신의 뿌 리로 돌아가기로 했어요. 아무 방해 없이 음악을 만드는 데만 집중 하기로 한 것이죠. 이 기간에 뮤지컬 〈웨이트리스Waitress〉가 나왔 고, 버렐리스는 작품에 들어가는 노래들의 작사와 작곡을 맡았습 니다. 〈웨이트리스〉는 2016년 봄 브로드웨이에서 막을 연 뒤 대성공을 거뒀어요. 그 덕분에 버렐리스는 토니상Tony Awards 주제가상 후보에 올랐지요. 그녀는 갖가지 스트레스와 개인적으로 느끼는 압박감, 팝 음악 산업의 격변에서 벗어나 뮤지컬을 만들면서 음악을 만드는 행위에 대한 사랑에 다시 불을 붙였다고 말했습니다. 그러면서 자신의 취약점들을 탐색할 여유가 생겼다고 했어요. 2019년에는 〈웨이트리스〉 이후 그녀의 첫 스튜디오 음반이 나왔습니다. 본론부터 내뱉는 직설 화법이 돋보이는 음반이었지요. 〈혼돈의 한가운데서Amidst the Chaos〉라는 제목의 이 음반은 소란스럽고 어지러운 세상에서 온전하고 안착한 삶을 살아가며 갖은 풍파 속에 단단하고 흔들림 없이 자리를 지키는 법을 이야기한 노래들로 채워졌습니다. 버렐리스는 음반이 발매된 직후 NPR과의 인터뷰에서 〈혼돈의 한가운데서〉를 만드는 동안 그 어느 때보다 더 약한 사람이 되었다고 말했어요. 전에 시도하지 않았던 낯선 방식으로 가사를 쓰고 피아노를 연주하고 노래해야 했기 때문이지요. 그녀가 불안, 공포, 슬픔으로 몸부림치는 이야기가 많은 곡에서 전과 다른 방식으로 그려진 것은 말할 것도 없었고요.

"마음을 깊이 들여다보면 너무 어두운 감정 같은 건 없는 것 같아요. 그런 것이 있다 해도 겁낼 필요 없어요. 명백한 진실에 가까워질 수 있으면 오히려 문제는 조금 더 가벼워지니까요." 버렐리스가 같은 인터뷰에서 한 말입니다. 그녀는 '가장 깊고 어두운' 감정을 '기꺼이' 꺼내 놓으려 할 때 일은 물론 자신과 더 가까워진다고 말해요.

어렵지만 판을 만나기로 할 때 지혜와 내면의 힘을 얻을 수 있는 것이죠.

완벽주의라는 가면을
벗어던지려면

우리는 케빈 러브, 더마 더로전, 사라 버렐리스의 이야기를 통해 사람은 완벽하게 불완전한 존재라는 사실을 배웠습니다. 제아무리 바위처럼 단단하고 성공적인 삶을 사는 듯 보이는 사람조차 예외가 아니에요. 단지 모두가 최선을 다할 뿐입니다. 사는 동안 이렇게 저렇게 부족함을 채워 가면서요.

　나는 성공 코칭을 하는 동안 다양한 분야에서 최고를 달리는 멋진 사람들과 일하는 특권을 누려요. 그럴 때면 그들이 찾는 답을 내가 다 가진 건 아니라는 생각이 자주 듭니다. 코칭을 처음 시작했을 때는 이 점이 큰 고민이었어요. 가면 증후군impostor syndrome(자신이 이뤄 낸 업적을 스스로 받아들이지 못하는 심리적 현상—옮긴이)이 온 것 같았지요. 클라이언트를 만나러 갈 때면 이런 생각이 고개를 들었습니다. '이 사람한테 내가 뭘 가르쳐 줄 수 있지? 내가 진짜 어떤 사람인지 다들 알아 버릴 때까지 이렇게 손 놓고 있어야 하나.' 시간이 가면서 알게 됐고 지금도 알아 가는 중인 한 가지는 모든 문제의 답을 다 아는 사람은 없다는 것입니다. 내 클라이언트들 역시 그 점은 마찬가지예요.

누군가 이제 더는 모르는 것이 없다고 말한다면, 보통 그것은 그 사람이 반대로 가고 있음을 알리는 신호에 가깝습니다. 열렬한 신뢰와 절대적 확신은 보기와 달리 강인함이 아닌 나약함의 신호일 때가 많아요. 그런 사람은 머릿속에 담은 이상이나 관점, 자기 인식 등이 어떤 이유로든 흔들리면 그대로 무너지는 경향이 있습니다. 취약한 면들은 밀어 놓고 자신과 다른 사람에게 실제보다 더 확신 있는 모습으로 나를 이해시키려 하는 것은 가면 증후군으로 가는 지름길입니다. 그럴 때조차 마음속으로는 자신이 거짓말을 하고 있음을 알기 때문이지요.

하지만 나는 모든 것을 다 알지는 못하고 항상 내 모든 것을 통제할 수도 없음을 알면 한결 기운이 나고 더욱더 단단하게 안착할 수 있습니다. 그럴 때 더 큰 힘과 확신이 생기니까요.

사회학자들은 이 역설을 '지적 겸손intellectual humility'이라고 부르기도 합니다. 지적 겸손은 내 한계를 인정하고, 최고가 되거나 타인에 대한 영향력을 쥐는 데 지나치게 마음 쓰지 않을 때 생기는 확신으로 이해하면 됩니다. 내가 잘 알지 못하거나 약점으로 여기던 내 모습에 대한 적극적인 호기심도 지적 겸손에 포함돼요. 지적 겸손은 더 큰 자기 인식과 분별력, 새로운 생각에 대한 열린 마음과 연결됩니다. 겸손하게 시작하면 나중에는 더 강하고 유연한 사람이 될 수 있어요. 그리고 일관된 자아를 느낄 수 있지요.

취약성을 드러내고 겸손해지면 자신감이 커지고 나 자신과 가까워집니다. 그리고 나아가 다른 사람들과 더 깊이 연결된답니다. 케빈 러브와 더마 더로전은 영웅적 개인주의의 무게를 내려놓고 공황 장애와 불안 장애, 우울증에 관해 터놓고 이야기한 뒤 팬들을 비롯해 그 모습을 사랑하게 된 전 세계 사람들에게서 수천 통의 응원 편지를 받았어요. 그 후 NBA에서는 여러 선수가 각자 겪는 어려움에 관해 입을 열기 시작했지요. NBA 전반에서 정신 건강을 지키자는 움직임이 나타났고 리그에서는 정신 건강 문제의 중요성을 주제로 미국 전역에 텔레비전 광고를 내기 시작했어요. 모든 NBA 조직에 반드시 정신 건강 전문가를 두어야 한다는 새로운 지침 또한 도입됐습니다.

사라 버렐리스는 영혼을 쏟아 음반 〈혼돈의 한가운데서〉를 만든 뒤 〈세인트 어니스티Saint Honesty〉라는 곡으로 첫 번째 그래미상을 받았습니다. 〈세인트 어니스티〉는 특히 그녀의 속내가 잘 드러난 곡으로 당연히 많은 사람에게 울림을 주었어요. 버렐리스는 회고록《나를 닮은 음악Sounds Like Me》에서 시간이 가면서 얻은 교훈을 이렇게 말했습니다. "나만의 아픔과 취약성을 있는 그대로 이야기하자 다른 사람과 연결되는 통로가 생겼다."

여기서 울림을 주는 주제는 분명해요. 다른 사람에게 취약성을 드러내면 처음에는 나약하고 외롭고 고립된 느낌이 들지만 결국 더 큰 힘과 확신, 유대가 생긴다는 겁니다.

취약한 것이 살아남는다

내 취약한 면면을 혼자서 다 끌어안기란 너무 버겁게 느껴질 때가 많습니다. 여기에는 그럴 만한 이유가 있어요. 취약성을 혼자서 감당한다는 건 몹시 어려운 일이에요. 게다가 인간은 나약하고 완벽하지 못한 존재죠. 어머니의 자궁을 나와서 삶을 마감하는 그날까지 사람은 외따로 존재하는 동시에 사랑과 연결, 나 아닌 누군가의 품을 원하는 불편한 긴장 속에 살아갑니다. 우리는 혼자이길 바라지만 함께 있고 싶어 하며 온갖 도움이 절실해요. 인간이 각자의 취약성을 다른 사람과 공유하는 방향으로 진화한 것은 그래서일 거예요.

다음에 설명할 '취약한 유인원vulnerable ape' 가설에 관해 생각해봅시다. 지금으로부터 수천 년 전, 진화의 과정은 야만적인 힘 같은 거친 특성을 선택하는 것에서 취약성과 연민, 유대 같은 부드러운 특성을 선택하는 것으로 방향을 틀었어요. 우리 조상 가운데 생존에 성공한 부류는 전통적인 기준에서 가장 힘이 센 자들이 아니라 약점을 드러내 함께 이야기할 줄 알고 그런 점을 극복하기 위해 가장 효과적으로 힘을 모을 줄 아는 자들이었지요. '취약한 유인원'들은 호모 사피엔스, 즉 우리 인류의 근본을 형성한 존재로 여겨집니다.

오늘날 우리는 취약성을 표현하는 능력을 타고납니다. 그리고 세상의 빛을 보는 동시에 그 힘을 사용하지요. 신생아는 태어난 지

1시간도 안 돼 고개를 돌려 어머니와 눈을 맞추고 이삼일이 지나면 어머니의 목소리에 반응하기 시작합니다. 아무것도 할 수 없는 신생아는 취약성을 드러냄으로써 양육자와 연결됩니다. 취약성은 우리의 생존 방식인 거예요.

(취약성을 표현하는) 이 능력은 성인이 되어서도 유용합니다. 일종의 관계 형성용 결합 조직connective tissue으로 남아 있다가 다른 사람과 유대를 쌓는 과정에서 이롭게 작용하는 겁니다. 독일 만하임 대학교 연구진은 연이은 7가지 실험에서 성인 참가자들에게 다양한 수준으로 서로 취약점을 털어놓게 했습니다. 연구진이 거듭 알게 된 것에 따르면 자신에 관해 이야기하는 사람, 즉 화자는 상대가 자신의 취약함을 나약하고 부정적인 면으로 받아들일 것으로 생각했어요. 그러나 대화의 상대, 즉 청자는 완전히 생각이 달랐지요. 화자가 취약할수록 청자는 화자를 더 용기 있는 사람으로 인식했습니다. 청자는 화자의 취약성을 명백히 긍정적인 특징으로 받아들였어요.

연구진은 "사랑의 감정을 고백하고 도움을 청하고 실수를 책임질 때만이 아니다. 취약성을 드러내서 좋은 경우는 아주 많다"고 설명했습니다. 하지만 "많은 사람이 두려움 때문에 취약성을 드러내지 않는 편을 선택한다"고 덧붙였지요. 연구진의 결론에 따르면 그것은 잘못된 생각이었어요. "때로 우리는 자신의 취약성을 내보이는 상황을 나약한 일로 여길 수 있다. 그러나 연구 결과 그럴 때조차 남들은 이 일을 용기로 여길 가능성이 크다. 관계의 질, 건강,

업무 성과에 있어 취약성을 드러낼 때 비롯되는 긍정적인 결과(신뢰와 유대 강화, 다른 사람을 통한 양질의 배움, 실수에 대한 용서 등)를 고려하면, 두려움을 극복하고자 노력하고 취약한 상황의 혼란 속에서 아름다움을 보는 편을 선택하는 것은 정말 유익할 수 있다." 만하임대학교 연구진은 연구의 결론을 적절히 버무려 '아름다운 혼란 효과the beautiful mess effect'라는 말을 만들었습니다.

내심 사람들은 평정심을 유지하는 척하기를 싫어해요. 항상 잘 해낸다는 건 얼마나 지치는 일인가요. 빗장을 풀고 솔직해지더라도 사람들은 나를 약하게 보지 않아요. 오히려 긴장을 풀고 이렇게 생각하지요. '드디어 진짜를 보여 주는구나. 저 사람도 나랑 똑같아.' 그러면서 그들은 완벽해지기 위해 피곤하게 행동하기를 멈추고 이제는 내 벌어진 틈을 보여 줄 수 있다는 안도와 확신을 얻습니다. 한 사람이 취약성을 드러냄으로써 다른 사람 또한 그렇게 하는 순환 고리가 강화되면 신뢰와 유대의 끈이 단단하게 형성되지요. 그런 의미에서 취약성을 드러내면 나를 옥죄던 족쇄만이 아니라 주변 사람들을 옭아매던 족쇄 역시 사라집니다. 그 결과로 생긴 더 큰 자유와 믿음은 더 단단하고 유익하며 효과적인 관계의 토대가 되지요. 여기서 모순은 긍정적인 이미지를 만들고 평정심을 유지하기 위해 전전긍긍하는 데 쏟는 모든 시간과 에너지는 우리가 가장 바라는 친밀한 유대를 구축하는 데 방해가 된다는 거예요. 실증 과학과 아름다운 혼란 효과가 아직 존재하지 않았던 오랜 옛날부터 도가에서는 취약성의 사회적 유익을 간파하고 있었어요.

기원전 4세기의 도교 철학자 노자는 이렇게 기록했습니다. "그대가 그저 그대 자신이라는 데 만족하며 남과 비교하거나 경쟁하지 않을 때 모두가 그대를 존경하리라."

틈이 벌어질수록
단단하게 연결된다

하버드대학교 교수인 에이미 에드먼슨Amy C. Edmondson의 획기적인 연구에 따르면, 분야와 관계없이 최고의 성과를 내는 팀에서는 전형적으로 '심리적 안정감psychological safety'이 잘 나타납니다. 심리적 안정감은 팀의 구성원들이 부정적인 결과를 겁내지 않고 자신을 있는 그대로 보여 줄 수 있다고 느낄 때 생기지요. 에드먼슨의 연구가 시작된 곳은 병원이었어요. 거기서 그녀는 팀 구성원들이 서로 편안하게 느낄수록 잘못을 알아차릴 때 입을 열고 말할 수 있으며(예컨대, 간호사나 직급이 낮은 의사가 직급이 높은 의사에게 문제를 제기할 수 있었죠) 그럴 때 잠재적으로 환자의 생명을 위협할 잘못을 피할 수 있음을 알게 되었습니다. 에드먼슨은 다른 분야로 연구를 확장한 뒤, 심리적으로 안정감을 느끼는 팀은 서로 사이가 더 좋고 장애를 훨씬 효과적으로 극복하며 더 개방적으로 소통하고, 해당 영역 업무를 평가할 때 쓰는 일반적인 지표에서 더 높은 점수를 낸다는 것을 파악했어요. 심리적 안정감은 팀의 개개인이 서로 존중하고 신뢰할 때 생기지요. 짐작하겠지만, 취약성은 존중과 신뢰를 형성하는 가장 근본적인 원동력일지 모릅니다. 에드먼슨은 이렇게 말합니다. "우리는 모두 취약해요. 다만 취약성을 받아들일 것인가 받아들이지 않을 것인가는 선택의 문제죠. 어느 쪽이 낫겠냐고요? 상대 역시 인간임을 깨달을 때 나를 보여 줄 안전한 공간이 확보된다는 게 제 답이에요."

취약성을 드러내는 것은 쉬운 일이 아닙니다. 특히 지금껏 방어적인 자세로 생활하며 앞무대 자아에 비중을 두고 살아왔다면 더욱 그럴 거예요. 내가 아닌 다른 사람인 척하는 것은 생각보다 어려워요. 취약성을 드러내는 일이 아무리 불편하더라도 그럴 때 자유와 신뢰, 그리고 (타인은 물론 나와의) 연결감에서 비롯되는 꾸준한 이점을 이길 수는 없습니다. 그런 이점은 결국 더 흔들림 없는 안착으로 이어지지요. 이제부터, 누구든 쉽게 취약성을 드러내는 데 도움이 될 실천법들을 알아보려고 합니다. 기억하세요. 벌어진 틈을 마주하고 깊이 들여다볼 때 더 단단해질 수 있습니다.

실천 1

감정적 유연성 기르기

하루 동안 내가 줄곧 벗어나려고 하는 생각이나 느낌, 상황이 있는지 주의 깊게 살펴봅시다. 죽어 가는 가족과 보내는 시간을 꺼리는 것부터 직장 내 중요한 회의에서 오랫동안 목소리 내기를 주저한 것, 외로워지는 상황을 회피하는 것 등이 모두 다 여기에 해당해요. 내가 피하려 하는 일들을 파악한 뒤에는 그런 것들을 제대로 돌아보고 생각할 시간을 마련하세요. 그런 뒤 각각의 어려운 생각, 느낌, 상황에 대해 다음과 같이 자문하는 거예요.

♦ 나는 무엇에서 도망하려고 하는가? 무엇을 두려워하는가?

♦ 이 두려움의 바탕은 무엇인가?

♦ 이 두려움이 혹시 살면서 피할 수 없는 부분(무관심, 실패, 통제력 상실, 시간 부족, 당황, 죽음 등)이라면 어떻게 하겠는가?

♦ 이 두려움에 관해 이야기할 기회를 만들면 어떨까? 먼저 혼자서 생각해 보고 그런 다음 다른 사람과 터놓고 이야기한다면?

♦ 내 두려움, 내가 생각하는 내 약한 모습의 끝에는 무엇이 있을까? 내 강점은 무엇일까? 내가 정말로 원하는 것은 무엇일까? 사랑? 유대? 수용? 안전? 내가 정말 깊이 원하는 것을 따라가 보면 어떨까? 내 두려움, 강점, 진짜 바람을 모두 다 손에 쥔다면 어떻게 될까?

♦ 이 두려움과 그 바탕에 깔린 진짜 바람을 촉매로 이용하려면 어떻게 해야 할까? 그렇게 해서 생산적으로 행동하고, 나 자신은 물론 잠재적으로 다른 사람들과 역시 더 단단히 연결된다면 어떨까?

이런 식으로 두려움을 탐색하면 두려움과 관계가 달라집니다. 처음에는 어려울 수 있지만 시간이 가면 두려움을 억누르거나 밀어내려는 충동이 더는 전만큼 강하게 마음을 옭아매지 않을 거예요. 마음의 문을 닫거나 그대로 얼어붙어 버리는 대신 두려움을 받아들일 수 있어요. 두려움으로 하여금 내가 진정 원하는 것을 향해 길을 이끌게 할 수 있지요. 나를 구석구석 더 잘 알게 되면서 내 전부를 더 깊게 믿고 신뢰할 수도 있고요.

한편, 이때 우리는 심리학에서 말하는 '감정적 유연성emotional flexibility', 즉 더 폭넓은 감정을 경험하고 여러 감정 사이를 더 수월하게 옮겨 가는 동시에 안착의 바탕을 잃지 않을 힘을 얻게 됩니다. 감정적 유연성은 삶을 의미 있고 사려 깊고 온전하게 누리고자 할 때 꼭 필요한 요소로, 연구에 따르면 감정적 유연성은 성과 강화, 안녕감, 삶 전반에 대한 만족감과 연결되지요. 이는 어쩌면 당연한 결과인지 모릅니다. 살아가다 보면 다양한 감정을 한 번에 끌어안고 능숙하게 걸어 나가야 하는 상황들을 마주하게 돼요. 결국 슬픔 이면에 행복이 있고, 죽음 이면에 삶이 있으며, 외로움 이면에 사랑과 유대가 있는 거예요.

하고 싶은 말 그대로 말하기

나는 가면 증후군으로 힘들어하던 데일Dale이란 사람을 코치한 적이 있습니다. 데일은 회사에서 새로운 중책을 맡고 감정적으로 전혀 동요하지 않는 것처럼 보여야 한다는 압박을 느꼈지요. 여러 사람 앞에서 무언가를 말해야 할 때는 특히 더 마음이 무거웠어요. 연단에 서면 긴장되고 겁이 나고 세상천지에 혼자 남은 기분이었거든요. 나는 데일에게 내가 감정이 전혀 흔들리지 않는 사람처럼 보이느냐고 물었어요(데일도 알려진 내용은 인지하고 있었지만 나는 그 자리에서 내 강박 장애에 관해 이야기했습니다). 그런 뒤 내 취약성이 우리 관계에 어떤 영향을 미쳤는지 물어보았어요. 그는 망설이지 않고 대답했어요. "선생님이 정직하고 진솔한 분이란 걸 아니 훨씬 더 믿음이 갑니다. 덕분에 선생님께 이런 불안정한 상태를 더 편안하게 터놓을 수 있어요."

계속해서 나는 그의 회사에 다니는 수천 명의 직원 역시 똑같이 생각할 것 같지 않으냐고 물어보았습니다. 데일이 진솔한 사람임을 안다면 직원들 또한 그를 더 믿을 수 있지 않겠어요? 또 스스로 숨기는 것이 없다는 걸 알면 데일도 자신을 더 믿을 수 있을 거고요. 다음에 직원들 앞에 선 자리에서 데일은 다음과 같이 말문을 열었습니다. "제가 어떻게 이 자리까지 오게 되었는지 잘 모르겠습니다. 어떨 땐 감당 못 할 기분이 듭니다. 하지만 저는 최선을 다하고 있습니다. 먼저 제가 진행 중인 여러 가지 일을 말씀드리고, 열린 마음으로 여러분 생각 역시 들어 보려고 합니다. 제가, 그래서 우리가, 더 잘 해낼 수 있기 바랍니다." 우리는 이 일이 있은 지 얼마 안 돼 다시 만났어요. 데일은 여러 사람 앞에 서서 그렇게 자유롭고 편안했던 적이 없었다고 했지요. 직원들은 데일의 말을 더 귀담아듣는 분위기였고 어느 때보다 서로 더 돈독해진 것 같았다고 했습니다.

앞무대 자아를 지키는 데 지나치게 공을 들이느라 진짜 나는 숨기거나 좋은 모습만 보여 주는 데 급급해한다는 사실을 알아차리면, 나를 숨기고 싶은 마음이 드는 그 순간을 신호로 삼으세요. 신호가 오면 내가 정말 하고 싶은 말을 생각하세요. 그런 다음 해가 되거나 상처가 될 내용이 아니라면 최대한 원하는 것에 가깝게 내 말을 전하는 거예요. 이 방법은 가족 식사 시간이나 자잘한 모임은 물론 수천 명이 함께한 자리 등 다양한 상황에서 실천할 수 있습니다. 이 책에서 이야기하는 여러 실천법과 마찬가지로 이 방법 역시 처음에는 쉽지 않아요. 특히 내가 진짜 원하는 걸 현실에서 처음 말하는 데는 용기가 필요하지요. 취약성은 조금씩 천천히 드러내면 됩니다. 처음에는 작은 데서 시작하고 시간이 가면서 뒷무대 자아를 점차 더 많이 밖으로 꺼내 보세요. 그러면 더 단단하고 확신에 찬 나를 느낄 수 있습니다. 또한 다른 사람들과 진심으로 연결되는 일이 더 수월해짐을 체감할 겁니다.

누구나 나름의 어려움이 있다

NBA 스타 케빈 러브가 자신의 공황과 불안 장애를 털어놓은 에세이의 제목은 〈어려움은 누구에게나 진행형이다Everyone is Going Through Something〉입니다. 더마 더로전은 어머니에게서 항상 이런 말을 들었다고 해요. "각자 겪는 일은 알 수 없으니 절대 남을 비웃으면 안 된다. …… 겉만 봐선 알 수 없어." 러브와 더로전이 옳아요. 나는 이들이 거대 플랫폼을 기반으로 이런 메시지를 나눴다는 사실이 정말 기쁩니다. 이번 장에서 언급한 연구에 따르면 사람들은 대부분 자신이 지금 겪는 일을 털어놓고 말할 기회를 기다린다고 해요. 취약한 면은 혼자 담고 있을 때보다 남에게 털어놓을 때 훨씬 가벼워지니까요. 힘겨운 생각, 느낌, 상황 등은 말로 표현하기만 해도 한결 편안해지지요. 그렇게 하면 어떤 일이든지 헤쳐 나가기가 수월해집니다. 아주 사소한 일도 마찬가지예요.

아무도 없이 혼자라고 느낀다면 혼자가 아님을 기억하세요. 내취약성을 드러냄으로써 남에게 취약성을 드러낼 기회를 주세요. 신뢰하기 때문에 취약성을 드러낼 수 있는 것이 아니라 취약성을 드러내기 때문에 신뢰할 수 있다는 사실을 명심하세요. 누군가에게 마음을 터놓으려 했지만 잘 받아들여지지 않는다고 해서 기분나쁘게 받아들이지 말아요. 내가 있는 자리에서 나와 마주해 줄 다른 사람에게로 넘어가면 되니까요. 취약한 면을 직접 이야기하기가 부담스럽다면 전화, 문자 메시지, 이메일, 손 편지 등으로 시작할 수 있어요. 내가 속한 사람들 사이에서 지지받지 못하거나 정말 감당할 수 없을 만큼 큰 취약성을 안고 있다면 숙련된 상담사나 코치를 만나서 해결하는 방법도 있습니다. 이런 대화에서 이들만큼 잘 준비된 사람은 없어요.

마무리

취약성을 드러낸다는 것은 강하지 못한 부분과 약점으로 느껴지는 부분, 그리고 가장 두려워하는 대상을 받아들이는 것을 뜻합니다. 취약성을 드러내는 것은 어려운 일이어서 우리는 가슴에 벽을 두르고 곁을 주지 않는 일이 많아요. 그렇게 하면 더 강해지는 것 같으니까요. 그러나 그렇지 않습니다. 사실은 그럴 때 더 약해지고 위태해져요. 나를 다 알지 못하면 나를 다 믿을 수 없어요. 나를 다 믿지 못하면 강해질 수도, 자신감을 얻을 수도, 안착할 수도 없습니다. 진정한 의미의 강함과 자신감, 안착을 원한다면 말이에요.

취약성을 드러내면 다른 사람과 신뢰 관계를 쌓을 수 있습니다. 그러나 그럴 때는 보여 주기에 그치지 말고 진솔하고 꾸밈이 없어야 해요. 이때 말할 내용은 직장에서 지나치게 일을 열심히 한다거나 간혹 밤에 너무 늦게 잔다는 것 따위가 아니에요. 예컨대 우울증, 자녀의 죽음, 이혼, 개인적으로 중요했던 프로젝트에서의 실패, 질병과 죽음에 대한 두려움 등이 이런 대화의 주제가 될 수 있어요.

물론 이런 것들을 이야기하기 좋은 때와 장소는 따로 있습니다. 일단 누군가를 처음 만난 자리나 새 직장에서의 첫 일주일은 분명 아닐 거예요. 그러나 우리는 취약한 면면을 받아들이는 것이 좋을 상황에서조차 그것을 말로 적절히 옮기지 못하는 경우가 너무 많아요. 그런 척만 하기에 삶은 너무 짧습니다. 조금씩이나마 나와 남에게 솔직해질수록 삶은 더 편안해져요. 이 불안정과 두려움 저편에는 신뢰와 힘, 확신만이 아니라 사랑과 깊은 유대도 자리 잡고 있답니다.

취약성은 깊은 유대로 이어지는 통로며 유대는 취약성을 끌어안습니다. 그뿐 아니에요. 깊은 유대는 수용, 집중, 인내의 토대예요. 유대는 우여곡절 속에 안착된 삶이 펼쳐지는 든든한 공간입니다. 다음으로 이야기할 안착의 원리는 '깊은 유대'이고요.

5장

유대:

깊고 특별한 관계를 만든다

캘리포니아 펠튼의 오래된 삼나무 숲은 아주 멋진 곳입니다. 지면 위로 60미터 넘게 솟아오른 나무들은 밑동의 지름이 3미터에 달하기도 해요. 흥미로운 사실은 이 거대한 삼나무들을 떠받치는 뿌리들의 깊이가 겨우 1.8~3.6미터 정도라는 겁니다. 삼나무의 뿌리는 아래로가 아니라 옆으로 퍼지듯 자라며 옆에 있는 나무들의 뿌리와 얽히고설킨 채 수십 미터를 뻗어 나가지요. 악천후가 닥쳐도 이들 한 그루 한 그루가 꿋꿋하게 서 있을 수 있는 것은 뿌리들이 멀리까지 촘촘하게 그물망을 형성한 덕분이에요. 우리는 이 삼나무들을 통해 큰 교훈을 얻을 수 있습니다. 삼나무들처럼 우리 역시 우리보다 큰 관계망의 일부가 되도록 태어난 존재들이에요. 사람도 함께 있을 때 더 크게 자랄 수 있고 긴밀한 유대 속에서 가장 단단하게 안착할 수 있습니다.

나는 20대에 이 점을 직접 경험했어요. 그 무렵 나는 전문적으로 글을 쓰기 시작해 거의 온종일 집에서 일만 하며 지냈습니다. 좋아하던 일을 해서 행복했지만 가슴과 배 사이 어디쯤이 서늘했지요. 무언가가 빠졌다는 생각이 들었습니다. 외로웠거든요. 그때는 왜 그런지 이해할 수 없었지요. 디지털 기술이 흔해져서 언제 어디서든 어느 때보다 저렴한 비용으로 가족, 친구, 동료들과 손쉽게 연락할 수 있었으니까요. 그 무렵 나는 네팔 산악 지대에 사는 친구와 자주 페이스북 메시지를 주고받았고, 내가 쓰는 주제에 관해 전 세계 전문가들과 트위터로 의견을 나누었습니다. 사랑하고 존경하는 친구들과 단체 메일로 꾸준히 소식을 교환했고, 좋아하는 카페까지 걸어가는 길이면 가족들에게 문자 메시지를 보냈어요. 나에게 가장 중요한 사람 대부분이 내 손끝에 있었지요. 어느 모로 보나 나는 전보다 훨씬 더 사람들과 가까이 지내는 듯했고 그렇다고 믿었습니다. 그러나 이따금 여전히 혼자라는 생각이 들었어요. 우울하거나 못 견딜 정도는 아니었지만 이게 맞나 싶었답니다.

안타깝지만 정말 많은 사람이 이런 감정에서 자유롭지 못합니다. 지금은 세상을 떠났지만 외로움에 관한 과학적 연구의 선구자이며 시카고대학교 인지 및 사회 신경 과학 센터Center for Cognitive and Social Neuroscience를 이끌었던 심리학자 존 T. 카치오포John T. Cacioppo의 연구에 따르면, 1980년대에는 외로움을 느끼는 미국인의 비율이 11퍼센트였습니다. 하지만 2010년에는 약 40퍼센트가 되었습니다. 몇십 년 사이에 약 3배가 증가한 셈이에요. 미국 은퇴자 협회American Association of Retired Persons와 해리스폴Harris Poll이 진행한 여론 조사에서는 표본의 30~35퍼센트가 '자주' 외로움을 느낀다고 했는데, '이따금' 외로움을 느낀다고 답한 사람까지 포함하면 일반적인 의미에서 외로움을 느끼는 사람의 비율은 72퍼센트까지 올라갔습니다. 건강 보험 회사 시그나Cigna가 2018년에 실시한 또 다른 조사에서는 미국인의 50퍼센트가 외로움을 느낀다고 합니다.

외로움은 주관적인 감정이에요. 내향적인 사람은 외향적인 사람에게 필요한 만큼 사회적 교류가 많지 않아도 만족감을 느낄 수 있지요. 카치오포를 비롯한 전문가들은 넓은 의미에서 외로움이란 '갖지 못한 관계에 대한 갈망'이라고 말했습니다. 여기서 큰 역설은 디지털 방식으로나마 전보다 더 긴밀히 관계를 맺을 수 있는 시대에 외로움을 느끼는 사람의 비율은 무섭게 치솟고 있다는 점이에요(이 주제는 곧 더 자세히 다루겠습니다). 그렇다면 먼저 외로운 사람이 점점 더 많아지는 상황이 심히 우려스러운 이유를 간략히 살펴보겠습니다.

외로운 느낌은 스트레스 호르몬인 코르티솔 수치 상승, 수면 질 저하, 심장병 및 심장 발작 위험 증가, 인지력 감퇴 가속화, 전신 염증 증가, 면역 기능 저하, 불안, 우울 등으로 연결됩니다. 브리검영대학교 연구진은 한 연구에서 이 증세들을 각각 짚어 가며 30만 명을 평균 7.5년 동안 추적 관찰했어요. 그 결과 외로움을 느끼는 사람의 사망 위험은 당뇨 환자나 운동 부족인 사람보다 높고 흡연

자와 비슷했습니다.

외로움은 개인적인 경험만이 아니라 사랑하는 사람과의 관계에까지 악영향을 미쳐요. 관계를 다루는 심리 상담사 에스터 페렐Esther Perel은 애정 관계에 있는 사람들 사이에서 불만이 싹트는 주된 이유를 두 사람이 다른 이들과 더 넓은 관계를 맺지 않기 때문으로 봅니다. "과거에는 온 마을 사람들에게서 얻던 것들을 지금 우리는 오로지 한 사람한테서만 얻으려고 해요. 이 상황은 우리를 짓누르죠. 관계에 너무 큰 기대가 쌓이니까요." 인간은 친밀함을 느끼는 한 사람과 함께하도록 진화한 동시에 공동체의 일부가 되도록 진화했어요. 성장과 발전은 차치하고 생존을 위해서라도 우리는 공동체의 일원이 되어야 합니다. 필요한 모든 것을 혼자서 채우거나 나 아닌 다른 한 사람이 채워 주길 바라는 것은 현실적이지도, 현명하지도 않지요.

안착의 다섯 번째 원리는 깊은 유대입니다. 생산성, 효율성, 최적화를 향한 영웅적 개인주의의 쉴 틈 없는 추진력은 타인, 종교, 직장, 친지 등 소속감을 주는 대상들과 긴밀한 유대감을 형성하는 데 쏟을 시간과 에너지를 앗아 갑니다. 그런데 흥미로운 사실이 있어요. 유대감은 개개인에게 만족감을 주고 세상을 더 살기 좋은 곳으로 만드는 동시에 성과를 끌어올리는 데 역시 도움이 된다는 거예요.

교감과 소속감은
인간의 기본 욕구

탐사 보도 기자 시배스천 영거Sebastian Junger는 《트라이브, 각자 도생을 거부하라》라는 혁신적인 책을 쓰며 자료를 조사하는 과정에서, 많은 군인이 집에서보다 전쟁터에서 더 큰 만족감을 느낀다는 사실을 알게 되었습니다. 언뜻 당황스러울 일이었지만 영거는 군인들이 전쟁 중에 훨씬 큰 소속감을 느낀다는 점을 확인하고 이렇게 썼어요. "인간에게 어려움은 큰 문제가 아니다. 사실 어려움은 성공의 토대가 된다고 보는 편이 옳다. 인간에게 정말로 문제가 되는 상황은 자신을 불필요한 존재로 느끼게 되는 것이다. 현대 사회는 사람들이 자신을 불필요한 존재로 느끼게 만드는 기술을 연마해 왔다."

군인들을 연구하면서 영거가 알게 된 사실은 동기, 만족, 성취감을 느끼게 하는 근본 요소들에 관하여 수십 년간 진행된 여러 연구의 결과와 일맥상통합니다. 이러한 연구들은 통칭 '자기 결정 이론self-determination theory'이라고 해요. 자기 결정 이론에서는 인간이 발전하려면 3가지 기본 욕구가 채워져야 한다고 말합니다.

1. **자율성**autonomy: 시간과 에너지를 쓰는 방식에 대한 최소한의 통제력.

2. **유능성**competence: 스스로 선택한 일에서 일어나는 실질적

성장.

3. 관계성relatedness: 연결되고 소속되었다는 느낌.

이 기본 욕구 가운데 하나라도 채워지지 않으면 건강과 안녕감이 무너지고 번아웃이 잦아집니다. 즉, 우리가 아무리 혼자 힘으로 발전할 수 있다고 자신한들 연구에 따르면 그것은 불가능해요. 설령 가능하다 해도 지속적으로 잘 해내기는 어렵습니다.

인간은 사회적 동물이에요. 소통하고 협력하는 능력은 우리 종species이 가진 가장 경쟁력 있는 무기죠. 수천 년 전 너른 초원에서는 똘똘 뭉친 영장류 및 초기 인류 집단이 다른 집단보다 훨씬 유리한 고지를 점하고 살아가고 있었습니다. 그렇게 시간이 흐르자 잘 기능하는 집단과 이런 집단에 참여하는 요령을 아는 개개인에 유리한 방향으로 진화가 이뤄지기 시작했지요. 과학자들은 이 과정을 '집단 선택group selection'이라고 부릅니다.

진화 심리학자 조너선 하이트Jonathan Haidt는 집단 선택은 '사회적 본능social instinct'이 발달한 결과 일어난 일이라고 믿습니다. 예컨대 홀로 생활했던 초기 인류는 포식자에 붙잡히거나 기근이 닥치면 굶주려야 할 위험이 훨씬 컸어요. 그러나 집단 안에서 서로 보호하고 위로하며 자원을 공유하는 이들은 그렇지 않았지요.

우리의 영장류 조상들을 대상으로 한 연구에 따르면 유대감은 오늘날에도 강력한 이점이 됩니다. 2003년 UCLA에서 진행한 연구에서는 암컷 개코원숭이가 무리에 대해 얼마나 소속감을 느끼고 협조적으로 행동하는가에 따라 해당 암컷이 낳은 새끼의 생존 가능성을 예측할 수 있었어요. 그 후 2010년부터 2014년 사이에 나온 연구에서는 어미가 무리와 끈끈하게 연결되어 있으면 새끼만이 아니라 어미의 수명도 길어진다는 결과가 나왔습니다. 반면 무리에서 고립된 개코원숭이는 질병에 걸릴 확률이 상대적으로 높았고 인간이 고통을 느낄 때와 비슷한 행동을 자주 보였지요.

이러한 사실을 모두 고려하면 유대감과 소속감은 '있으면 좋은 것'이나 삶의 부수적 요소로만 그치지 않는다는 점이 분명해집니다. 이 2가지는 인간 본질의 핵심이며 우리는 이것들을 원동력 삼아 행복과 성공을 이룰 수 있어요. 이것이 인간의 타고난 생활 방식입니다.

심리학자 겸 사회학자, 철학자인 에리히 프롬은 1941년에 나온 저서《자유로부터의 도피》에서 이렇게 말했어요. "아무도 없이 고립됐다는 느낌은 정신적 붕괴로 이어진다. 신체적 굶주림이 죽음으로 이어지는 것과 같은 이치다." 그러나 프롬은 관계성이 주로 물리적인 의미를 띠는 것이 사실이지만 항상 그런 것은 아니라고 했어요. "관계 형성과 물리적 접촉이 완전히 같은 것은 아니다. 사람은 물리적인 의미에서 여러 해를 홀로 지낼 수 있지만 그러는 동안 생각, 가치, 사회의 시스템 등과도 관계를 맺을 수 있다. 이런 것들 역시 교감과 '소속감'의 대상이 되기 때문이다. 반면 사람은 타인에 둘러싸여 생활하지만 철저히 고립된 느낌에 사로잡혀 살아가기도 한다." 이번 장에서는 2가지 필수 욕구, 즉 내적 소속감과 적절한 외적 접촉이 모두 채워질 때 가장 큰 만족을 느낄 수 있다는 점을 이야기할 겁니다. 나는 이 2가지 욕구를 포괄하여 '깊은 유대'라고 불러요. 인간은 깊은 유대 속에서 서로 보완하고 강화하며 더 의미 있고 확고하게 안착할 수 있음을 살펴보겠습니다.

불안은 외로움 속에서 커지고
안정은 유대감 속에서 커진다

존 카치오포의 연구에서는 다른 사람과 연결되면 만족감뿐 아니라 안정감도 느낄 수 있음이 나타났어요. 같은 맥락에서 우리는 고립되어 있을 때 우울감만 아니라 불안감도 느껴요. 사람이 혼자 있을 때면 수천 년의 진화를 거치며 생긴 몸과 마음의 시스템에서 경고 신호가 울리기 시작합니다. 실제로는 물리적인 위협이 없는데 말이에요. 바로 이런 이유로 외로움을 느끼는 사람은 스트레스 호르몬이 증가하고 혈압이 상승하며 수면의 질이 떨어지곤 해요. 여러 면에서 외로움은 불안과 흡사합니다.

외로움과 함께 몸으로 찾아오는 불편감은 오늘날까지 수천 년 전과 똑같은 목적을 수행합니다. 이러한 느낌은 관계를 갈구하는 본능적 신호예요. 요즘 사람들은 그럴 때 친구에게 전화를 걸거나 약속을 잡거나 집 밖으로 나가 공공장소를 찾아요. 그러나 외로움이 만성이 되어 괴로운 느낌이 쌓이면 역효과가 납니다. 차라리 마음을 닫고 더욱더 고립되고 싶다는 생각이 드는 거예요.

이 일이 일어나는 과정은 다음과 같습니다. 우선 만성적으로 외로움을 느끼기 시작하면 기본적으로 더 많은 상황을 위협으로 인식하게 됩니다. 다시 진화를 떠올려 봅시다. 집단의 일부가 아닌 사람은 안전과 안정을 지킬 책임을 고스란히 홀로 짊어져야 해요. 쉴 새 없이 위험을 살펴야 하고 때로는 잠을 포기해야 하지요. 안타깝게도 항상 위협을 느끼며 자신을 걱정하고 사는 사람은 타인과 공감대를 쌓거나 관계를 맺기가 더 어려워집니다. 그러면 악순환이 시작되면서 전보다 훨씬 더한 외로움이 찾아오지요.

카치오포는 한 연구에서 이 점을 증명하기 위해 대학생들에게 최면을 걸고 외로움을 느끼도록 유도했습니다. 카치오포와 동료들은 참가자들을 각자 인생에서 외로웠던 시점과 든든한 관계 속에 있었던 시점으로 데려가서 그들의 사회성을 테스트했어요. 그 결과 학생들은 외로움을 느낄 때 훨씬 더 낮은 점수를 받았습니다. 가장 외향적인 학생들 또한 결과는 같았어요. 최면을 통해 외로움을 느끼게 된 학생들은 관계를 맺으려 하기보다는 위협의 낌새를 찾으며 몸과 마음으로 주변을 살피기 바빴습니다. 그러나 돈독한 관계 속에 있는 것처럼 느낄 때는 사회성 점수가 크게 올라갔어요.

카치오포는 이런 행동에서 신경학적 연관성을 찾기 위해 기능성 자기 공명 영상fMRI으로 외로운 사람들과 외롭지 않은 사람들의 뇌를 들여다보았습니다. 그 결과 외로움을 느끼는 사람의 뇌는 부정적인 신호와 맞닥뜨릴 때 훨씬 더 빠르게 활성화됐고 중립적인 신호조차 위험으로 인식하는 일이 많았어요. 다시 말해 외로움을 느끼는 사람의 뇌는 끊임없이 위협을 살피고 식별하기 위해 준비하고 있었습니다. 결국 이들은 불안을 내려놓을 새가 없었어요. 그러나 불안한 상태에서는 관계를 맺기가 쉽지 않아요.

다행히 합리적인 근거에 따르면 이 원리는 완전히 상반되는 결과를 유도할 수도 있습니다. 외로움이 외로움 속에서 커지듯 유대감은 유대감 속에서 커져요. 우리는 더 많은 사람을 만나 마음을 터놓고 관계를 맺을 때 사회성과 자신감이 높아지고, 그럴 때 외로움과 위협에서 벗어나 여러 사람과 함께한다고 느껴요. 유대감이 커지면 안정감도 커지지요. 끊임없이 나만 걱정하는 대신 더 많은 사람과 맞닿을 힘을 발휘할 수 있으니까요. 우리는 이렇게 새로운 친구와 연결되고 친구의 친구와 연결됩니다.

지금처럼 영웅적 개인주의가 흔하고 그래서 유행처럼 외로움이 번지기 한참 전부터 고대의 지혜에서는 깊은 유대의 중요성을 인식하고 있었습니다. 4세기의 기독교 사상가 성 아우구스티누스는 《고백록》 8권에서, 자신이 개심한 이유는 더 영적인 삶을 살기 위해서만이 아니라 자신이 필요로 하고 사랑하는 사람들과의 유대 관계에 헌신하기 위해서라고 말했어요. 흔히 사람들은 성 아우구스티누스의 영성을 내면의 힘이나 개인주의와 연결 짓지만, 그는 사람의 자아는 다른 사람과 쌓는 유대 속에서만 강인해진다고 믿었습니다. 그는 항상 이렇게 말하곤 했어요. "친구 없는 내 삶은 행복하지 않다." 성 아우구스티누스는 우정이 있었기에 더욱 의미 있는 삶을 살았습니다. 그는 4세기경에 전한 유명한 설교에서 다음과 같이 말했어요. "건강한 삶과 우정은 세상에 없어서는 안 될 두 가지다."

한편 그보다 앞서 먼 옛날 동양의 불교에서는 '3가지 보배', 즉 '삼보三寶'를 가르쳤습니다. 삶에서 가장 우선시할 3가지 근본을 가리키는 삼보에는 깊은 내적 성찰을 뜻하는 불보佛寶, 영적인 길에서 비롯된 가르침을 뜻하는 법보法寶, 그 길에서 쌓아야 할 유대를 뜻하는 승보僧寶가 있습니다.

불교에서 가장 오래된 기록 중 하나인 팔리어 대장경Pali Canon의 한 구절에서 붓다의 충실한 제자인 아난다는 붓다에게 다가가 이렇게 물었습니다. "세존이시여, 좋은 우정과 동지애, 동료애만 있으면 영적인 삶의 반은 이룬 것 아니겠습니까?"

붓다는 열의를 담아 단호하게 대답했습니다. "아난다야, 그렇지 않단다. 좋은 우정과 동지애, 동료애는 정녕 영적인 삶의 '전부'를 이루는 것이란다."

디지털 기술과 깊은 유대의 딜레마

우리는 이 책 전반에서 디지털 기술이 삶에 침투하는 방식을 거듭 이야기하고 있어요. 디지털 기술에 관해서는 이제 상황을 돌이킬 길이 없어 보이지요. 디지털 기술은 특히 유대와 연결 지을 때 밀

접하게 연관된 2가지 딜레마를 드러냅니다.

첫째, 우리는 디지털 기술을 통해 언제든 '최적화'되고 '생산적'으로 될 힘을 얻습니다(그에 따른 압박도 느끼고요). 그러나 이는 깊은 유대를 쌓는 데 쓸 수 있는 시간과 에너지를 희생한 대가일 때가 많아요. 하버드대학교 정신 의학과 교수 재클린 올즈Jacqueline Olds와 리처드 슈워츠Richard Schwartz는 공저 《외로운 미국인The Lonley American: Drifting Apart in the Twenty-first Century》에서 외로운 사람은 늘고 의미 있는 관계는 줄어든다고 말했습니다. 이들은 점점 더 '생산성과 바쁜 척'에 몰두하는 경향을 그 원인 중 하나로 꼽았어요. 올즈와 슈워츠는 사람들이 시야가 극도로 좁아지고 일에만 매달린 결과 깊이 있는 유대 관계는 눈에 띄게 줄고 사회적 고립 및 그와 관련된 기분 장애는 늘고 있다고 말했어요.

올즈와 슈워츠의 연구를 보면 시인이자 철학자인 데이비드 화이트의 글이 떠오릅니다. 화이트는 누구나 스마트폰을 주머니에 넣고 다니기 전인 2001년에 출간한 저서 《미지의 바다를 건너다 Crossing the Unknown Sea: Work as a Pilgrimage of Identity》에서 일에만 마음을 빼앗겨 유대 관계를 등한시하는 것은 명백히 위험한 일이라고 경고했습니다. "우정의 힘은 그저 언제나 삶에 존재하는 것 정도로 저평가될 때가 많다. 친구가 줄어드는 것은 삶이 큰 문제에 빠졌을 때 제일 먼저 나타나는 증상이다. 일을 너무 많이 할 때, 직업적 정체성을 지나치게 강조할 때, 그리고 완전한 모습으로 살아가다가 가장 평범한 존재들에게서 나타나는 취약성이나 불가피한 자연재

해를 맞닥뜨리면 과연 누가 나와 함께해 줄지를 잊어버릴 때, 곁에는 친구가 줄어든다."

이보다 한참 전인 1897년, 프랑스의 사회학자 에밀 뒤르켐은 사회학의 새로운 지평을 연 저서 《자살론》에서 이렇게 말했습니다. "개인이 사회적 삶에서 자신을 떼어 내지 않고 자신의 목표를 공동체의 목표보다 우선하지 않는 한, 한마디로 개인이 자신의 집단적 성향을 스스로 내치려 하지 않는 한 사회는 해체될 수 없다. 사람은 자신이 속한 집단이 약해질수록 집단에 의지하는 대신 자신에게만 의지하려고 한다. 그리고 자신의 관심사에서 벗어난 행위 규범은 어떤 것도 인정하지 않으려 한다. 개인적 자아가 사회적 자아와 충돌할 때 사회적 자아를 희생시키고 개인적 자아를 주장하는 상태를 일컬어 이기주의라 부르기로 한다면, 우리는 이기주의를 과도한 개인주의에서 비롯된 특수한 종류의 '자살'로 칭해야 할 것이다." 오늘날의 영웅적 개인주의와 그 결과, 그리고 그 대안인 안착의 중요성에 관해 뒤르켐이 어떤 말을 할지는 상상에 맡길 뿐입니다.

둘째, 많은 디지털 기술은 현실을 잠식하며 관계 맺음의 허상을 심어 줍니다. 사람들은 트위터를 하고 SNS에 게시물을 올리고 문자 메시지와 비공개 메시지를 보내고 누군가에게 이메일을 보내는 것이 곧 사람들과 연결되는 길이라고 믿어요. 그게 효율적이라고 생각하지요. 그러나 바람일 뿐이에요. 앞으로 이야기할 것처럼, 디지털 기술을 이용한 관계 맺음은 효과적인 면이 있기는 하지만 현실의 상호 작용에서 나오는 힘을 완전히 대체하지는 못합니다.

많은 사람이 서로 연결된 이 2가지 문제의 포로일 거예요. 온라인 상태를 유지하지 않으면 점점 더 곤란함을 느끼면서 좌불안석이 되는 것은 영웅적 개인주의의 본질이 그렇기 때문입니다. 이제 우리에게는 집에는 물론 주머니 속에도 슈퍼파워를 자랑하는 컴퓨터가 있어요. 그 결과 자나 깨나 일에 매달리게 되고 유대를 쌓을 시간과 에너지는 바닥을 드러내지요. 그럴 때 유대를 쌓는 일은 때로 알아차리지 못할 만큼 교묘하게 뒤로 밀려납니다. 다음은 내 개인적인 예시 몇 가지인데, 그 자체로는 전부 아무 문제가 없지만 습관이 되면 문제가 되는 것들입니다. 그런데 안타깝게도 그런 일은 너무 쉽게 일어나곤 해요(물론 이 예시들은 이런 활동이 안전할 때의 얘기예요. 이 글을 쓰는 지금, 세계 곳곳은 코로나19 팬데믹 속에서 여전히 진통을 앓는 중이니까요. 언젠가 팬데믹은 끝나겠지만, 사람들이 모이는 게 더는 위험하지 않은 때가 오더라도 대면 만남을 꺼리는 관성은 유지될 가능성이 커요. 사람과 사람이 만나는 게 분명 그 어느 때보다 더 중요해지더라도 말이에요).

◆ 운동 친구 없이 혼자 헬스장에 가고 싶을 때가 많다. 같이 운동할 사람이 있으면 기분이 한결 좋다는 건 알지만 혼자 나가면 내 일정에 맞춰 최대한 효율적으로 움직일 수 있으니 방해받지 않고 운동을 더 많이 할 수 있다.

◆ 일할 때 카페로 나가기보다 집에서 움직이지 않기로 하는 때

가 많다. 글 쓰는 리듬이 깨지는 게 싫고 오가는 데 시간을 버리고 싶지 않아서다.

◆ 가까운 친구한테 전화를 걸거나 다른 사람들과 밖으로 나가서 의미 있는 일을 (직접) 할 수 있는데도 그 시간에 SNS에 빠져든다.

SNS는 비교적 최근에 나와서 흔해진 매체라는 점을 생각하면 마지막 예시가 특히 흥미롭습니다. 이 부분을 좀 더 자세히 알아보지요.

가상에서 연결될 것인가 현실에서 연결될 것인가

공정하기로 유명한 여론 조사 기관 겸 싱크 탱크인 퓨리서치센터가 처음으로 SNS 사용 실태를 추적하기 시작한 것은 2005년이었습니다. 그 당시 미국에서 SNS를 활발하게 사용하는 사람은 전체 인구의 5퍼센트 정도였어요. 그 숫자는 2020년에 이르러 70퍼센트에 가까워졌고 대부분 지표상 계속 증가할 것으로 보입니다. 좋든 싫든 SNS는 현대 사회의 중요한 측면으로 자리 잡았어요. 한편 최근 몇 년 사이 SNS에 대한 공격이 유행처럼 일어났습니다. 사람과 사람의 유대를 비롯해 좋은 것들을 모조리 망가뜨렸다는 이유로 말이죠. 그러나 진실은 그렇게 간단하지 않아요. 사회 과학을 연구하며 글을 쓰는 리디아 덴워스Lydia Denworth는 2020년에 출간한 저서 《우정의 과학》에서 SNS와 유대 관계를 다룬 연구들에 관해 이렇게 말했어요. "현재까지는 연구의 결과가 매우 엇갈리고 있다. 과학이란 이름을 달고 이 사람이 말을 보태고 저 사람이 말을 보탠다. SNS 탓에 외로움을 느끼는 사람이 많아졌다는 연구가 나올 때마다 SNS 덕분에 사람 간 접촉이 많아졌다는 연구도 빠지지 않는다."

몇 가지 예를 살펴봅시다. 스탠퍼드대학교에서 SNS 연구실을 운영하는 심리학자 제프 핸콕Jeff Hancock은 방대한 규모의 메타 분석meta analysis(특정 연구 주제에 관한 여러 연구를 하나로 통합하고 종합하는 연구 기법—옮긴이)을 염두에 두고 2006년부터 2018년 사이에 출판된 논문 226건을 하나로 통합했어요. 그랬더니 총 27만 5000여 명의 참가자를 포함하는 거대한 자료가 완성되었지요. 핸콕은 SNS가 사람들이 유대를 쌓고 관계로 연결되는 데 긍정적으로 작용하는지 부정적으로 작용하는지 확실한 답을 찾고 싶었습니다. 그래서 어떤 결과가 나왔을까요? 답은 "이럴 수도 있고 저럴 수도 있다"였어요. SNS에서는 얻는 것이 있는가 하면 잃는 것도 있으니까요. 그러나 SNS가 관계에 미치는 영향은 전반적으로 어느 쪽으로든 그다지 크지 않습니다. "본질적으로 SNS에서는 뿌린 만큼 거둡니다. 적게 투자하면 얻는 것 역시 적을 수밖에요."

핸콕이 연구에서 얻은 결과는 2019년에 논문으로 출간된 또 다른 방대한 연구 프로젝트의 결론과 맥을 같이합니다. 이 연구에서 옥스퍼드대학교의 앤드루 프시빌스키Andrew Przybylski와 에이미 오번 Amy Orben은 청소년 35만여 명에 관한 자료를 살펴본 끝에 SNS는 청소년의 안녕감에 거의 영향을 주지 않는다는 사실을 알아냈습니다. 이들의 논문이 출간될 무렵, 두 사람은 SNS와 청소년 안녕감의 관계는 '감자 섭취eating potatoes'와 안녕감의 관계와 다르지 않다고 지적하여 주류 잡지의 헤드라인을 장식했지요.

그러나 피츠버그대학교의 연구 결과는 사뭇 달랐습니다. 이 연구진은 전 국민을 모집단으로 하는 2000명의 표본 집단을 살펴보고, SNS 사이트 방문 빈도 및 방문당 사용 시간을 기준으로 할 때 사람들은 SNS를 많이 이용할수록 외로움을 크게 느낀다는 사실을 알아냈습니다.

이 책이 출간을 앞둔 지금 시점에 적어도 과학의 측면에서만 보면 SNS는 아직 갓난아기 상태에 가깝습니다. 시간이 가고 더 많은 연구가 진행되면 SNS의 단기적, 장기적 영향을 더 자세히 알 수 있을 거예요. 그러나 지금만 놓고 본다면 여러 연구의 엇갈린 결과들은 SNS에 관해 중요한 사실을 시사한다는 것이 전문가들의 의견입니다. SNS는 직접적인 유대 관계를 늘릴 용도로 사용하면 득이 될 수 있어요. 예컨대 온라인에서 만난 사람을 오프라인에서도 만나고, 관심사가 비슷한 사람들을 찾고, 다른 지역 사람이나 직접 만날 수 없는 사람과 계속 연락을 주고받는 것 등이 그런 경우지요. 그러나 직접적인 유대가 훨씬 더 풍요로운 관계 맺음 형태인데

이를 대신해서 SNS를 이용한다면 오히려 해로울 수 있습니다(다른 사람과 직접 만날 수 없는 경우 역시 디지털 관계가 도움이 되지요. 가령 2020년에 벌어진 코로나19 팬데믹 상황에서는 세계 곳곳에 봉쇄령이 내려져 가족이 아닌 사람과는 한자리에 모일 수가 없었어요. 이런 어려운 시기에는 디지털 수단을 통한 접촉이야말로 우리가 서로 응원하며 유대를 이어 갈 최선책이었지요. 그러나 그럴 때조차 직접 접촉과 흡사한 기술이 더 좋아 보였던 것은 말할 것도 없습니다. 전화 통화가 문자 메시지보다 낫고, 화상 통화가 전화 통화보다 나으며, 사회적 거리 두기를 통한 대면 모임이 화상 통화보다 나았습니다).

지금까지 알려진 바에 의하면 직접 접촉을 대체할 수 있는 것은 없습니다. 연구에 따르면 공감과 연결감, 소속감을 느끼려면 한 공간에서 물리적으로 접촉하는 일이 꼭 필요해요. 어려운 상황을 겪으면서 누군가가 어깨를 토닥여 주고 연민 어린 얼굴로 눈을 맞춰 준 덕분에 위로받은 경험이 있다면 당신도 이 말을 몸으로 겪은 거예요(그토록 많은 사람이 코로나19를 가혹하게 느끼는 이유도 바로 그래서일 겁니다. 그 어느 때보다 체온으로 위로받고 연결되어야 했을 시기였지만 사람이 사람과 함께하는 건 안전하지 않았지요. 바이러스의 확산을 막아야 했기에 우리는 힘든 시기면 가장 본능적으로 하게 되는 그 일, 누군가의 어깨를 어루만져 주는 일을 할 수 없었습니다).

카치오포는 이렇게 말했습니다. "디지털 접촉 방식은 중간 '기착지way station'로 사용하면 외로움을 줄일 수 있다(주로 어린 친구들이 그렇다. 이들은 만날 장소를 정할 때 페이스북을 쓴다). 그러나 흔치는 않지만 SNS를 '종착지destination'로 사용하는 경우가 있다. 이런 모습은 역설적으로 외로운 사람들에게서 많이 나타난다. 이들은 세상에 있는 것이 너무 힘들어서 세상과 멀어지려고 하는 한편으로 진짜가 아닌 자아를 내세워 디지털로 소통한다. 그럴 때 오히려 세상에 받아들여지는 듯한 느낌을 받는다. 그러나 실제로 외로움의 무게를 덜 수 있는 것은 아니다."

여기서 언급한 연구에 관해 또 한 가지 유의할 점은 이 연구에서는 SNS가 유대를 쌓는 데 끼치는 영향만을 다뤘다는 점이에요. SNS가 음모론과 가짜 뉴스를 퍼뜨림으로써 민주주의에 파괴적인 영향을 미치는 모습은 점점 더 크게 눈에 띄는 추세입니다. SNS가 특히 익명으로 생각을 나누고(최선의 상황) 남을 공격할(최악의 상황이지만 안타깝게도 이런 상황이 훨씬 더 자주 일어나지요) 용도로 사용되면 정치적 부족주의를 확산시킬 수 있다는 것 또한 자주 목격됩니다. 이런 상황에서는 의견이 다른 사람들이 현실에서 깊이 있게 생각을 나누도록 유도할 기착지로 SNS가 쓰였더라면 더 좋았을 거예요. 그것만이 아닙니다. 끊임없이 나를 남과 비교하고, 리트윗과 좋아요, 댓글 등을 통해 남에게 인정받고 싶어 하며, 온갖 새로운 소식을 따라잡을 용도로 SNS를 이용하고 있다면 지속적인 만족감과 안녕감을 얻을 수 없어요. SNS를 내려놓지 못하는 것 역시 문제가 됩니다. 예컨대 연구에 따르면 부모가 핸드폰에서 눈을 떼지 못하면 아이는 부모와 유대를 맺지 못한다고 해요. 다른 사람을 만날 때도 마찬가지지요. 나이와 관계없이 누가 앞에 있든지 핸드폰만 보고 있다면, 그렇게 이뤄지는 소통은 현저히 질이 떨어지기 마련이니까요.

SNS가 본질적으로 나쁜 것은 아닙니다. 하지만 그 함정을 이해하고 매우 주의해서 수단으로만 이용해야 해요. 최근 들어 거대한 온라인 인맥을 꾸리고 페이스북과 트위터, 인스타그램, 링크드인, 틱톡 같은 플랫폼에서 어마어마한 숫자의 친구와 팔로워, 좋아요를 자랑하는 사람이 많아요. 이들은 영웅적 개인주의의 등불이 되어 항상 열 일 제치고 필사적으로 모이려 하죠. 그러나 보통은 이들이야말로 현실의 깊은 유대를 간절히 바라는 사람들이에요. 앞서 언급한 많은 것이 전부 그 이유일 거예요. 가령 온라인 인맥에 너무 많은 시간과 에너지를 쓴 나머지 현실의 인맥에 쓸 시간과 에너지는 없다든지, 물리적인 접촉과 유대감이 부족하다든지, 분노에 차서 토론 공방을 벌이고 새로운 글을 찾아 읽느라 몇 시간이 부족하다든지 하면 정작 현실의 관계들은 놓치고 있을 가능성이 큽니다. "내 존재가 받아들여질 곳이 온라인 속 가상 공간뿐이라면 다른 사람과 정말로 연결됐다는 느낌은 받기 어려울 겁니다." 카치오포의 말입니다.

SNS가 세상에 나오고 카치오포가 그 해악을 연구하기 수십 년 전인 1955년, 에리히 프롬은 저서 《건전한 사회》에서 '마케팅 지향성marketing orientation'을 기르는 것을 반대하며 다음과 같이 경고했습니다. "사람이 자신의 몸과 마음, 영혼을 자본으로 여기면 그 사람이 생에서 이뤄야 할 과업은 그 자본을 알맞게 투자해서 자신을 위해 이익을 창출하는 것이 된다. 그러면 우정과 예의, 친절 같은 인간으로서의 덕목은 사람이 곧 상품인 시장에서 더 비싼 값에 팔려야 할 제품이자 '인성 패키지personality package'라고 이름한 자산으로 변질되어 버린다. 이때 투자에 실패해서 이익을 창출하지 못한 사람은 자신을 실패작으로 느끼고, 투자에 성공한 사람은 자신을 성공작으로 느낀다." 마케팅 지향성은 분명 외롭고 우울하게 들리는 말입니다. 그러나 이제 SNS의 가장 해로운 면면에 힘입어 그 어느 때보다 많은 사람이 인터넷 스타의 반열에 오르고 싶은 욕심에 영혼을 팔아요. 그래서 얻는 건 무엇일까요?

명심하세요. 인간은 7만여 년의 세월 동안 가상이 아닌 현실에서 연결되고 소속감을 느끼도록 진화했습니다. 그래서인지 적어도 내가 아는 선에서는 동네 사람들과 돈독한 관계를 맺고 동네에서 유명인이 되는 편이, 인터넷에서 유명인이 되는 것보다 훨씬 더 만족스러운 것 같아요. 게다가 동네 스타가 되는 것 역시 인터넷 스타가 되는 것만큼 중독성이 강하지요.

나를 둘러싼 사람들이
나를 만든다

이번 장을 시작하며 이야기한 거대한 삼나무들처럼 우리는 무리 속에 안착할 때 무리와 단단하게 연결됩니다. 연구에 따르면 사람은 다른 사람이 고통스러워하는 모습을 볼 때 직접 그 일을 겪지 않더라도 어느 정도 고통을 느낄 가능성이 있어요. 가령 책장에 발가락을 부딪힌 친구를 보거나 눅눅한 길모퉁이에 앉아 있는 노숙자를 보거나 어두운 얼굴로 병원 대기실에 앉아 있는 이름 모를 사람을 보면 그들이 느끼는 고통을 경험하게 되지요. 미국 심리학 협회The Association for Psychological Science, APS에서는 이를 '고통 공감I feel your pain' 효과라고 부릅니다. 고통 공감은 대부분의 사람이 이따금 경험하는 상태로, 고통을 겪는 사람과 관계가 가까울수록 강도가 세져요. 고통 공감 또한 진화에서 비롯된 인간의 본성이지요. 우리는 같은 집단 안에서 도움이 필요한 사람을 볼 때 고통 공감의 영향으로 그 사람을 돕고자 하는 마음이 생깁니다.

네덜란드의 신경 과학자 크리스티안 케이서스Christian Keysers는 미국 심리학 협회에 기고한 글에서 이렇게 말했어요. "몇십 년 전 과학자들은 사람이 타인에게 일어나는 일을 지켜볼 때 시각 피질만 활성화된다고 생각했다. 그러나 실제로 그런 상황이 되면 우리는 그 사람과 비슷한 행동을 하듯 행동과 감정, 감각까지 활성화된다. 마치 그 사람과 똑같은 감정과 감각을 가진 것처럼."

전염되는 감정은 고통만이 아닙니다. 예일대학교 연구진은 매사추세츠 프레이밍햄의 작은 마을에 거주하는 약 5000명을 30년 이상 긴밀히 추적 관찰한 적이 있습니다. 연구진은 마을 사람 하나가 행복해하거나 슬퍼하면 그 감정이 온 마을로 퍼진다는 걸 알게 됐어요. 감정은 가상의 공간에서도 전염성을 띱니다. 제목마저

〈내가 슬프면 당신도 슬프다I'm Sad You're Sad〉였던 한 논문에 따르면, 부정적인 감정을 느끼는 상태에서 연인에게 문자 메시지를 보내면 연인도 그 감정에 전염되어 기분이 가라앉을 확률이 높았어요. 미국《국립과학원회보Proceedings of the National Academy of Sciences》에 실린 한 논문에서는 페이스북 게시물 역시 같은 효과가 있다고 말합니다. 행복, 슬픔, 분노 같은 감정은 페이스북에서조차 들불처럼 퍼지는 거예요(정말로 그런지 확인해 보라는 말은 아닙니다).

학술지《동기와감정Motivation and Emotion》에 실린 또 다른 논문에 의하면 동기처럼 겉으로 드러나지 않는 감정도 전염이 됩니다. 예컨대 내적 동기를 바탕으로 일하는 사람들과 같은 공간에서 일하는 사람은 업무 태도가 좋아져요. 그러나 업무에 그다지 흥미가 없는 사람들과 같은 공간에서 일하는 사람은 오히려 동기가 떨어지지요. 한편 노스웨스턴대학교의 2017년 연구에 따르면 업무 성과가 좋은 직원과 7.6미터 미만의 거리에 자리를 배정받은 직원은 성과가 15퍼센트 상승했습니다. 그러나 업무 성과가 좋지 않은 직원과 7.6미터 미만의 거리에 자리를 배정받은 직원은 성과가 30퍼센트 하락했어요. 정말 충격적이지요?

셜레인 플래너건Shalane Flanagan은 나와 가까운 친구이자 미국 역사상 가장 뛰어난 마라톤 선수(우리가 워낙 친한 사이라 편견이 작용했을 수 있지만 이 말은 숫자로 증명할 수 있습니다. 플래너건은 4차례 올림픽 대표팀에 선발됐고 2008년 올림픽에서 은메달을 땄습니다. 2017년에는 뉴욕시 마라톤 대회에서 우승했는데 미국 여성으로서는 40년 만에 이룬 쾌거였지요)입니다. 그는 깊은 유대가 성과에 강력한 영향을 미친다는 사실을 잘 아는 사람이에요. 플래너건은 단독 훈련 대신 그룹 훈련을 한 뒤 기량이 놀랍도록 올라가기 시작했어요. 그룹에 있던 11명의 다른 여자 선수도 마찬가지였지요. 플래너건은 총 11명의 트레이닝 파트너를 거쳤는데 그 한 명 한 명이 모두 그녀와 훈련하던 시기에 올림픽 출전권을 따냈습니다. 정말 놀라운 성과였어요. 린제이 크루즈Lindsay Crouse는 《뉴욕타임스》에 쓴 글에서 이를 다음과 같이 정의했습니다. "셜레인 플래너건 효과: 놀라운 추진력으로 함께하는 사람들의 역량을 끌어올리면서 자신도 앞으로 나아가는 것."

플래너건과 동료들은 마라톤 실력만이 아니라 마음 상태까지 좋아졌어요. 미국의 엘리트 마라톤 선수 에밀리 인펠드Emily Infeld는 《타임스》와의 인터뷰에서, 대학을 졸업한 직후에 피로 골절로 너무 힘들었던 나머지 2014년에는 운동을 그만둘 생각을 한 적이 있다고 말했습니다. 그런데 그해 12월에 플래너건이 그녀를 한쪽으로 데려가 와인을 따라 주며 말 상대가 되어 주었다고 해요. "너무 힘든 시기였어요. 울면서 플래너건 선수한테 말했죠. '못 하겠어요. 몸이 따라 주지 않아요.'" 인펠드는 그 당시 상황을 다음과 같이 털어놓았습니다. "그런데 플래너건 선수는 제 마음을 완전히 바꿔 놓았어요. 정말 어려운 상황인 건 맞지만 제가 더 잘할 수 있단 걸 믿는다더군요. 그 뒤로 저는 정말로 나아졌어요. 플래너건 선수는 같이 훈련하면서 저에게 책임을 줬어요. 전 마라톤 선수로서 전혀 다른 길을 걷게 되었죠." 몇 달이 지난 2015년 8월, 인펠드는 세계 육상 선수권 대회 1000미터 경기에서 메달을 땄습니다.

플래너건 또한 다른 선수들만큼 셜레인 플래너건 효과 덕분에 많은 것을 얻었어요. 플래너건은 나에게 이렇게 말했습니다. "마라톤은 냉혹한 개인 종목이에요. 그렇더라도 선수들 속에 있을 때 안착감이 생긴다는 걸 깨달았어요. 1등을 하면서 외로움을 느낀다면 그건 무언가 잘못하고 있다는 뜻이에요. 성과가 좋은 사람들은 다른 사람을 끌어올리는 일에도 집중하는 법이죠. 그런 사람들은 기량이 올라갈수록 다른 사람을 포용해서 무리를 만들어요." 플래너건은 2019년 말 프로 선수 생활에서 은퇴했습니다. 그러나 당연하다는 듯 곧바로 코치로서 스포츠계에 남을 것이라는 소식을 알렸지요. 그녀가 이 일을 결정하는 과정에서 우리는 자주 이야기를 나눴어요. 플래너건은 이렇게 말했어요. "전부 제 사람들인걸요. 이 선수들은 제 삶에서 정말 의미 있는 사람들이에요. 지금 이 일 아닌 다른 일을 한다는 건 상상이 안 돼요."

셜레인 플래너건처럼 높은 성취감을 느끼며 최고의 성과를 내는 사람들의 경험과 그것을 뒷받침하는 과학은 모두 한 가지 근본 진리로 귀결됩니다. 우리는 서로를 비추는 거울이라는 거예요. 우리가 주변에 둔 사람들이 우리를 만들고, 우리는 그들을 만들어요. 이 중요한 사실은 행동으로 옮길 수 있습니다.

처음에는 존경하고 본받고 싶은 사람과 어울리는 편이 현명해요. 동기, 감정, 가치처럼 전염되듯 퍼지는 것들은 외워서 익혀지지 않으니까요. 대신 감정은 쉽게 확산된다는 사실을 깨달으면 나를 바꿀 수 있고 나아가 주변 사람들도 바꿀 수 있습니다. 예를 들어 문자 메시지를 받고 갑자기 슬픈 마음이 들거나 SNS 게시물을 읽고 분노가 치민다면 곧바로 반응하는 대신 잠시 멈추고 의식적으로 대처해 보세요. 슬픔은 슬픔이 아닌 연민과 응원으로 마주할 수 있고 분노는 분노가 아닌 이해로 마주할 수 있습니다(사람들이 충분히 많이 쓰는 전략은 아니지만, 분노는 그냥 무시할 수도 있습니다). 반대도 역시 마찬가지예요. 기분이 좋을 때는 그 감정을 더 쉽게 퍼뜨리게 됩니다. 이때는 굳이 애쓰지 않아도 자연스럽게 감정의 전이가 일어나는 것 같아요.

이러한 통찰은 아주 오래전부터 존재해 왔습니다. 나는 10여 년 전 히말라야 쿰부에서 산에 올랐다가 인드라라는 이름의 네팔인 셰르파에게 곳곳에 보이던 기도 깃발에 관해 물어본 적이 있어요. 인드라는 이렇게 답했습니다. "간단해요. 거센 감정이 올라오면 깃발을 거는 겁니다. 태곳적부터 우리 티베트 불교에서는 바람이 깃발에 담긴 감정의 에너지를 흩어 보내고 우주가 그걸 받아 주리라는 믿음이 있었답니다."

의미 있는 집단에 참여하기

외로움에 대처하고 유대를 쌓는 것에 관하여 카치오포가 말하는 가장 중요한 원리 중 하나는 공동체를 찾으라는 것입니다. 사람은 자신과 비슷하고 관심사와 활동, 가치관이 같은 사람을 좋아해요. 또한 여러 사람과 섞이면 일대일로 사람을 만날 때보다 부담이 덜하지요. 인터넷으로 얻을 수 있는 장점 중 하나는 의미 있는 집단을 찾아 합류하기가 그 어느 때보다 쉬워졌다는 거예요. 게다가 그런 집단들은 실제로 대면해서 소통하는 경우가 많지요. 다음은 그점이 잘 나타나는 몇 가지 예시입니다.

자원봉사

사람들은 타인을 위해 무언가를 할 때 더 쉽게 두려움과 불안을 극복하고 관계를 맺습니다. 다른 사람을 도울 때는 보통 뇌에서 자아$_{ego}$, 즉 '나'를 보호하기 위해 제동을 거는 부분이 이완되면서 건설적인 위험을 감수하고 자기 의심을 돌파할 힘이 생겨요. UCLA 심리학 교수 셸리 테일러$_{Shelley\ Taylor}$의 연구에 따르면, 사람이 주관적인 고통을 경험하는 데 대처하는 방식은 투쟁-도피 반응$_{fight-or-flight}$만이 아닙니다. 테일러는 그럴 때 우리에게서는 돌봄-친교 반응$_{tend-and-befriend}$ 역시 나타날 수 있다고 했어요. 테일러는 저서 《보살핌》에서 이렇게 말했습니다. "타인을 보살피는 일은 먹을 것을 찾고 잠을 자는 것처럼 자연스러운 일로 생물학적인 근거를 지니며 그 뿌리는 인간의 사회적 본성에 있다." 우리는 다른 사람을 보살필 때 주변 사람들과 친구가 되지요.

자발적 봉사는 함께 봉사하는 사람들과 봉사의 대상이 되는 사람뿐 아니라 나에게까지 도움이 됩니다. 연구에 따르면 우리는 봉사할 때 심신이 건강해지고 수명이 길어지는 이점을 얻는다고 해요. 무엇이 어떻게 이런 긍정적인 효과를 만들어 내는지 정확하게 짚어 내기는 어렵지만 공동체에 참여하고 관계를 맺는 것은 삶의 여러 부분에 힘을 실어 준다는 점이 원인으로 작용할 가능성이 큽니다. 봉사는 은퇴를 앞두고 있거나 은퇴한 지 얼마 안 된 사람에게 특히 힘이 될 수 있어요. 삶이 이 단계에 접어든 사람은 자기 정체성의 핵심과 업무 현장의 유대감을 잃고 시간을 어떻게 쓸지 막막해하지요. 봉사는 이렇게 벌어진 틈을 채우는 데 도움이 됩니다. 미국 은퇴자 협회는 그런 이유로 '선한 영향력 만들기Create the Good' 프로그램에 투자하고, 이 프로그램을 통해 막 은퇴한 사람들을 지역 사회 봉사 기관과 연계하고 있습니다.

종교 기반 공동체

현재 미국에서는 종교 조직이 줄어드는 추세입니다. 특히 젊은 층에서 그런 현상이 더욱 두드러져요. 유타주에서 발행되는 신문

《데저렛뉴스Deseret News》에서 실시한 '2018년도 가정 실태 조사The 2018 American Family Survey'에 따르면 미국의 밀레니얼 세대와 X세대에게 가장 일반적인 종교는 '무교'라고 합니다. 종교가 없다는 사실 자체는 문제가 아니에요. 그러나 지난 수 세기 동안 종교는 공동체를 움직이는 원동력으로 작용했으며 다른 무엇도 종교의 빈자리를 적절히 대체하지 못했어요. 2016년 《미국내과학회지JAMA Internal Medicine》에는 7만 5000명의 여성을 10년간 추적 관찰한 결과를 다룬 논문이 게재되었습니다. 이 논문에 따르면 연구 기간 중 일주일에 한 번 이상 종교 예배에 참석한 사람들은 종교 모임에 정기적으로 참석하지 않는 비슷한 연령대 사람들보다 사망 위험이 33퍼센트 낮았어요. 2017년 의학지 《플로스원PLOS One》에 실린 논문에서는 5550명의 성인을 18년 동안 추적 관찰한 결과 지역 사회의 종교 예배에 정기적으로 참석하는 사람들은 그렇지 않은 사람들보다 사망률이 55퍼센트 낮았다고 합니다. 이 논문의 저자들은 예배의 집단적 특성이 건강과 수명에 매우 긍정적인 영향을 미친 것으로 추정해요. 이들은 여러 종교 예배를 깊이 살펴보고 이런 결론을 내린 것이었습니다. 즉, 사람을 구원하는 것은 특정 믿음이나 신이 아니었어요. 그보다는 공동체 안에서 함께하는 나와 우리가 서로를 구원한다고 보는 편이 옳을 거예요. 붓다가 충실한 제자 아난다에게 한 말을 떠올려 봅시다. "좋은 우정과 동지애, 동료애는 정녕 영적인 삶의 절반이 아닌 전부"를 이룬다잖아요. 맞아요, 붓다가 옳았습니다.

또 다른 연구에서는 사람의 뇌가 노래, 구호, 춤처럼 각기 다른 사람들을 하나로 뭉치게 할 때 쓰이는 '말 아닌 표현 방식'에 감동하도록 진화했음이 드러났습니다. 펜실베이니아대학교에서 신경과학을 가르치는 피터 스털링Peter Sterling 교수는 이러한 표현 방식들을 일컬어 '신성한 행위sacred practices'라고 불러요. 그는 이렇게 말했습니다. "모두가 협력해야 하는 환경에서 살아가도록 설계된 종은 대인 관계 속에서 온갖 갈등을 겪습니다. 탐욕, 편집증 등 이름을 대자면 끝이 없지요! 그래서 이런 종들은 심리적 긴장을 해소하고 사회적 결속을 유지할 태생적 행동 양식이 따로 있어야 합니다. 그런 행동 양식을 통틀어 '신성한 행위'라고 지칭할 수 있겠죠. '신성'하다는 것은 평범한 언어로는 표현할 수 없는 것, 즉 '말로 나타낼 수 없는 것에 대한 경외'를 뜻합니다." 진화는 종의 생존에 핵심적인 역할을 하는 특성만을 선택한다는 점에서 (스털링이 신성한 것으로 지칭한) 영적 행위를 통해 유대를 쌓을 줄 안다는 것은 인간에게 정말 중요한 자질입니다.

종교 기반 공동체에 들어가고 싶은 생각이 고개를 든다면 어떤 배경에서 성장했든지 주저하지 말고 발을 들여 보기 바랍니다. 가치관이 비슷한 사람들을 만나 볼 좋은 기회가 될 거예요. 또한 예전에 내가 그랬듯 스스로 과학적이고 합리적인 사람이라 영적인 것은 들일 자리가 없다고 생각한다면 부디 이 책을 읽고 영적인 지혜와 과학이 적대적인 관계일 필요는 없음을 알아차리기 바랍니다. 사실 영적인 것과 과학적인 것은 서로 보완하는 관계예요. 그리고 기억하세요. 종교는 단순하고 아름다운 것이 될 수 있어요. 경이로운 일상이 펼쳐지는 드넓은 우주, 그 공간을 경외하며 친구들과 모여 석양을 바라보는 것만큼 종교는 간단하고 기분 좋은 것일 수 있답니다. 여기에 교리가 있어야만 하는 건 아니에요.

지지 집단

정신 건강부터 공부, 운동, 육아까지 인터넷을 사용하면 어떤 주제로든 사람들이 함께하는 지지 집단support group을 검색하고 찾을 수 있습니다. 앞 장에서 이야기했듯 연구에 따르면 사람들은 취약성이 있을 때 서로 더 단단하게 연결되지요. 지지 집단의 일원이 되면 보여 주기 위한 앞무대 자아를 좀 더 편안하게 내려놓고 진솔한 모습을 드러낼 수 있어요. 지지 집단에서는 각자가 그곳을 찾게 된 이유를 서로 이해할 수 있기 때문이에요. 그 '이유'가 무엇인지는 관계없어요.

지지 집단은 공동체를 이루는 훌륭한 바탕인 동시에 난관을 극복하고 목표를 달성할 발판이 됩니다. 공동체 안에서는 동기만이 아니라 책임감 역시 강화되니까요. 다른 사람이나 그룹을 상대로 한 약속은 지킬 가능성이 커지기 때문이에요. 예컨대 운동 그룹이나 불안 장애 또는 알코올 중독 치료 그룹에서 모든 사람이 모였는데 나만 빠졌다고 해 봅시다. 분명 마음이 좋지 않을 거예요. 그래서 지지 집단에 들어가면 생각을 실행할 확률이 높아져요. 한편 공동체의 장점이 더 확실하게 나타나는 것은 실행에 실패했을 때입니다. 실패 자체는 당황스럽고 수치스러울 수 있지만 그럴 때 그룹의 누군가는 등을 토닥여 주고 애정을 보여 줄 거예요. 그 안에 있는 모든 사람이 같은 어려움을 겪고 있고 그것이 얼마나 어려운지를 아는 까닭이지요. 다시 말하지만, 지지 집단에서는 다들 이해합니다. 여기서는 모두 함께 취약성을 안은 채 각자 비슷한 듯 다른 사연을 겪는 중이거든요.

지지 집단에서는 그야말로 전방위적인 도움을 받을 수 있습니다. 그룹은 개인이 무너지지 않도록 지켜 주고 만일 무너진다 해도 다시 일으켜 줍니다. 약물 남용이나 중독으로 힘들어하는 사람들을 대상으로 한 지지 집단이 큰 효과를 내는 것은 그런 이유 때문이에요. 혼자 가는 것이 함께 가는 것보다 좋은 경우는 많지 않아요.

나만의 살롱

계몽 시대의 예술가, 철학자, 시인, 과학자들은 정기적으로 '살롱'에 모였습니다. 살롱은 특정 주제에 초점을 둔 소규모 사적 모임을 일컫는 말이었어요. 그 후 살롱은 인기를 잃었지만 지금 다시 살롱 같은 모임을 시도하지 않을 이유는 없습니다. 관심사가 비슷하고 한 달에 한 번 정도 정기적으로 모이는 데 동의하는 사람들을 모으기만 하면 되는 간단한 일이니까요. 어떤 식이든 좋습니다. 책이나 신문, 잡지를 읽는 형태, 같은 계통에서 일하는 사람들이 각자의 결과물에 대해 논하는 형태도 좋을 거예요.

(실천 2)

관계의 양보다 질이 중요하다

고대 그리스의 철학자 아리스토텔레스는 2000여 년 전에 쓴 역작 《니코마코스 윤리학》에서 3가지 우정을 아래의 내용으로 정리했습니다.

1. **이익을 위한 우정**: 우정으로 인해 한쪽 또는 양쪽이 모두 얻는 것이 있을 때 생기는 관계. 현대의 네트워크 마케팅과 유사한 구조로, 주로 나에게 도움이 될 것 같아서 이어지는 경우.
2. **즐거움을 위한 우정**: 즐거운 경험을 중심으로 이뤄지는 관계. 재밌고 가벼운 시간을 함께 보낼 목적으로 이어지는 경우.
3. **가치를 위한 우정**: 같은 가치관을 공유하는 사람과 맺는 관계. 존경하는 사람, 삶에서 내가 가장 중요하게 여기는 것들을 중심으로 이어지는 경우.

흥미로운 점은 지금보다 수 세기 전에 살았던 아리스토텔레스가 '젊은 시절 또는 인생의 한창때를 보내는 많은 사람'이 이익에 집착하여 친구를 찾지만 만족감을 느끼는 일은 많지 않음을 지적

했다는 사실이에요. 대학 캠퍼스나 기업의 업무 현장에 조금만 있어 보면 지금까지도 그 점은 변함없음을 쉽게 알 수 있을 겁니다.

마찬가지로 아리스토텔레스는 이렇게 썼어요. "이익을 염두에 두고 사랑하는 사람은 이익 때문에 사랑을 하고, 즐거움을 보고 사랑하는 사람은 즐거움 때문에 사랑을 한다." 그러나 아리스토텔레스는 사람들이 이익과 즐거움으로 생각하는 것들은 "고정되어 있지 않고 항상 변한다"라고 말했습니다. "우정의 이유가 사라지면 우정도 무너진다"라는 의미예요. 아리스토텔레스는 요즘 말하는 '출세주의자'나 '기회주의자'를 생각하며 이 말을 한 것 같아요. 의미 있는 한 집단에 정착하지 않고 이쪽저쪽을 떠도는 사람 말이에요.

아리스토텔레스가 말한 3가지 우정은 모두 상황에 따라 유용할 수 있어요. 그러나 가치에 기반한 우정, 즉 가치관을 공유함으로써 맺어진 우정만이 오래도록 유지되며 진정한 의미를 띱니다. 아리스토텔레스는 또 이렇게 적었어요. "완벽한 우정이란 가치관이 비슷한 사람들 사이의 우정을 말한다. 이들은 어떤 상황에서든지 서로 안녕을 빌어 준다. 그러므로 이런 우정은 그것만으로도 충분하다." 가치에 기반한 관계를 얻으려면 노력이 필요합니다. 이런 관계는 쉽게 만들어지지 않아요. 아리스토텔레스는 "진정한 우정은 소수의 사람들에게만 느낄 수 있다"라고 말했어요. 그러나 진정한 우정은 큰 만족감을 낳습니다. 비슷한 영혼을 가진 사람과 유대를 쌓고 깊이 있게 연결되는 것은 흔치 않은 축복이에요.

우정에 관하여 아리스토텔레스가 제시한 틀은 선견지명을 드러내는 데 그치지 않고 실용적인 도구로까지 쓰일 수 있습니다. 내 주변 관계들은 어떤 범주에 들어가는지 자문해 봅시다. 이익과 즐거움을 위한 관계가 일부 또는 대부분이더라도 괜찮아요. 그러나 이러한 우정은 가치를 공유하는 것을 바탕으로 한 궁극적인 우정과 목적이 다르며 수명이 길지 않다는 사실을 인지해야 해요. 가치에 근거한 우정은 하루아침에 만들어지지 않으며 엄청난 노력을 들여야 유지할 수 있어요. 아리스토텔레스는 "우정은 대화가 부족할 때 깨지는 경우가 많다"라고 했어요. 그러나 이러한 우정은 일반적으로 들인 노력에 비할 수 없을 만큼 큰 선물을 가져다주지요.

온라인 관계에도 역시 아리스토텔레스가 제시한 틀을 적용하면 좋습니다. 가상의 관계망에서 감정이 확산되는 방식에 관해 앞서 이야기한 내용을 생각하면 이 틀은 특히 유용하게 쓰일 수 있어요. 방법은 단순하고 간단합니다. 나에게 자주 짜증과 분노, 분쟁을 일으키는 사람에 대해서는 지체하지 말고 '언팔', 친구 끊기, 뮤트mute 버튼을 누르고 그 사람이 보낸 이메일과 메시지는 스팸으로 등록하고 차단하세요. 그리고 그렇게 하는 것에 대해 미안해하지 말아요.

고대의 지혜로써 현대에 우리가 처한 상황에 대해 이런 조언을 던진 사람은 아리스토텔레스만이 아닙니다. 스토아학파의 철학자 에픽테토스는 약 2000년 전에 좋지 못한 사람과 어울리는 것에 관해 다음과 같이 경고했어요. "먼지를 뒤집어쓴 사람과 어울리면서 티끌 하나 묻히지 않기는 힘들다." 붓다는 그보다 500년 앞서 깨달음으로 가는 숭고한 길에 놓인 8가지 원리 중 하나로 '정어正語'를 꼽았습니다. 정어에 따르면 남을 헐뜯고 미워하는 대화나 무례하고 신중하지 못한 대화는 삼가야 해요. 이 원리는 사람들이 모이는 현실의 공간뿐 아니라 가상의 공간에도 적용할 수 있습니다.

(실천 3)

허심탄회한 자문단 꾸리기

에드 캣멀Ed Catmull은 픽사 애니메이션 스튜디오 공동 창립자로 픽사를 애니메이션의 강자로 부상하게 했고 2006년에는 마침내 월트디즈니사에 합병되게 한 장본인입니다. 그는 2019년 일선에서 물러났지만 창작 산업을 통틀어 가장 성공한 리더 중 한 명으로 손꼽혀요. 캣멀은 픽사의 성공 열쇠로 '자문단braintrust'을 꾸린 것을 꼽습니다. 그가 말하는 자문단이란, 나와 정기적으로 만나서 문제를 파악하도록 도와주고 내가 하는 일에 관해 솔직한 피드백을 주는 사람들을 말해요. 캣멀은 회고록 《창의성을 지휘하라》에서 자문단은 "대단히 유익하고 효율적"이었다며 이렇게 말했습니다. "자문단이 처음부터 건설적인 피드백을 내놓자 나는 놀라지 않을 수 없었다. 참석자들은 모두 잿밥 따위는 안중에 없이 당장 눈앞에 놓인 우리의 애니메이션에만 집중했다. 모두 서로를 동료로 여겼다."

자문단은 누구에게나 도움이 될 수 있습니다. 회사를 차리든 마라톤 훈련을 하든 육아를 하든, 막중한 일에 깊이 몰두할수록 상황을 객관적으로 평가하기는 어려워져요. 비슷한 상황에 놓인 친구에게 조언한다고 상상하는 것(1장 '자신과 거리 두기' 참조) 역시 도움이 되지만 믿을 만한 친구에게 실제로 조언을 받는다면 훨씬 큰 힘이 되지요. "창의적이고 복잡한 프로젝트를 진행하다 보면 길을 잃은 듯한 때가 온다. 이것은 자연스러운 현상이다. 결과를 만들어 내려면 한동안 프로젝트를 내면화하며 프로젝트 그 자체가 되어야 할 때가 있기 때문이다." 캣멀은 이렇게 조언합니다. 열심히 공들여 일하는 것은 좋지만 그렇게 하면 놓치는 부분이 생길 수 있어요. 그런데 자문단이 있으면 내가 미처 파악하지 못한 점을 파악하여 심각한 문제로 번지는 것을 막을 수 있습니다.

조직에서는 사다리 상층부로 올라갈수록 자문단을 꾸리는 것이 중요해져요. 조직의 머리와 가까워지는 것은 외로운 일이고 그래서 함께 일하며 나를 응원해 줄 사람이 곁에 있어야 합니다. 한편 더 중요한 것은 허심탄회한 피드백을 받는 거예요. 조직의 사다리 하층부에 있는 사람들은 실제로든 생각일 뿐이든 리더를 화나게 할 것이 두려워 문제를 제기하거나 부정적인 피드백을 말하시못하고 주저할 때가 많습니다. 리더의 주변에서 가장 중요한 사람은 편안하게 반대 의견을 말하며 리더를 어렵게 만들고 터지기 전에 문제를 짚어 주는 사람이에요.

캣멀은 자문단을 꾸리는 데 지침이 될 몇 가지 원리를 제시했습니다. 이 원리들은 일의 영역이나 개인적인 영역에 모두 적용될 수 있어요.

- ◆ 신뢰할 만한 사람들만 포함한다. 내가 신뢰하는 사람이어야 내가 듣고 싶지 않은 것을 말할 상황에서조차 나에게 완전히 정직할 수 있다. 그럴 때일수록 신뢰하는 사람이 필요하다.
- ◆ 해결 방안에 집중하는 사람들을 포함한다. 목표는 문제를 지적하는 것만이 아니라 해결 방안을 찾아 가능한 방향으로 나아가는 것이다.
- ◆ 경험 있는 사람들을 포함한다. 내가 지금 겪는 일을 이전에 겪어 본 사람을 주변에 둔다. 경험에서 정보가 나오고, 또 그만큼이나 중요한 공감이 나온다.

마무리

틱낫한 스님은 우리 한 명 한 명이 하나하나의 물결과 같다고 말했습니다. 물결이 되어 흐르며 솟구쳐 오르고 아래를 향해 떨어지는 동안은 순간의 경험만 생각하기가 쉽지만, 중요한 것은 물결이 어디서 시작됐고 어디로 돌아가며 결국 물결이란 무엇인지를 기억하는 거예요. 물결은 곧 물입니다. 최적화, 생산성, 효율성에 열중하며 개인적인 상승과 하락에 골몰할 때 사람들은 자신이 어디서 왔는지를 등한시하지요. 그 결과 어느새 외로움과 고통을 느끼게 됩니다. 물이 없으면 물결은 말 그대로 사라져요. 사회적으로 연결되어 소속감을 느끼면, 즉 깊은 유대를 경험하면 몸과 마음의 건강부터 성과, 삶에 대한 만족, 성취에 이르는 모든 면이 달라지지요. 사람은 공동체의 일원이 되도록 진화했습니다. 우리가 부침浮沈을 거듭하는 동안 우리를 붙잡아 주는 것은 바로 유대예요. 유대를 등한시하면 큰 대가가 따릅니다.

안착의 다른 원리들과 마찬가지로 깊은 유대 역시 끊임없이 연습해야 할 원리예요. 만들고 유지하려면 시간과 노력이 들어요. 수용, 집중, 인내, 그리고 특히 취약성은 깊은 유대를 쌓고 유지하는 발판이 됩니다. 그런 뒤 깊은 유대는 다른 원리들이 더욱 굳건하게 자리 잡고 커 나가도록 지지할 바탕이 되어 줄 거예요.

틱낫한 스님은 이렇게 말했습니다. "내가 속한 전통에서는 개개인의 힘만으로는 많은 것을 해내기가 어렵다고 가르친다. 그래서 공동체 안에 은신처를 마련하는 것이 아주 강력하고 중요한 관습이다. 공동체의 일원이 되지 않으면, 즉 같은 이상을 꿈꾸고 실천하며 동기를 얻는 친구들에게서 지지받지 못하면 먼 길을 갈 수 없다."

6장

운동:

마음의 안정을 위해
몸을 움직인다

1990년대 미국에서 성장기를 보낸 사람이라면 앤드리아 바버Andrea
Barber는 모르더라도 키미 기블러Kimmy Gibbler는 알 겁니다. 바버는
TV 드라마 〈풀하우스〉에서 별나긴 하지만 대담하고 자신감 넘치
는 이웃집 여자 기블러 역을 맡았던 배우예요. 그러나 현실 속 바
버는 자신감이나 대담함과 거리가 멀었지요. 그녀는 막 성인이 된
뒤 악화된 만성 불안 장애로 괴로워하면서 설상가상 우울증까지
겹쳐 심신이 약해져 있었습니다. 겉보기에는 제법 잘나가는 연예
인이었고 사람들은 그녀가 TV에서처럼 생기발랄한 사람일 것이라
생각했지만, 속을 들여다보면 바버는 몇 년째 고통을 안고 살아가
는 중이었어요.

　여러 해 동안 말 못 할 괴로움 속에 생활하던 바버는 서른두 살
이 되어서야 용기를 내 전문가의 도움을 받기로 했습니다. 약을 처

방받았고 정기적으로 심리 상담사를 만나기 시작했지요. 나는 내 강박 장애에 관해 글을 쓰고서 바버를 알게 됐습니다. 우리는 공통점이 많았어요. 둘 다 심각한 불안 장애를 겪고 있었고 심리 상담을 받으면서 약물 치료를 병행하는 중이었거든요. 여전히 자책감을 내려놓지 못한다는 점도 똑같았어요(자책감이 그만큼 무서울 수 있다는 증거죠). 게다가 우리는 모두 공적인 모습이 따로 있었고(바버의 공적인 모습이 훨씬 대단했지만요) 그 모습은 내면에서 일어나는 감정과 한동안 어긋나 있었어요. 그러나 무엇보다 바버는 《아웃사이드》에 실린 내 글을 보고 흥분해서 운동의 힘에 관해 나와 이야기하고 싶어 했습니다.

바버는 나에게 이렇게 털어놓았습니다. "삶이 온통 요동칠 때 마라톤을 알게 됐어요. 그 무렵엔 늘 따라붙던 불안 장애만 문제가 아니었어요. 난 이혼 절차도 밟고 있었거든요. 감정이 정말 뒤죽박죽이었어요. 마음 붙일 데 없이 이리저리 떠다니는 기분이었답니다. 마라톤을 시작한 건 사교적인 이유에서였어요. 억지로라도 밖에 나가서 친구를 만들어 볼 생각이었죠. 그런데 막상 시작하니 매일 나가서 달린다는 것 자체가 더 중요해졌어요. 어떻게 표현할지 모르겠는데, 달릴 때는 혼자 생각에 집중할 수 있잖아요. 그런데 그게 다가 아니에요. 몸의 움직임과 리듬을 통해 나만의 흐름과 속도를 찾아가게 되는 장점도 있답니다. 달리고 나서 집에 올 때면 45분 전, 그러니까 달리기 전만큼 삶이 불행하고 엉망진창인 건 아닌 듯했어요."

마침내 2016년, 바버는 마라톤 경기에 나가기로 했습니다. 운동 경력이 거의 없다시피 한 초보자에게 제대로 마라톤을 뛴다는 건 만만찮은 목표였어요. 그러나 바버는 경기가 아니라(완주하긴 했어요!) 훈련이 중요하다는 사실을 금세 깨달았습니다. 그녀는 마라톤 덕분에 짜임새 있고 지속적으로, 그리고 책임감 있게 매일 몸을 움직일 수 있었어요. "달린 덕에 살았어요. 전 정말 확신해요. 마라톤이 절 구한 거예요."

2020년에 우리가 이야기를 나눌 무렵, 바버는 특별한 목표를 염두에 두고 마라톤을 하지는 않지만 매일 활동적인 무언가를 하는 것 자체가 꼭 필요하다고 말했습니다. 그녀는 30분 정도 활기차게 걷는 것만으로도 효과가 크다고 했어요. 단순히 유익한 한 가지를 매일 한다는 루틴의 의미로 마라톤을 하는지 묻자, 바버는 그렇지 않다고 잘라 말했습니다. "아니에요, 온갖 루틴은 따로 있어요. 하지만 그런 루틴은 운동만큼 만족스럽지 않아요. 몸을 움직이는 데는 특별한 무언가가 있어요."

여러 연구를 통해 운동은 몸만 아니라 마음의 건강도 좋아지게 한다는 사실이 드러났습니다. 어떤 문화에서든지 마찬가지예요. 2019년 런던 킹스칼리지 연구진은 총 26만 7000명을 대상으로 한 40여 개의 논문을 분석하여 운동과 우울증의 관계를 살펴보았어요. 그 결과, 규칙적으로 신체 활동을 하면 나이나 성별과 관계없이 우울증에 걸릴 위험이 17~41퍼센트 감소한다는 걸 알 수 있었죠. 달리기부터 근력 운동까지 어떤 운동을 하든 결과는 비슷했습니다. 한편 운동은 불안 장애에도 비슷한 효과를 낸다고 밝힌 연구가 있어요.

몸을 움직이는 것은 정신 질환을 예방하는 데 그치지 않고 치료에까지 도움이 됩니다. 킹스칼리지 연구진은 예방을 주제로 대규모 연구를 진행하며 총 1487명의 우울증 환자를 대상으로 한 25편의 논문을 검토했어요. 그 결과 40~50퍼센트의 우울증 환자에게서 운동을 통한 긍정적인 반응이 나타났는데 그 효과는 '미미하다, 중간이다, 크다' 가운데 '크다'로 말할 수 있었습니다. 한편 아일랜드 리머릭대학교 연구진은 922명의 참가자를 자체 분석한 뒤 운동이 불안 장애에 미치는 영향에 관해서도 비슷한 비율로 효과가 나타난다는 사실을 확인했어요. 이는 심리 상담이나 약물 치료를 통해 얻을 수 있는 효과와 비슷한 수치였지요(단, 운동이 정신 건강 문제에 대한 만병통치약은 아님을 알아 두어야 해요. 운동은 도움이 될 수있고 실제로 도움이 되는 경우가 많지만 누구에게나 항상 그런 건 아니니까요. 나는 과거에 정신 질환을 겪었거나 현재 겪고 있는 사람들을 여럿알고 있어요. 그들은 "그냥 운동을 더 하세요"라는 말을 들으면 진저리를냅니다. 당연한 반응이죠. 정신 질환이 운동만으로 쉽게 치료된다면 다들 운동만 할 테니까요. 정신 질환에 대한 여러 치료법과 운동은 서로 배타적인 관계가 아니며 좋은 결과를 얻기 위해 병행할 수 있다는 것 또한알아야 해요. 정신 질환에 대한 가장 성공적인 치료법은 운동, 상담, 약물치료를 조합한 것일 때가 많습니다).

움직임은 지금까지 이야기한 다른 원리들과 다소 성격이 다르다고 생각할지 모릅니다. 안타깝지만 영웅적 개인주의의 영향으로 운동은 몸이 상할 만큼 격하게 해야 하는 것, 외모를 가꾸는 수단, 체벌의 일환 등으로만 인식되어 온 것이 사실이에요. 영웅적 개인주의가 몸과 몸을 사용하는 법에 관해 우리의 생각을 흐려 놓은 탓이지요. 그러나 이제 곧 이야기하려는 것처럼 진정한 의미의 움직임은 안착을 실천하는 데 꼭 필요한 요소입니다.

몸과 마음은 하나다

프랑스 철학자 르네 데카르트는 1640년대에 '심신이원론cartesian dualism'으로 알려진 개념을 소개했습니다. 데카르트는 이 개념에 따라 몸과 마음은 물질적으로는 연결되어 있지만 개별적인 실체라고 했어요. 심신이원론은 350여 년 동안 지배적인 사고로 작용했지요. 그러나 21세기에 들어서면서 과학자들은 데카르트가 틀렸음을 입증하기 시작했습니다. 사람의 몸과 마음은 깔끔하게 분리되어 있지 않아요. 오히려 하나로 연결되어 있지요.

장 속 박테리아와 신체 근육에서 분비되는 단백질은 사람의 기분에 영향을 미칩니다. 뇌 속 신경 화학 물질은 등에서 느끼는 통증의 강도와 심박수에 영향을 미치고요. 규칙적으로 몸을 움직이면 감정 조절이 수월해지고, 창의력이 높아지며, 기억력이 좋아집니다. 과학에서 몸과 마음을 하나로 연결 짓게 된 것은 상대적으로 역사가 짧지만 그 근거가 되는 사고는 그렇지 않아요. 몸과 마음을 나누어서 생각했던 데카르트와 달리 그보다 한참 전 고대 그리스 사람들은 몸과 마음을 하나로 여겼습니다. 예컨대 그리스에서는 지금 우리처럼 신체 교육과 지적 교육을 분리하지 않고 한 번에 가르칠 때가 많았어요. 라틴어로 'Mens sana in corpre sano', 즉 '건강한 신체에 건전한 정신이 깃든다'라는 말로 요약되는 철학을 실천한 셈입니다.

안착의 여섯 번째 원리는 움직임입니다. 움직임은 몸만 아니라 마음에서도 전반적인 안녕감과 힘, 안정감을 길러 줘요. 이번 장에서는 그 원리와 이유를 설명하려고 합니다. 그러려면 먼저 몸을 움직이는 것이 어떻게 안착의 각 원리(수용, 집중, 인내, 취약성, 유대)를 뒷받침하는지 알아보아야 해요. 그런 뒤 생활에서 규칙적으로 몸을 움직이는 데 도움이 될 확실한 실천법을 살펴보려고 합니다. 움직임, 곧 운동은 복잡하고 거창할 필요 없으며 몸을 움직일 때 나이, 성별, 체질과 관계없이 누구나 많은 이점을 손에 쥘 수 있음을 알게 될 거예요.

움직일수록 불편함이
편안해진다

나는 마라톤을 시작할 무렵 나보다 마라톤을 오래 한 지인에게서 현명한 조언을 들었습니다. 그는 마라톤을 통해 불편함을 편안하게 여기는 법을 배우라고 했어요. 이 말을 실천하자 달릴 때만이 아니라 달리지 않을 때도 여러모로 도움이 됐지요.

나한테만 효과가 있거나 마라톤을 할 때만 그런 것은 아니에요. 일상에서 자주 몸에 스트레스를 가하는 사람들에게 물어보면 비슷한 답을 내놓는답니다. 불편함을 편안하게 여기는 법을 배우면 어려운 대화가 더는 어렵지 않게 느껴지고, 마감이 코앞으로 다가와도 겁이 덜 납니다. 관계에서 비롯되는 문제 역시 그리 커 보이지 않고요. 운동을 하면 감당 못 하게 몸이 피곤해진다고 생각하는 게 당연할 것 같지만 그렇지 않아요. 연구에 따르면 신체 활동은 오히려 그 반대 효과를 내면서 뇌 기능과 에너지를 끌어올립니다. 그런데 그보다 더 설득력 있는 시나리오가 있어요. 바로, 몸에 스트레스를 가하면 즉각적으로 반응하거나 저항하는 대신 고통, 불편함, 피로를 있는 그대로 경험하고 받아들이는 법을 배우게 된다는 점입니다.

에벌린 스티븐스Evelyn Stevens는 1시간 동안 여자 사이클 선수로는 최장 거리인 49.98킬로미터를 달렸습니다. 스티븐스는 훈련이 가장 힘들어지는 순간에 이렇게 생각한다고 합니다. "훈련이 끝났으면 좋겠다고 생각하는 대신 고통을 그대로 느끼면서 고통과 함께하려고 해요. 말도 안 되는 것 같지만 심지어 고통을 끌어안으려 할 때조차 있죠." 몸에 스트레스를 가할 때 찾아오는 불편한 느낌은 보통 저항하고 억누를수록 커집니다. 우리는 신체 활동을 통해 상황을 있는 그대로 받아들이고, 명확하게 바라보며, 그런 뒤 다음에 할 일을 결정하는 법을 배울 수 있어요. 예컨대 힘에 부칠 만큼 벅찬 운동을 하다가 그만둘지 계속할지를 결정해야 하는 순간이 오면 이 방법이 도움이 될 거예요.

《영국건강심리학저널British Journal of Health Psychology》에 수록된 논문에 따르면 운동을 전혀 하지 않던 대학생들에게 일주일에 두세 번 헬스장에 가서 수월한 프로그램으로 운동을 하게 했더니 스트레스와 흡연량, 음주량, 카페인 섭취량은 줄고 식습관과 소비 및 학습 습관은 개선되었습니다. 학생들은 규칙적인 운동을 두 달 이상 지속하자 일상만 아니라 실험실에서 실시한 자제력 테스트에서도 역시 더 좋은 결과를 얻었어요. 연구진은 이를 보고 학생들이 자기 조절력을 발휘하는 데 운동이 큰 영향을 미쳤을 수 있다는 결론을 내렸습니다. 쉽게 말해 학생들은 운동을 하면서 몸과 머리가 "NO"를 외치는데도 불구하고 "YES"를 밀어붙이며 불편함을 견디는 과정을 겪었어요. 그리고 이를 통해 어려운 상황에서도 끝까지 냉정하고 침착하고 차분하게 대처하는 법을 배운 거예요. 그들은 먼저 상황을 있는 그대로 받아들인 뒤 각자의 가치관에 따라 현명하게 행동하는 법을 익혔습니다. 그렇게 헬스장에서는 운동을 계속했고, 헬스장 밖에서는 스트레스를 더 잘 관리하며 술을 줄이고 더 열심히 공부한 거지요.

《유럽응용심리학저널European Journal of Applied Physiology》에 실린 또 다른 논문에서는 운동이 스트레스에 대한 생리 반응에 미치는 영향을 살펴보았습니다. 독일 카를스루에공과대학교 연구진은 이를 위해 학기 초 무렵 학생들을 두 그룹으로 나누고 한 그룹에만 20주 동안 일주일에 2번씩 조깅을 하게 했어요. 20주가 끝나 갈 무렵, 공교롭게도 학생들에게 가장 큰 스트레스인 시험 기간이 시작됐지요. 연구진은 학생들이 일상 활동을 하는 동안 그들의 몸에 장치를 부착해 신체 스트레스의 일반적인 지표인 심박 변이도를 측정해 보았습니다. 예상할 수 있겠지만 그 결과 조깅을 한 학생들은 조깅을 하지 않은 학생들보다 심박 변이도가 더 이상적으로 나타났어요. 이 그룹 학생들의 몸은 다른 그룹 학생들의 몸보다 시험 기간에 스트레스를 덜 받았다는 뜻이죠. 이 학생들은 시험에서 비롯된 압박감과 싸우는 대신 그 감정을 그대로 받아들인 덕분에 불안을 덜 느꼈을 겁니다.

고무적인 점은 이러한 실험의 참가자들이 엄청난 강도와 양으로 운동을 하지는 않았다는 사실이에요. 그들은 그저 나름의 기준에서 몸을 힘들게 하는 무언가를 했을 뿐이지요. 이를테면 전혀 운동을 안 하던 사람들이 운동을 하기는 한 정도가 다였어요. 이번 장에서 벌써 여러 번 이야기했지만 엘리트 운동선수가 되거나 무섭게 근육을 길러야만 운동으로 인한 많은 장점을 얻을 수 있는 건 아니에요. 운동하는 습관을 들이다 보면 불편함을 느끼는 때가 옵니다. 그런데 그 과정에서 몸만 강해지는 게 아니에요. 그럴 때 마음 또한 안전하고 체계적인 기회를 통해 상황을 받아들이며 어려움 속에서 흔들리지 않고 안착하는 법을 연습할 수 있지요. 이를 위해 무거운 바벨을 들어 올리고 빠른 속도로 달려야 하는 사람도 있습니다. 하지만 전혀 몸을 움직이지 않던 사람이라면 매일 30분 정도를 활기차게 걷는 것만으로 충분히 효과를 볼 수 있어요.

집중력을
향상시키는 운동

규칙적으로 운동을 하다 보면 각 회차와 단계를 별개로 생각하는 게(마치 그 각각이 운동의 전부인 것처럼) 더 낫다는 걸 깨닫게 됩니다. 이것은 처음에는 매우 집중해야 가능하지만 나중에는 아주 자연스러운 일이 되지요. 집중의 강도가 높아지면 운동 중 경험만이 아니라 운동 후 결과 또한 좋아져요. 지난 회차가 어땠고 다음 회차가 어떨지는 상관없습니다. 중요한 것은 현재 완수 중인 회차뿐이니까요.

몰입을 경험하는 일반적인 방법의 하나는 신체 활동을 하는 거예요. 몸의 감각이 고조되면 자각할 힘이 생기고, 자각이 높아지면 마음을 쏟기가 수월해집니다. 그러나 이 상태가 되려면 디지털 기기를 내려놓아야 해요(음악을 틀어 놓고 싶다면 적어도 비행기 모드로 사용합시다). 캐나다 앨버타대학교 체육학 교수인 피르코 마르쿨라 Pirkko Markula는 운동 중에 몰입을 경험하고 싶다면 "현재 하는 동작에 마음을 집중해야 한다"라고 조언합니다.

나는 클라이언트들이 일상에 운동을 접목하는 과정을 도울 때면, 운동하는 동안을 방해 없는 시간을 경험하는 기회로 사용합니다. 운동을 즐기게 된 많은 사람은 그렇게 된 결정적인 이유로 끝없는 전화와 이메일, 문자 메시지에서 벗어날 수 있다는 것을 꼽아요. 사람들은 이런 식으로 방해 없는 시간에 대한 경험이 축적되면서 삶의 다른 영역에서도 집중을 우선순위에 두며 그 시간을 지켜내려고 애쓰는 경우가 많아요. 이것은 작가이자 습관 전문가인 찰스 두히그Charles Duhigg가 고안한 이론과 맥을 같이합니다. 두히그는 운동은 삶의 한 영역일 뿐이지만 다른 영역에까지 건설적인 변화를 일으키는 긍정적인 실천이라는 점에서 '핵심 습관keystone habit'이라고 강조했어요.

운동이 집중력을 길러 줄 수 있는 또 다른 이유는 운동을 할 때면 몸이 보내는 신호에 세심하게 주의를 쏟아야 하기 때문입니다. 운동을 할 때는 속도가 너무 빠르거나 처지지 않는지, 통증이 느껴지는 이유가 열심히 힘을 써서인지 부상의 위험 때문인지 따위를 잘 관찰해야 해요. 몸의 신호에 집중하면 확실한 피드백을 통해 그런 것들을 결정할 수 있기 때문에 운동 과정을 꾸준히 가다듬을 수 있지요. 몸에 관해서만이 아니라 삶의 모든 부분에서 역시 이런 노력을 계속해 나갈 때 더욱 깊이 집중할 수 있습니다.

지속과 반복의 힘

나는 지금껏 세계적인 운동선수들을 알아 가는 특권을 누렸습니다. 흥미롭게도 선수들은 저마다 다른 전략으로 체력을 길러요. 높은 강도로 짧게 운동하는 선수가 있고 그 반대 방법으로 운동하는 선수가 있지요. 심박수 구간을 활용하는 선수가 있는가 하면 운동 자각도를 활용하는 선수도 있어요. 그러나 그들이 하나같이 하는 말이 있습니다. 훈련의 성공 여부는 계획 자체가 아니라 계획을 얼마나 고수하는가에 달렸다는 거예요. 훈련이 정상적인 원리를 바탕으로 이뤄지는 한 구체적인 방법보다 훨씬 더 중요한 것은 선수가 얼마나 인내하며 훈련을 지속하는가입니다. 로마로 가는 길은 많고 많지만 선택한 경로를 바꾸고 또 바꿔서는 절대 로마에 도달할 수 없어요.

체력을 기르는 열쇠는 '점진적 과부하progressive overload'라는 개념을 고수하는 겁니다. 예컨대 어떤 근육이나 기능을 특정 방식으로 기르려 한다면 시간이 가면서 점진적으로 강도와 유지 시간을 늘리면 돼요. 대신 힘든 날 다음에는 쉬운 날을 배치하고 강도 높은 훈련을 계속한 뒤에는 회복할 시간을 길게 잡는 겁니다. 열쇠는 반복하고 지속하는 거예요. 결과는 하루가 아닌 몇 달, 심지어 몇 년이 지나야 확인할 수 있지요. 4장에서 언급했듯 과정을 서두르거나 너무 많은 것을 빠르게 해치우려고 하면 부상을 겪거나 과도하게 훈련할 위험이 커질 뿐이에요. 이 점은 회피하거나 부정할 수 없이 몸이 말하는 사실이지요. 우리는 뼈와 힘줄을 통해 인내를 배웁니다.

"요즘은 모두가 새로운 것을 찾고 끝없이 자극을 원해요." 내 친구 번 감베타Vern Gambetta의 말입니다. 그는 세계적으로 유명한 노장 코치로 수백 명의 엘리트 운동선수를 길러 냈어요. 뉴욕 메츠New York Mets와 시카고 불스Chicago Bulls의 선수들, 여러 올림픽 출전자가 그의 손을 거쳤지요. "오늘 한 건 내일 절대 안 하려고 하죠. 중구난방 바꾸고 또 바꾸는 게 유행이에요." 그러나 장기적인 성장과 발전을 원한다면 무조건 속도를 내고 변화만 찾아서는 효과가 없다는 게 그의 설명이에요. 몸을 다지려면 길게 뛰는 게임을 마다하지 않아야 합니다.

규칙적으로 몸을 쓰면 돌파구는 하룻밤 새 만들어지지 않는다는 사실을 배울 수 있어요. 오랫동안 꾸준히 노력할 때, 똑똑하고 짜임새 있는 방법으로 언젠가 깨질 때까지 조금씩 조금씩 돌멩이를 깨뜨려 나갈 때 돌파구는 나타납니다. 체력을 기르려면 인내하며 과정에 집중해야 해요. 조금 부족한 듯해도 오늘은 멈추고 내일 다시 그 지점부터 시작할 수 있어야 하지요.

나 자신에 대한 시험과 도전

어떤 종류로든 신체 활동을 하면서 자신을 시험해 보기로 한다면 분명 실패하는 때가 있을 겁니다. 자연스러운 과정이에요. 더 빠르게 달리거나 걷고, 더 무거운 바벨을 들어 올리고, 자전거로 이제껏 가 본 것보다 더 먼 거리를 달리려고 하면 조금이라도 겁이 날 수 있어요. 그럴 때는 온갖 불확실한 상황이 눈앞에 나타납니다. 몸이 너무 힘들지 않을까? 끝까지 할 수 있을까? 너무 일찍 그만두게 되면 어쩌지? 성공할 수 있을까? 실패하면 어쩌지?

내가 헬스장에서 평소보다 무거운 바벨을 들려고 할 때면 내 훈련 파트너 저스틴은 내가 머뭇거리는 것을 눈치채고 이렇게 말하곤 합니다. "새로운 도전은 용감하게!" 결과가 어떻든지 나는 내 취약한 면을 용기 있게 직면하고 어려운 상황에서 나를 믿는 법을 배우고 있어요. 또한 혼자서든 다른 사람 앞에서든 실패를 맛본 뒤에는 그래도 괜찮아지는 법을 배우고 있지요. 규칙적으로 운동을 하면 내 약한 면이 보입니다. 그러면서 달아나지 않고 그런 면을 직시하며 개선하고자 노력하는 법을 익히게 돼요. 취약점을 있는 그대로 직면할 때 우리는 문자 그대로 더 강하고 온전한 존재가 됩니다.

헬스장(트랙, 경기장, 수영장)에 있을 때는 나와 바벨뿐이에요. 바벨은 들어 올릴 때가 있고 들어 올리지 못할 때가 있지요. 들어 올리면 좋고, 들어 올리지 못하면 더 연습한 뒤 다시 하면 됩니다. 그 일이 항상 뜻대로 되는 것은 아니지만 시간이 지나면서 한 가지는 분명해지는 것 같아요. 노력을 아끼지 않을 때, 더 어려운 상황에 꾸준히 나를 노출하고 때로는 부족함과 마주하기를 마다하지 않을 때 그만큼 결과가 커진다는 것이지요. 쉽지만 어려운 말이에요. 어려움은 고요하고 단단한 확신을 가져다줍니다. 사람은 그런 어려움을 겪을 때 취약성을 드러내고, 정직해지며, 홀로 설 수 있어요. 나를 믿고 다른 사람 앞에서 위험을 감수하는 법을 배우면서 함께 운동하는 사람들과도 더 끈끈해지고요.

함께 운동하면
유대도 깊어진다

다른 사람과 함께 운동하면 연결감과 소속감, 즉 지금껏 이야기한 깊은 유대가 증진된다는 것은 점점 더 많은 연구에서 드러나는 사실입니다. 건강 심리학자이자 스탠퍼드대학교 강사이기도 한 켈리 맥고니걸Kelly McGonigal은 저서 《움직임의 힘》에서 이를 뒷받침하는 많은 근거를 구체적으로 제시했어요. 우선 인간은 다른 사람과 함께 몸을 움직일 때 본능적으로 집단적 즐거움을 느낍니다(본래 이 즐거움은 사냥 중에 협력을 강화함으로써 생기는 진화적 이점 때문에 일어난 감정이었지요). 또한 운동을 같이하면 엔도르핀과 옥시토신 같은 신경 화학 물질이 분비되어 애정과 유대가 커져요. 한편 여러 운동 프로그램에는 의식적ritualistic 특성이 내재하고, 이 특성은 과학적 용어로 '융합 정체성identity fusion'이라는 느낌을 불러일으켜요. 나보다 큰 존재와 연결되어 그 일부가 된 듯한 기분이 들게 되는 것이죠. 그뿐 아니에요. 다른 사람과 함께 몸으로 어려움을 겪으면 신뢰감과 취약성을 공유하게 됩니다. 운동 과학자들은 이를 '신체적 결속muscular bonding'이라고 부르죠. 신체적 결속은 오랜 시간 동안 부족 문화의 통과 의례로 존재했고 최근에는 군대 문화에서 찾아볼 수 있어요.

맥고니걸은 이렇게 설명해요. "사람들은 연결된 느낌을 갈구한다. 그 느낌은 누군가와 동시에 몸을 움직일 때 아주 강하게 경험할 수 있다." 맥고니걸은 아웃사이더들은 움직임의 사회적 효과를 이해하지 못할 때가 많다고 지적하며 이렇게 썼습니다. "우리 주변에서 일어나는 여느 자연스러운 현상이 그렇듯, 움직임의 사회적 효과 또한 직접 경험하지 않고는 이해하기 어렵다. 갑자기 엔도르핀이 흘러넘치고 가슴이 뛰기 시작하면 운동을 통해 느끼는 소속감은 세상에서 가장 합리적인 것이 된다."

나는 이 점을 경험을 통해 알게 되었습니다. 예컨대 다른 사람과 같이 조깅, 등산, 헬스장 운동 등을 하려면 일정을 조정하는 수고가 더 들어가요. 하지만 난 그런 수고를 후회한 적이 거의 없어요. 다른 사람과 같이 운동하면 당장 나타나는 효과가 있거든요. 끝나고 나면 항상 기분이 좋다는 거예요. 장기적인 효과 역시 큽니다. 내가 가장 가까이 지내는 몇몇 친구는 헬스장에서 바벨을 들면서, 길에서 조깅을 하면서 처음 만난 이들이랍니다!

지금까지 운동을 통해 얻는 이점들을 살펴봤으니 이제 그 적용법으로 넘어가 봅시다. 안타깝지만 세상에는 운동에 관한 잘못된 정보가 넘쳐 나요. 나는 그런 정보를 '과학의 사촌bro-science'이 하는 말이라고 부릅니다. 돈이 목적인 사람들은 보통 복잡하게 들리는 전문 용어를 섞어 가며 본질도 실효성도 없는 정보를 퍼뜨리지요. 이를테면 이런 정보는 과학의 맛을 가미한 영웅적 개인주의인 셈이에요. 나는 그런 것들이 정말 못마땅합니다. 장담컨대 이 책에서는 완전히 다른 정보를 제시할 거예요. 실제로 효과가 있는 간단하고 확실한 운동법을 살펴볼 거고요. 모두 여러 해 동안 모은 증거와 실생활의 경험으로 뒷받침되는 것들이고, 누구든 각자 상황에 맞게 조정할 수 있어요. 게다가 전부 공짜죠! 그런데 확실한 실천법을 본격적으로 살펴보기에 앞서 건강과 안녕, 진정한 성공을 바랄 때 가장 중요하고 유익한 관점을 한 가지 설명하고 싶어요. 많은 경우에 이 관점은 종류와 관계없이 오랫동안 운동을 실천하는 튼튼한 기반이 되곤 해요.

운동을 삶의 일부로
만드는 방법

"그런데 시간이 없어서요……." 규칙적인 신체 활동을 하지 못하는 이유로 내가 가장 많이 듣는 말입니다. 여러 가지 일을 하며 근근이 생계를 잇고 있다면 이해할 수 있어요. 하지만 대부분 사람에게는 해당하지 않는 말이죠. 2019년 미국 질병통제예방센터CDC는 싱크 탱크인 RAND와 진행한 연구에서 다양한 표본의 미국인 3만 2000명을 대상으로 시간 활용 방식을 조사했습니다. 그 결과 미국인들은 하루 평균 4.5시간 이상을 여가에 썼습니다. 이때 가장 많이 하는 일은 디지털 기기 앞에 앉아 있는 것이었어요. 이 점은 소득 수준, 연령, 성별, 민족을 불문하고 동일했습니다. 중요하고 강도 높은 일을 하느라 몸을 움직일 겨를이 없다고 말할지 모르지만, 신체 활동을 일과 동떨어진 요소가 아닌 일에서 꼭 필요한 요소로 다시 생각해 보면 좋겠습니다. 의사, 간호사, 변호사, 투자자, 교사, 작가, 연구자, 부모 할 것 없이 거의 모든 사람에게 해당하는 말이에요.

연구에 따르면 규칙적으로 몸을 움직일 때 창의적 사고와 문제 해결력이 높아지고 기분과 감정 조절이 원활해지며 집중력과 에너지가 강화되고 수면의 질이 개선됩니다. 이런 점들이 유익하게 작용하지 않을 직종은 없어요. 세로토닌과 노르에피네프린, 도파민은 뇌가 기능하는 데 없어서는 안 될 신경 전달 물질입니다. 세로토닌은 기분에 영향을 주고, 노르에피네프린은 주의력을 강화하며, 도파민은 집중력과 만족감을 담당하지요. 이 3가지 신경 전달 물질이 적절히 균형을 이룰 때 뇌는 최적의 기능을 할 준비가 됩니다. 반면 그 균형이 깨지면 인지적, 정서적 능력이 떨어지고 심각한 경우에는 정신 장애가 일어나요. 신체 활동은 3가지 신경 전달 물질의 이상적인 균형을 증진하는 것으로 보인다는 점에서 특별합니다. 몸을 움직이면 마음까지 움직이는 거예요.

스탠퍼드대학교의 연구를 살펴봅시다. 연구진은 '아이디어에 발 달기Give Your Ideas Some Legs'라는 재미있는 제목의 실험을 진행하며 참가자들에게 정신적 피로를 유발하는 과제를 주었어요. 휴식 시간이 되자 한 그룹은 앉아서 벽을 바라보게 했고 다른 한 그룹은 6~15분간 바깥을 걷게 했지요. 휴식이 끝난 뒤 두 그룹은 창의적 통찰력에 관한 테스트를 받았습니다. 그 결과 짧은 산책을 했던 참가자들이 가만히 앉아 있었던 참가자들보다 40퍼센트 높은 점수를 받았어요. 움직임의 효과는 성인에게만 국한되지 않습니다. 청소년들에게 규칙적으로 신체 활동을 하게 했더니 학업 성취도가 올라갔다는 점을 밝힌 연구 역시 여러 건 있어요. 그런데 많은 학교에서 수학, 과학, 정규 시험 준비 등을 우선시하느라 신체 활동의 기회를 줄이고 있으니 커다란 모순이지요. 신체 활동이야말로 수학, 과학 실력을 기르고 시험 점수를 높이는 데 도움이 되는데 말이에요. 신체 활동이 경제를 뒤흔드는 의료비 및 공공 보건 문제에 역시 힘이 되리라는 점은 말할 것도 없습니다.

몸을 움직일 때, 뇌는 오늘 일만이 아니라 내일 일도 더 잘할 수 있습니다. 움직임은 뇌유래신경영양인자BDNF라는 화학 물질의 분비를 촉진하여 장기적인 관점에서 뇌의 발달을 도와요. 뇌유래신경영양인자는 뇌에 쓰이는 비료와 같습니다. 새로운 뇌세포를 만들고 뇌세포 사이사이를 연결하는 뇌신경 생성neurogenesis 과정의 연료가 되지요. 신체 활동과 뇌유래신경영양인자의 관계를 알면 규칙적인 운동이 인지력 저하를 예방하고 지연시킨다는 점을 뒷받침하는 수많은 근거를 이해할 수 있어요. 알츠하이머병이나 파킨슨병 같은 퇴행성 신경 질환을 예방하는 데 규칙적인 신체 활동만큼 효과적인 방법은 아직 없다는 점만 들더라도 운동의 강력한 효과는 충분히 입증할 수 있습니다. 운동을 병에 넣거나 알약으로 만들어 팔 수 있다면 성과 강화부터 안녕감 향상, 질병의 예방 및 치료에도 쓸 수 있는 수조兆 달러짜리 만병통치약이 될 거예요.

나는 클라이언트를 코치할 때 이 모든 점을 근거로 신체 활동을 가장 중요한 요소로 삼습니다. 클라이언트들은 신체 활동을 업무의 필수 요소로 인식한 뒤 결국 그것을 일상의 일부로 받아들이곤 해요. 이렇게 관점을 바꾸면 몸을 움직이는 데 시간을 써도 괜찮다는 안도감과 그렇게 하고자 하는 동기를 느끼지요. 운동은 잇속만 차리는 일이나 중요하지 않은 일이 아닌, 반드시 해야 할 일이 되기 때문이에요.

이런 관점의 변화는 가장 어려운 두뇌 싸움을 벌이는 자리에서도 일어나고 있습니다. 2019년에 ESPN.com은 세계적인 체스 마스터들이 일주일간의 토너먼트 경기에서 5~7킬로그램 정도 체중이 감소한다는 이야기를 깊이 있게 다루었어요. 과학자들에 따르면 체스 마스터들의 체중 감소는 인간의 스트레스 반응과 관계가 있습니다. 선수들은 토너먼트 경기가 열리는 5~10일 동안 보통 심박수 및 혈압 상승, 강박적 사고, 정서 및 생리적 불안, 식욕 저하, 강한 의심, 불면증 등의 증상을 겪어요. 그 결과 이제는 세계적인 체스 선수들도 세계적인 운동선수처럼 몸을 훈련하기 시작했습니다. 토너먼트 기간이면 끝없이 밀려오는 압박감 속에서 더욱더 명확하게 사고하며 힘과 안정감을 유지하기 위해 그들은 고강도 체력 단련 요법을 사용하지요. 체스계의 슈퍼스타 모리스 애슐리Maurice Ashley는 이렇게 말했습니다. "신체의 역량과 두뇌의 역량은 떼려야 뗄 수 없는 관계예요. 그랜드마스터grandmaster(최고 수준의 체스 선수—옮긴이)들이 밖으로 나가서 축구 선수들처럼 몸을 만드는 건 놀랄 일이 아니죠."

그러나 움직임을 일의 한 요소로 여기며 관점을 바꾸는 것은 시작에 불과합니다. 그런 뒤 중요한 것은 실천이에요. 움직임을 삶의 자연스러운 일부로 만드는 데는 크게 2가지 방법이 있답니다.

♦ 아무 방해 없이 신체 활동에만 쓰는 시간을 따로 정해 두고 걷기, 조깅, 사이클, 수영, 정원 가꾸기, 등산, 춤, 근력 운동, 요가 등을 한다.
♦ 꾸준히 일상적으로 몸을 움직인다.

최소한 둘 중 한 가지 이상을 꾸준히 하는 것이 좋고, 둘을 병행하면 더 이상적입니다. 이를테면 일주일에 3번은 헬스장에 가거나 집에서 근력 운동을 하고, 주말에는 먼 거리를 걷거나 등산을 하며, 나머지 날에는 일반적으로 활동적인 상태를 유지하는 거지요. 그러나 마법 같은 방법이 정해진 것은 아니에요. 움직임에 관한 내 황금률은 이렇습니다. "가볍게 자주 몸을 움직이고 중간중간 힘든 운동을 곁들인다. 티끌 모아 태산!"

　이제 일상에 움직임을 곁들이고 정해진 운동 시간을 최대한 활용하는 데 도움이 될 방법들을 이야기할 겁니다. 사람들이 운동에 관해 일반적으로 오해하는 점들도 같이 다뤄 보려고 해요. 가령 운동은 꼭 운동선수처럼 해야 한다거나, 근력 운동은 젊은 사람한테만 필요하다거나, 강도는 무조건 높을수록 좋다거나, 운동을 잘하려면 장비와 시간이 많아야 한다거나 하는 근거 없는 믿음을 바로잡아 볼 거예요. 그러면서 각자에게 맞는 운동법을 만들어 가는 데 도움이 될, 근거가 확실한 정보들을 구체적으로 짚어 보겠습니다.

(실천 1)
언제든 어떤 식으로든 움직여라

사람이 '운동'을 해야 하게 된 것은 최근의 일입니다. 산업 혁명 이전 사람들은 들에서 일을 했어요. 그전에 살았던 사람들은 수렵과 채집을 했고요. 인류가 한곳에 머물며 생활한 기간은 인류 역사의 0.1퍼센트에 지나지 않습니다. 달리 말하면 인간이 존재한 기간을 24시간으로 볼 때 우리는 밤 11시 58분이 되어서야 끊임없이 움직이며 살아가던 생활을 그만둔 셈이에요. 우리는 움직이기 위해 태어났고, 분명 움직이기 위해 진화했습니다.

　그렇다면 움직이지 않고 긴 시간을 보내는 것은 명백히 해로운 일이에요. 13건의 연구를 메타 분석한 결과 신체 활동 없이 하루에 8시간 이상 앉아서 지내는 사람은 당뇨 환자나 흡연자와 비슷한 정도로 사망 위험이 높았어요. 하루 8시간 이상 앉아 있으면 혈압과 혈당, 체지방이 높아지고 우울증, 심장병, 암 발병률이 올라갑니다. 이러한 질병이 원인이 되어 앉아 지내는 시간이 길어질 수도 있죠. 하지만 앉아서 지내는 것이 원인이 되어 이런 질병이 생길 수 있음을 뒷받침하는 근거도 있어요. 다시 말해 오래 앉아서 생활하는 것은 많은 건강 문제의 결과일 뿐 아니라 근본적인 원인이기도 하지요. 또 다른 연구들에서는 따로 시간을 정해서 운동(30분간 조깅, 요가 등)을 하더라도 장시간 앉아 있는 것은 여전히 건강에 해롭다고 말합니다.

앞서 언급했듯 오래 앉아서 지내는 생활 방식은 두뇌 활동에까지 지장을 줍니다. 그러나 몸을 자주 움직이면 뇌로 가는 혈류량이 증가하고, 뇌에서 움직임을 담당하는 부분이 가동되면 그동안 사고를 담당하는 부분은 휴식할 수 있어요. 이 2가지 기제를 연결해서 생각하면 움직임은 인지력과 창의력을 발휘하는 데 이롭게 작용한다는 사실이 분명해집니다.

다행히 앉아 있어서 생기는 부정적인 영향을 해소하는 것은 복잡한 일이 아니에요. 《미국심장협회저널Journal of the American Heart Association》에 실린 논문에 따르면 매시간 2분 정도를 걷기만 해도 앉아 있어서 생기는 해로운 영향을 대부분 해결할 수 있다고 합니다. 하루 3번 10분씩 걷는 것 또한 도움이 되고요. 그러나 그 중간

쯤을 유지하면 가장 좋을 거예요.

《국제행동영양 및 신체활동저널International Journal of Behavioral Nutrition and Physical Activity》에서는 2016년 콜로라도대학교와 존슨앤드존슨 인간성과연구소Johnson & Johnson Human Performance Institute의 공동 연구 논문을 게재했습니다. 논문의 연구진은 다양한 움직임이 사무실 근로자에게 미치는 영향을 실험을 통해 알아보았어요. 이 모의실험에서는 참가자들에게 3가지 다른 조건으로 6시간 동안 업무를 보게 했습니다. 첫 번째 조건에서 참가자들은 화장실에 갈 때를 제외하고 6시간 동안 줄곧 앉아서 업무를 보았어요. 두 번째 조건에서는 업무 시작 전에 30분 동안 걷고 그 뒤 5시간 30분 동안 쉬지 않고 일을 했지요(이때도 화장실에 갈 때만 일어날 수 있었습니다). 세 번째 조건에서는 매시간 5분씩을 걸을 수 있었어요. 말하자면 앉아서 55분 일한 뒤 5분 걷는 주기를 반복하며 일과를 보낸 거예요.

실험 결과, 참가자들은 30분간 한 번을 걷든 5분간 6번을 걷든 하루 중에 움직일 기회를 만들 때 안녕감과 업무 역량을 비롯한 거의 모든 항목에서 훨씬 좋은 결과를 보였습니다. 그들은 전반적으로 기분이 좋아지고 에너지가 높아졌다고 느꼈어요. 건강에 대한 생물학적 지표 또한 더 좋게 나타났지요. 그러나 움직임이 들어간 2가지 방식에서는 몇 가지 차이점 역시 드러났어요. 참가자들은 모의실험에서 매시간 5분을 걷는 조건이었을 때 전반적으로 만족감이 올라가고 힘이 덜 들며 하루 동안 긍정적인 마음이 오래 지속됐다고 했습니다. 반면 30분 동안 한 번 걷는 조건에서는 에너지 수준이 더 일찍 정점을 찍고 내려가는 것으로 나타났어요. 연구진은 모든 움직임이 다 바람직하지만 매시간 5분 정도의 신체 활동으로 하루를 쪼개 쓸 때 성과와 안녕감이 가장 좋아질 수 있다고 결론지었습니다.

전통적인 업무 공간에서 창작을 하거나 지적인 노동을 하는 사람이라면 쉬는 시간을 중심으로 간격을 두고 일하는 방식을 고려해 보세요. 일정 시간을 강도 높게 집중한 뒤 짧은 휴식과 함께 어떤 종류든 신체 활동을 곁들이는 주기를 반복하면 됩니다. 이렇게 하면 몸뿐 아니라 두뇌의 힘까지 최대로 활용할 수 있어요.

앞서 언급한 연구들은 걷기를 중심으로 진행됐지만 팔 굽혀 펴기, 스쿼트, 요가 등 다른 형태의 운동에서도 똑같은 이점을 충분히 얻을 수 있습니다. 몸을 움직이는 시간이 2분이든 5분이든 10분이든 요지는 분명해요. 하루 중 만드는 자잘한 움직임은 모두 그대로 몸에 쌓이지요. 신체 활동의 황금률대로 가볍게 자주 몸을 움직이고 중간중간 힘든 운동을 곁들여 보세요. 티끌 모아 태산입니다! 다음은 일과에 움직임을 더할 수 있는 몇 가지 아이디어예요.

♦ 신발을 신고 벗을 때 앉지 않는다.

♦ 엘리베이터나 에스컬레이터 대신 계단을 이용한다.

♦ 가능하면 교통수단을 이용하지 말고 몸을 움직여서 이동한다 (도보나 자전거로 출근하기).

♦ 운전해서 출근할 때는 의식적으로 건물 입구에서 떨어진 자리에 주차한다.

♦ 항상 물병을 가까이 둔다. 물을 많이 마시면 화장실에 자주 가야 하고 그러려면 더 자주 일어나서 더 많이 움직여야 한다.

♦ 회의는 30분/60분보다 25분/50분으로 잡는다. 그렇게 해서 생긴 짧은 시간 동안 몸을 움직인다.

♦ 걷는 회의를 계획한다. 걸으면 창의력과 문제 해결력이 향상된다는 과학의 말을 기억한다. 요점을 잊어버릴 것 같으면 작은 노트만 하나 챙기면 된다.

♦ 문제나 생각에 갇힌 듯한 느낌이 들면 계속 파고드는 대신 그 느낌을 신호로 삼는다. 신호가 느껴지면 일을 놓고 움직이면서 짧게 휴식한다. 굳이 연구에서 말하지 않더라도 누구든 경험하면 알 수 있는 사실이다. 통찰은 어떨 때 일어나는가? 풀고자 하는 문제에 적극적으로 매달릴 때였는가, 다른 일을 하며 휴식할 때였는가?

♦ 이 방법들을 실천하기가 어려운 사람, 엄격한 규칙을 따를 때 효과가 더 좋은 사람이라면 정각 알람을 맞춰 두고 휴식하며 움직일 시간이 되었음을 인지한다. 물론 이때는 계속 알람을 무시하거나 휴식을 미루지 않아야 한다.

핵심은 지나치게 힘들거나 과격한 운동을 하는 것이 아닙니다.

중요한 것은 움직임 자체가 몸만 아니라 마음에도 힘과 안정감, 건강을 길러 준다는 점을 기억하고 매일 일정하고 꾸준하게 몸을 움직이는 거예요.

(실천 2)

유산소성 체력 키우기

캘리포니아 오클랜드에 살 때는 집에서 500미터 거리에 있는 그랜드애비뉴Grand Avenue의 메리트 호수Lake Merrit에 자주 갔습니다. 호수 둘레로 5킬로미터가량 이어진 산책로가 있었는데 화, 목, 토요일 아침에 가면 반드시 켄과 마주치곤 했지요. 정말이지 켄을 만나지 않고서는 그 길을 지나가 본 적이 없어요. 성긴 백발을 어깨까지 늘어뜨린 노신사 켄은 항상 회색 면 반바지에 빛바랜 운동복 상의를 입고 닳디 닳은 뉴발란스 운동화를 신고 있었어요. 켄은 호수에 나온 날이면 어김없이 산책로를 2바퀴(15킬로미터)씩 돌았습니다. 어느 날 내가 조깅을 하다 멈춰 서서 나이를 묻자 켄은 이렇게 대답했어요. "아흔 몇 살쯤 됐으려나." 어떻게 여태 지금처럼 몸을 움직일 수 있었는지 비결을 물으니 켄은 항상 하던 일이라 그렇다고 대답했지요. "여기서 몇십 년을 걸었어요. 그냥 계속 움직이면 돼요." 켄은 체력을 기르는 중요한 지혜를 말하고 있었습니다.

유산소성 체력aerobic fitness이란 몸이 산소를 효율적으로 사용할 수 있는 능력을 가리키는 말이에요. 유산소성 체력이 좋다는 것은 몸과 마음의 건강이 떠올릴 수 있는 모든 면에서 긍정적이라는 뜻입니다. 유산소성 체력을 올린다고 하면 고강도 인터벌 훈련이나 울트라 마라톤, 철인 3종 경기처럼 최근에 유행하는 거창한 방법들을 떠올리며 흥분하기 쉽지만 결국 목표에 근접하는 데는 자주 활기차게 걷는 것만 한 게 없어요. 여기서 '목표'란 오랫동안 건강하고 만족스러운 삶을 사는 데 필요한 체력을 유지하는 것을 말합니다. 이것은 《영국스포츠의학저널British Journal of Sports Medicine, BJSM》이 2019년에 걷기 특집호를 만들면서 내린 결론이에요.

"햇볕 아래서 산책을 하든 도보로 출퇴근을 하든 동네 상점까지 걸어서 가든 반복적이고 규칙적으로 한 발을 다른 발 앞으로 내딛는 행위는 인간에게 숨 쉬고 생각하고 사랑하는 것만큼 자연스러운 일이다." 걷기 특집호에서 가장 비중 있게 다룬 논문의 저자인 이매뉴얼 스태매터키스Immanuel Stamatakis와 마크 해머Mark Hamer, 마리 머피Marie Murphy가 해당 논문의 말미에 덧붙인 말입니다.

이 논문에서는 걷기 운동을 하는 다양한 연령의 영국인 5만여 명을 표본 집단으로 정했어요. 그 결과 빠른 속도로 활기차게 걷는 것을 규칙적으로 하는 사람은 모든 원인에 대한 사망률이 20퍼센트, 심혈관 질환에 의한 사망률은 24퍼센트 감소하는 것으로 나타났습니다. 호주 시드니대학교에서 신체 활동과 생활 방식, 집단 건강을 가르치는 교수이자 이 연구 논문의 제1 저자인 스태매터키스는 이렇게 설명했습니다. "'활기찬' 속도란 쉽게 말해 몇 분 이상

걸었을 때 가볍게 숨이 차는 정도라고 생각하면 됩니다."

2019년 《미국예방의학저널American Journal of Preventive Medicine》에 실린 또 다른 연구에서 역시 미국인 남녀 약 14만 명을 살펴본 결과 똑같은 결론에 도달했어요. 이 연구에서는 일주일에 150분 이상 활기찬 속도로 걷는 사람은 모든 원인에 따른 사망률이 20퍼센트 감소한다고 했습니다. 그런데 이렇게 많은 사람을 대상으로 하는 대규모 연구에서 흔히 생기는 문제가 있습니다. 이런 연구에서는 인과 관계를 파악하지 않는다는 점이에요. 규칙적인 걷기 운동이 건강을 개선할 수도 있지만, 건강이 좋지 않아서 규칙적으로 활기차게 걷기가 힘들 수도 있는 겁니다. 그러나 앞서 언급한 두 연구는 모두 참가자의 건강 기준치를 최대한 통제하는 가운데 진행됐어요. 한편 여러 가지로 조건을 바꾸어(가령 참가자들을 나누어 일부는 걷게 하고 일부는 걷지 않게 하는 식으로) 진행한 많은 소규모 연구에서도 걷기는 건강을 개선하는 효과가 있다는 결과가 나왔습니다. 이러한 연구를 종합해 보면 어쨌든 걷기는 건강에 도움이 된다는 점이 제법 확실해지지요.

걷기는 달리기처럼 더 강도 높은 형태의 운동들과 비교되곤 했습니다. 전문가들은 달리기가 걷기보디 미미하게 낫다고 말하지만 부상이 없고 규칙적으로 한다는 조건에서 그렇다는 거예요. 그러나 이 2가지는 달리기를 하는 사람의 50퍼센트(나도 포함해서요)가 힘겨워하는 문제입니다. 더 격렬한 형태의 유산소 신체 활동을 좋아하고 그것을 꾸준히 할 수 있다면 당연히 그렇게 하면 돼요. 달리기, 자전거 타기, 수영, 춤 등은 모두 규칙적으로 하면 유익한 운동이에요. 그러나 더 강도 높은 활동을 하기에는 부상이 잦은 편이고 시간과 장비, 동기가 부족하며 일단 시작할 마음이 크지 않다면 조바심 낼 필요는 없습니다. 그런 사람조차 하루에 30~45분 정도 활기차게 걷는 정도는 할 수 있어요. 걷기만 해도 건강상 이점은 충분히 챙길 수 있죠. 여러 강력한 증거가 말하듯 평생 규칙적으로 걷기 운동을 할 수 있다면 그것만으로 유산소 운동은 충분합니다.

과학에서 유산소성 체력을 다루기 시작한 것은 상대적으로 최근의 일이지만 사람들은 언제나 유산소성 체력을 길러서 큰 힘을 얻곤 했어요. 1800년대 초반 덴마크 철학자 쇠렌 키르케고르는 신체적, 정신적 문제로 힘들어하던 여동생에게 보내는 편지에 이렇게 썼습니다. "무엇보다 걸으려는 마음을 버려서는 안 돼. 난 매일 걸으면서 행복과 가까워지고 온갖 질병과는 멀어지고 있어. 걷다 보니 최고로 훌륭한 생각을 하게 된 적도 있지. 걸어서 벗어날 수 없을 만큼 힘든 생각은 없는 것 같아."

걷기를 비롯해 어떤 형태든 유산소 운동을 할 때는 몇 가지 기본 법칙을 따르면 도움이 됩니다. 이 법칙 중에는 다음에 이야기할 근력 운동에 적용할 수 있는 것도 많아요.

◆ 운동 시간을 정해서 캘린더에 적어 둔다(여기서 말하는 운동에는 활기차게 걷기도 포함된다). 운동을 우선시하며 그 시간을 고수하지 않으면 운동은 절대 할 수 없다. 운동을 나를 만나는

중요한 시간으로 생각해 보자(실제로 이 말은 사실이다). 나는 집에 급한 일이 있지 않은 한 운동을 건너뛰지 않는다. 내가 이상한 사람이라서가 아니라 운동을 하면 절대 이상해질 수 없다는 걸 알기 때문이다.

♦ 운동하기 가장 좋은 시간은 운동을 꾸준히 할 수 있는 시간이다. 운동 시간으로 오전을 선호하는 사람이 있고 점심시간이나 저녁 무렵을 선호하는 사람이 있다. 이 가운데 어느 시간이 다른 시간보다 낫다는 것을 확실히 뒷받침할 증거는 없다.

♦ 가볍게 시작해서 점차 빈도와 길이, 강도를 늘려 간다. 이렇게 하면 너무 많은 것을 너무 빨리 해내려고 하는 데서 비롯되는 몸과 마음의 부상을 방지할 수 있다. 유산소 운동을 시작할 때 대부분의 사람에게 합리적인 목표는 시간을 정해서 일주일에 두세 번 꾸준히 하는 것이다. 한 번 운동할 때 지속 시간은 운동의 큰 이점을 확보할 만큼 길고 일과에 부담이 되지 않을 만큼 짧은 30~60분 정도가 적당하다.

♦ 겨울이 추운 지역에 살면서 연중 꾸준히 걷기 운동을 하고 싶다면 러닝 머신을 이용한다. 러닝 머신을 쓰기 어렵거나 이 방법이 내키지 않으면 가까운 마트를 실내 운동장으로 사용하면 된다. 미국의 추운 지역에 있는 마트들은 걷는 사람들을 배려해서 일찌감치 문을 여는 곳이 많고 걷기 그룹을 모집하는 곳도 있다.

♦ 이번 장에서 깊은 유대와 움직임을 관련지으며 언급한 모든 이

유를 염두에 두고 가능할 때마다 다른 사람들과 함께 걷는다.

유산소 운동에 관해 하나 더 중요하게 짚고 넘어갈 점이 있습니다. 모든 운동은 옳지만 가능하면 한 번씩은 야외에서 하는 것이 좋아요. 오래 축적된 근거에 따르면 운동의 신체적, 심리적 이점은 자연 속에서 더욱 커집니다. 인간의 유구한 역사를 살펴보면 이해할 수 있어요. 좌식 생활과 마찬가지로 인간이 도시와 도시 근교에서 살아가며 실내에서 생활하게 된 것 또한 최근의 일이지요. 하버드대학교의 곤충학자 E. O. 윌슨E. O. Wilson이 대중화시킨 '녹색 갈증 가설biophilia hypothesis'에 따르면 인간은 자연을 비롯해 생명을 가진 다른 존재와 연결되고자 하는 성향을 타고나도록 진화했습니다. 인류는 자연에서 진화한 까닭에 자연에 끌리는 생물학적 본성을 가지고 태어난다는 것이 윌슨의 생각입니다. 다시 말해 인간의 DNA에는 자연을 갈구하는 마음이 새겨져 있고, 우리는 도시나 도시 근교가 아닌 자연에 있을 때 본능적으로 마음이 편안해진다는 거예요.

일본의 한 실험은 윌슨의 가설을 뒷받침합니다. 이 실험에서 연구진은 수백 명의 실험 참가자에게 숲을 산책하거나 초록이 우거진 공간을 편안하게 걸어 보라고 했어요. 걷기 전후로는 스트레스에 대해 참가자들의 몸에서 나타나는 다양한 지표를 측정했지요. 그 결과 도시를 걸을 때보다 숲을 걸을 때 훨씬 더 긍정적인 효과가 나타났습니다. 스트레스 수치가 낮아졌고 교감 신경 활동이 둔화했으며 혈압과 심박수가 떨어졌거든요. 한편 스탠퍼드대학교의 연구에서는 실험 참가자들을 두 그룹으로 나누고 한 그룹은 90분 동안 도시를 걷게 하고 다른 그룹은 같은 시간 동안 자연을 걷게 했습니다. 그랬더니 자연을 걸은 그룹의 참가자들은 잡념이 줄었다는 말을 전해 왔어요. 그뿐 아니라 그들의 뇌에서는 불안감 및 우울감과 관련된 부분의 신경 활동이 둔화하는 모습이 나타났습니다. 연구진은 도시를 걸었던 통제 집단과 이들을 비교한 끝에 유산소 운동의 긍정적인 효과를 제대로 설명하며 자연에서만 누릴 수 있는 이점을 가려낼 수 있었지요.

이런 점을 종합하면 '아흔 몇 살' 켄은 정말 비결을 꿰뚫고 있었는지 모릅니다. 켄은 규칙적으로 걸었어요. 숨이 차다고 느낄 만한 속도를 유지했고, 집을 나와 자신이 사는 지역의 사람들 속에서 자연 속 아름다운 호수 둘레를 걸었지요. 그가 정말 모든 것을 알았는지는 모르겠지만 켄은 유산소성 체력을 기르는 데 있어 세상에 존재하는 최고의 공식을 따르고 있었던 겁니다.

실천 3

몸의 근육이 곧 마음의 근육

흔히 생각하는 것과 달리 근력 운동은 탱크톱 차림으로 헬스장에 나와 근육을 뽐내는 이들의 전유물이 아닙니다. 근력 운동은 누구나 필요해요. 미국 심장 협회American Heart Association처럼 가장 큰 규모의 연구 협력 단체들은 나이나 성별과 관계없이 일주일에 2번 이상 근력 운동을 하라고 합니다. 연구에 따르면 근력 운동은 유산소 운동과 마찬가지로 근육량을 늘리고 체지방을 줄이고 관절의 가동 범위를 넓히는 데 더해 정신 건강 및 인지 수행력까지 개선한다고 해요.

근력 운동은 헬스장에 나가서 온갖 장비를 사용해 진행할 수 있어요. 하지만 사람들은 대개 이런 환경에서 위축감을 느끼죠. 적어도 처음에는요. 게다가 이런 곳을 이용하려면 사용료를 내야 하고 이동하는 시간이 가외로 들어갑니다. 헬스장 운동이 좋지 않다고 말하려는 게 절대 아니에요. 나는 집 근처 헬스장과 거기서 쌓은 유대, 그리고 거기서 비롯되는 책임감도 좋아한답니다. 이곳에 내는 돈은 분명 내가 가장 가치 있게 쓰는 돈일 거예요. 헬스장에 나가는 데 관심이 있다면 그렇게 해 볼 것을 적극 추천합니다. 여기서 하려는 말은 그런 곳에 가야만 근력 운동을 할 수 있는 건 아니라는 거예요. 코로나19로 세계 곳곳에서 실내 운동 시설들이 임시로 문을 닫자 사람들은 어쩔 수 없이 이 점을 깨닫게 됐지요. 25달러짜리 케틀벨 하나만 있으면 여러 가지 근력 운동을 할 수 있어요. 사실 그마저 없어도 돼요. 맨몸만으로도 충분하거든요.

이제부터 대체로 주요 근육을 단련시키기 좋고, 관절의 가동 범위를 최대한 사용할 수 있으며, 환경과 체력, 실력에 맞춰 쉽게 변형할 수 있는 근력 운동 방법을 소개할게요. 나는(그리고 내가 코치하는 여러 클라이언트는) 코로나19가 유행하는 동안 집이나 사람 없는 야외에서 이 동작들을 다양하게 바꿔 가며 계속 몸을 움직였어요. 각 동작은 한 가지를 여러 차례 반복하거나 여러 가지를 순차적으로 이어서 수행할 수 있습니다. 케틀벨이나 덤벨이 있으면 그것들을 사용해서 동작의 난도를 올려 보세요(이것은 의학적인 권고가 아닙니다. 새로운 방법으로 운동을 시작할 때는 항상 먼저 의사와 상담하세요. 간단하지만 효과적인 근력 운동에 관해 더 알아보려면 내가 2017년 10월 《아웃사이드》에 기고한 뒤 유명해진 〈미니멀리스트의 근력 운동The Minimalist's Strenth Workout〉을 참고하세요).

♦ 스쿼트squats

♦ 푸시업push-ups

♦ 스텝업step-ups

♦ 런지lunges

♦ 글루트 레이즈glute raises

♦ 월싯wall sits

♦ 플랭크planks

♦ 싯업sit-ups

♦ 딥스dips

♦ 컬curls: 덤벨이 없으면 묵직하게 채운 배낭을 대신 사용한다.

♦ 버피burpees

마무리

몸을 움직이는 행위는 인류 역사에서 중요한 부분을 차지해 왔습니다. 그런데 최근 들어 소위 효율적이라는 미명하에 앉아서 생활하는 시간이 많아지면서 만성 질병과 정신 질환, 번아웃까지도 느는 추세예요. 운동은 우리를 괴롭히는 모든 질병에 대한 만병통치약이 아닙니다. 그러나 도움은 될 수 있어요. 운동, 곧 움직임은 몸과 마음의 건강과 안녕감에 지지대가 됩니다. 그리고 무엇보다 안착의 다른 원리들에 힘을 실어 주지요. 운동을 하면 불편함을 받아들이고 몸에 집중하는 법을 배울 수 있어요. 발전에 이르는 더딘 길에서 인내하고 꾸준히 걸음을 내디딜 줄 알게 되지요. 스스로 어려운 과제를 부여하고 실패를 무릅쓰면서 취약성을 숨기지 않는법도 깨우치게 됩니다. 움직임, 그리고 운동은 깊은 유대를 쌓고 관계를 맺기 위한 훌륭한 수단이기도 해요. 규칙적으로 몸을 움직이면 어디에 있든지 더 온전히 살아갈 수 있습니다. 이 모든 이유로, 안착은 곧 움직임입니다.

2부

실천으로 완성되는
단단한 삶

*The Practice
of Groundedness*

7장

나를 만드는 건
생각이 아니라 행동이다

안착의 원리를 이해하는 것과 원리를 실천하며 그에 걸맞게 일상의 습관과 활동을 바꿔 가는 것은 별개입니다. 우리는 생각하는 대로가 아니라 행동하는 대로 되어 가지요. 안착한 삶은 마음가짐을 바꾸는 데서 시작되고 꾸준히 실천할 때 지속됩니다. 체력을 기르고 싶다면 근력 운동에 관해 읽고 공부하는 것만으로는 부족해요. 실제로 바벨을 들어 올려야 하죠. 만사가 그렇고, 안착을 실천할 때도 마찬가지입니다.

더욱더 안착한 삶으로 옮겨 가기 위해서는 개인적으로나 문화적으로 저항을 겪어야 하는 것 역시 사실이에요. 왜냐하면 특히 오늘날 사회에서는(그리고 사회가 옹호하는 영웅적 개인주의에서는) 안착의 원리들을 다지고 기르는 것을 마뜩잖아 하기 때문입니다. 지금껏 사람들은 위대함, 불멸, 지복 같은 피상적이고 외적인 종착점에 지나치게 집착했어요. 머릿속으로 끊임없이 한계 이익을 계산하고 최적화에 매달리며 어서 빨리 행복해지려고 기를 쓰며 살아왔습니다. 그러나 그 결과 우리를 건강하고 견고하고 단단하게 지켜 주며 만족감을 가져다주는 기본 원리에 주의를 기울이는 것은 잊고 말았지요.

중요한 변화를 시도할 때마다 보통은 변화에 맞먹는 저항이 일어날 겁니다. 그러나 그것 또한 과정의 일부예요. 이번 장에서는 안착의 모든 원리가 삶에 조화롭게 녹아들게 하는 방법과 더불어 그 과정에서 빠지기 쉬운 함정, 그리고 그런 함정을 극복하는 방법에 관해 이야기할 겁니다.

읽는 동안 인생에는 좋은 날이 있고 좋지 않은 날도 있다는 걸 기억하면 좋겠습니다. 우리의 하루하루는 대부분 그 중간 어디쯤에 있어요. 목표는 최고가 되거나 완벽하게 되는 것이 아니라 정직하게 노력해서 조금씩 더 안착해 가는 것이랍니다. 그럼 지금 시작해 봅시다.

내면과 행위 일치시키기

파커Parker는 서비스를 전문으로 하는 대형 기업의 최고정보관리책임자CIO로 나와 함께 오랫동안 안착의 원리를 공부하고 다져 왔습니다. 나는 파커가 리더로 승진한 지 얼마 되지 않았을 때 그를 코치하기 시작했어요. 파커는 새로운 일에 신이 나는 한편 약간 부담도 느끼고 있었죠. 그는 전에도 큰 팀을 관리한 적이 있었지만 개개인에 더해 전체 기술 조직을 이끄는 책임을 맡은 건 그때가 처음이었습니다. 게다가 그 와중에 포괄적 혁신을 준비하며 데이터 과학 전략까지 수립해야 하는 상황이었어요. 이 일을 해내려면 일상의 업무를 수행하는 한편 적절히 뒤로 물러서고, 명확하게 바라보고 생각하며, 직원들에게 영향력을 행사할 수 있어야 했습니다. 파커는 모든 사람과 함께 춤을 추면서 그 춤을 전체적으로 꾸려 가는 역할을 맡은 셈이었어요. 이는 배우기는 어렵지만 일단 익히고 나면 누구에게나 큰 힘이 되는 기술이에요. 이끄는 대상이 전체 조직이든 나 자신이든 말이지요.

나는 파커를 만난 지 얼마 되지 않아 그가 내 클라이언트 중 가장 사려 깊고 지적인 사람 중 하나란 걸 알게 됐습니다. 틈이 나면 책과 영상으로 다큐멘터리를 챙겨 보기 좋아하는, 정확한 사고가 빛나는 사람이었어요. 파커는 차분하고 침착한 지도자가 되는 것이 목표였습니다. 권위에 대한 두려움 대신 존경을 통해 영향력을 얻고 싶어 했고요. 그런가 하면 신임 CIO로 일하면서도 건강을 지키며 전처럼 가정생활을 유지하고 싶어 했어요. 앞으로 나아가는 것이 간절하지만 자신의 바탕을 잃고 싶지 않고, 어서 빨리 영웅적 개인주의의 압박에서 벗어나고 싶다고 했습니다.

파커가 안착의 모든 원리를 온전히 내면화하기까지는 오랜 시간이 걸리지 않았습니다. 그는 안착의 원리를 다지는 훈련에 공을 들였고 마음챙김, 현명한 관찰자의 눈 기르기, 불안정한 상황 직면 연습 등이 자신에게 특히 효과가 있음을 깨달았어요. 그 결과 머리로 원리를 이해하는 데 그치지 않고 몸으로 역시 큰 차이를 느끼기 시작했습니다. 그런데 딱 한 가지 문제가 있었어요. 집에서나 코칭 시간에는 안착의 원리들을 적극적으로 고민했지만 그 외 시간에는 매일의 업무에서 비롯되는 소용돌이에 쉽게 빠져들었고 전처럼 다시 마음이 소란해지기 시작한 거예요. 그러다 다음 코칭 시간을 거치며 제자리를 찾고서야 다시 기분이 나아지곤 했습니다. 파커는 이 주기를 몇 달 동안 반복한 끝에 어느 코칭 시간에 이렇게 털어놓았습니다. "전 이 원리들을 깊이 알고 있어요. 단지 더 많은 상황에서 더 꾸준히 실천하는 게 필요할 뿐이죠. 맞아요, 전 행동해야 해요." 우리는 마주 보며 미소 지었어요. 둘 다 앞으로 할 일을 알고 있었으니까요.

파커는 백번 맞는 말을 했지만 실천은 쉽지 않을 터였습니다. 그는 내가 겪고 있고 당신뿐 아니라 이 책을 읽는 모든 사람이 겪게 될 저항과 맞서고 있었어요.

내면의 존재 방식은 외부로 드러나는 행위에 영향을 미칩니다. 그렇지만 외부로 드러나는 행위 역시 내면의 존재 방식에 영향을 미쳐요. 파커는 흔한 함정에 빠져 있었어요. 내면을 다듬고 틀 안에서 훈련하며 마음의 안착을 다지는 데 많은 시간과 에너지를 쏟았지만 그렇게 익힌 것들을 일상의 행위로 옮기지는 않았지요. 그의 존재 방식being은 행위doing와 어긋나 있었습니다. 존재 방식이 행위를 강화하고 행위가 존재 방식을 강화하는 조화로운 피드백의 선순환이 일어나지 못해 정체기를 겪는 것이었어요. 그의 일상에 포함된 활동과 루틴 중에는 마음속에서 더 굳건해진 안착의 원리들에 역행하는 것이 너무 많았습니다.

앞서 우리는 인지 부조화를 언급했어요. 인지 부조화란 생각, 느낌, 신념이 행동과 일치하지 않을 때 나타나는 긴장과 고통이라고 이야기했지요. 인지 부조화에 따르는 이 불편한 느낌은 둘 중 한 가지가 필요한 상황임을 알리는 경고예요. 행동이 더 잘 반영되도록 생각과 느낌과 신념을 바꾸거나, 생각과 느낌과 신념이 더 잘 반영되도록 행동을 바꿔야 한다는 뜻입니다. 더 쉽게 말하면 인지 부조화를 겪는다는 건 '존재 방식'과 '행위'를 더 일치시켜야 한다는 신호일 때가 많아요. 파커는 자신의 존재 방식을 확신하는 만큼 일상에서 더 의식적으로 행동할 필요가 있었어요.

존재 방식과 행위 사이에 일관성이 생기면 인지 부조화의 긴장감은 사라집니다. 그러면 자신과 맞서 싸울 필요가 없어지지요. 대신 그때부터는 행동이 더 자연스러워지고 자신을 더 온전한 하나의 존재로 느끼게 됩니다. 영성을 가르치고 신학을 연구했던 마이스터 에크하르트는 1300년대 초반 추종자들에게 전한 유명한 설교에서 이렇게 호소했습니다. "내면의 자아inner self를 버리거나 무시하거나 부정하지 마세요. 대신 내면의 자아 안에서 내면의 자아와 함께, 내면의 자아에서 비롯된 힘으로 살아가야 합니다. 그러면서 내면의 힘은 실질적 행동이 되고, 실질적 행동은 다시 내면의

힘이 되어야 합니다. 그럴 때 충동적이지 않게 행동하는 데 익숙해
질 수 있습니다."

나를 비롯해 내가 아는 대부분의 사람에게는 이 말의 마지막 문
장이 가장 실천하기 어려울지 모릅니다. 오랫동안 몸에 익은 습관
적 행동의 관성, 에크하르트의 말을 빌리자면 '충동적' 행동에서
벗어나려면 어떻게 해야 할까요? 큰 변화를 만드는 전체 과정 가
운데 이 관성에서 완전히 벗어나는 단계에 접어들면 영감과 격려
에만 의지하기가 어느 때보다 힘들어요. 그러나 이만큼 중요한 단
계가 따로 없지요.

머리로 이해하는 것
이상이 필요하다

파커와 나는 그의 삶에서 습관적 행위와 새 존재 방식이 가장 크게
어긋나는 영역들을 파악해 나갔습니다. 예를 들어 그는 밤에는 효
율적으로 일하기가 힘들다는 걸 알면서 야근을 할 때가 많았어요.
당연히 그러면서 스트레스를 받았고 집중하지 못했으며 잠도 잘
못 잤지요. 한편 그는 동료들과 어려운 대화를 피하고 있었습니다.
CIO로 승진하기 전에 비슷한 직급에 있던 사람들과 특히 더 껄끄
러운 모양이었어요. 게다가 한 번에 너무 많은 프로젝트를 시작하
고 그 하나하나에 집중하려 하면서 늘 쫓기는 기분이 들었습니다.

항상 남보다 뒤처진 것 같았거든요. 파커는 가면 증후군에 시달리며 실제보다 더 확신 있게 행동하려고 했습니다. 실은 전부 다 내려놓고 그저 자기 자신이고 싶은 마음이 굴뚝같았지만요. 또한 규칙적으로 몸을 움직이면 몸과 마음이 (성과 역시) 한결 나아진다는 걸 알면서 운동을 꾸준히 하지 않았습니다. 그리고 무엇보다 자신이 다른 조직 CIO들에게서 상대적으로 고립되어 있다고 느꼈습니다. 전에 같은 처지를 경험한 적 있는 리더들에게 배울 것이 많을 텐데 말이에요.

파커와 나는 코칭 시간의 초점을 옮겨 보기로 했습니다. 이해와 전략에 들이는 시간은 줄이고 실천에 더 시간을 쓰면서 정말 효과를 발휘할 것들에 집중하기로 했어요. 그가 힘들어 한 각 영역에 관해서는 새 존재 방식에 더 걸맞은 행동들을 찾아보았어요. 다음은 이렇게 찾은 대안을 대략 적어 본 것입니다.

- ◆ 저녁 식사 시간에 핸드폰을 끈다. (집중)
- ◆ 다시 목공을 시작한다. 목공은 그가 CIO로 승진하기 전에 좋아하던 일로 그에게 몰입으로 들어가는 문이 되어 주던 취미였다. 이를 실천하려면 일주일에 3번 이상 밤에 지하 작업실로 내려가야 한다. (집중)
- ◆ 일주일에 3번 이상 한 번에 1시간씩 걷는다. (운동)
- ◆ 어려운 대화가 필요한 상황들을 적어 본다. 이런 대화는 당연히 어렵고 곤란하다는 사실을 받아들이고 대화를 시도한다.

더는 문제를 미루지 않는다. (수용)

♦ 밤에 침실에 들어갈 때는 절대 핸드폰을 가져가지 않는다. 그 정도로 충분하지 않을 때는 아예 핸드폰을 아래층에 둔다. 그간은 자다 일어나서 화장실에 갈 때면 무의식적으로 핸드폰을 확인한 뒤 생각이 동해서 다시 잠들기가 어려웠다. 하지만 이렇게 하면 그 습관에서 벗어날 수 있을 것이다. (집중)

♦ 회사 이사회에서 프레젠테이션 경험을 쌓되 불확실한 면이 있다면 겁내지 말고 드러내 수긍한다. "확실하진 않습니다" "잘 모르겠습니다만 같이 이야기해 보시죠" 같은 말을 부끄러워하지 않는다. (취약성)

♦ 우선순위를 기준으로 매주 집중할 일을 3개 이상 만들지 않는다. 집중하기로 한 3가지 각각에 대해서는 몇 가지 핵심 행동을 정한다. 각 우선순위 항목과 그에 따른 행동을 메모지에 적어서 책상에 붙인다. 아무리 좋은 기회가 새로 생기더라도 발 담그고 싶은 유혹에 휘말리지 않는다(기회는 항상 다시 온다). 대신 장기전에 집중한다. (인내)

♦ 베테랑 리더들에게 배우고 지지받기 위해 콘퍼런스나 CIO 모임에 더 많이 참석한다. (유대)

파커만 이런 문제를 겪는 것은 아닙니다. 또 다른 클라이언트인 서맨사는 직장인들이 최고로 역량을 발휘하며 가장 큰 만족감을 느끼도록 지원하는 회사를 설립해서 CEO로 재직하고 있어요. 파커처럼 서맨사 역시 이 책의 모든 원리를 빠르게 이해했습니다. 우리는 이 원리들을 이용해 그 회사에서 쓸 커리큘럼을 만들기도 했지요. 하지만 그렇다고 해서 30대 시절 완벽주의로 무장하고 '디비전 1Division 1'(전미 대학 체육 협회NCAA에서 대학, 학생 수, 예산 면에서 가장 규모가 크고 영향력 있는 단체—옮긴이) 소속 운동선수로 이름을 날리던 서맨사가 이제 벤처 캐피털 기금으로 회사를 키우고, 엄마가 되어 9개월 된 아기까지 돌보고 있다는 사실은 바뀌지 않았어요. 다시 말해 서맨사는 몸이 10개라도 부족했지요. 이 상황에서 의미 있는 변화를 만든다는 건 만만찮은 일입니다. 그녀는 직장인들이 건전하고 자유로운 공간에서 일하도록 돕는 회사를 설립했지만 정작 자신은 종종걸음 치다 무너지기 일보 직전인 듯한 기분이 들곤 했어요.

서맨사는 눈물을 흘리며 내 앞에서 이 점을 인정했습니다. 그러나 사실 그것만도 큰 진전이었어요. 그녀는 성장해 나가는 회사의 강하고 든든한 리더인 동시에 강하고 든든한 아내와 엄마이길 바랐지요. 그리고 이 모든 걸 한 번에 해내기 위해 안간힘을 썼어요. 항상 무거운 짐을 어깨에 올린 채 생활하는 것 같았고 모두가 자신만 바라보고 있다는 생각이 들었습니다. 나는 나 역시 종류는 다르지만 똑같은 부담을 느낄 때가 많다고 얘기했어요. 모든 면에서 완벽하고 싶고 특히 중요한 문제에 관해서 모든 사람에게 답을 줄 수 있으면 좋겠다는 생각을 많이 하니까요. 그런 사람이 되면 재미있을 것 같고 정말 그럴 때도 있긴 합니다. 하지만 진짜 그런 사람이라면 몹시 피곤할 거예요.

우리는 어떻게 하면 이런 것들이 짐이 아니라 짐을 지탱하는 내면의 묵직한 힘이 될 수 있을지 함께 이야기했습니다. 그러는 동안 서맨사는 퍼뜩 머릿속이 환해지는 것 같았어요. 그녀는 입으로는 취약성을 드러내야 한다고 말하면서 실제로는 자신에게든 남에게든 그렇게 하지 못했거든요. 그래서 (두려움과 불안을 감출 셈으로) 매사에 속도를 냈고 사랑이 아닌 두려움이 성과의 원동력이 되는 상황에 갇혀 옴짝달싹 못 하는 일이 많았습니다. 기대치는 터무니없이 높아서 웬만하면 만족감을 못 느꼈어요. 자신은 늘 부족하기만 한 사람 같았고요. 여기서 모순은 그렇게 높은 기대치와 거기서 비롯된 자신에 대한 불만이 결국 서맨사를 옭아매고 있었다는 사실이에요. 우리는 안착의 원리를 삶에 녹여 내기 위해 다음과 같이 움직여 보기로 했습니다.

◆ 스타트업은 설립과 운영이 모두 어렵다는 사실을 매일 같이 되새긴다. 대다수는 실패하며 그것이 스타트업의 생리다. 그런데 그녀의 회사는 여기까지 왔고 여전히 건재하므로 이미 큰 위업을 달성한 셈이다. 특히 서맨사의 회사는 코로나19로 인한 시장 침체를 버틸 자본과 문화가 구축되어 있다. 정말 대단한 일 아닌가. 서맨사는 화장실 거울에 이런 문구를 붙였다. "지지 않기 위한 노력은 그만. 이기기 위해 움직이기!" 서맨사는 매일 아침 이 문구를 보며 힘을 냈다. (수용)

◆ 매일 10분간 명상한다. 생각, 질문, 의심에 짓눌려 있던 뇌 속 알아차림awareness 영역과 연결되기 위해 시간과 공간을 확보한다. 명확하게 바라봄으로써 생기는 알아차림은 진정한 신호와 소음을 구분하는 데 힘이 됨을 기억한다. 알아차림은 많이 연습할수록 더 단단해지며 필요할 때 더 쉽게 시도할 수 있다. (집중)

◆ 주변의 다른 스타트업이 하는 일을 지나치게 신경 쓰지 않는다. 다른 곳에 눈을 돌리면 생각의 홍수에서 허우적거리게 될 뿐이다. 서맨사만의 사명과 목표에 집중한다. 시장을 무시하지 않되 전부 반응해야 한다는 강박을 버린다. 바로 반응해야 할 것 같아서 행동에 뛰어들고 싶은 마음이 들 때마다 사명과 목표를 되새기며 다음과 같이 자문한다. '확실한 변화를 일으키는 데 도움이 될 일인가?' (인내)

◆ 상황이 힘에 부치고 불안한 느낌이 들면 지금 일어나는 일을 정확하게 말로 표현하고 그것에 관해 대화한다. 대화는 먼저 자신과 시도하고 다음으로 지원군들과 시도한다. 지원군이 될 수 있는 사람들로는 나와 그녀의 남편, 가까운 친구 몇 명과 동료들이 있다. 괜찮지 않아도 괜찮다는 것을 기억한다. 문제는 괜찮지 않은 것을 괜찮지 않게 생각할 때, 그리고 도움을 청하지 않을 때 일어난다. (취약성, 유대)

◆ 운동을 하려면 올스타 선수 수준으로 해내야 한다는 생각에서 벗어나 몸과 마음의 건강을 위해 운동한다고 생각하는 쪽

으로 옮겨 간다. 운동할 때는 기록을 재지 않는다. 특정 목표를 염두에 두고 몸을 훈련해야 한다는 생각 역시 버린다. 신체 활동에서까지 항상 최고가 되어야 한다고 생각하지 않는다. 운동 영역에서 스스로 짊어지기 시작한 이 압박감은 전혀 도움이 되지 않는다는 사실을 인식하고 압박감을 내려놓는다. 내가 정말 좋아하는 한 친구가 말한 것처럼, 취미에서까지 이기려고 하지 않는다. (운동)

파커나 서맨사가 시작한 변화 중에 어마어마하게 어려운 일은 없었습니다. 그러나 그들은 변화를 실천하면서 완전히 다른 세상을 만났어요. 파커는 원리를 실천한 지 몇 달이 지나자 조바심이 줄고 힘은 커졌습니다. 이전이라면 중심을 흔들어 놓았을 일이 생기더라도 점차 동요하지 않게 되었지요. 잠도 더 잘 잤습니다. 의사도 좋아했어요. 스트레스를 피할 수 없는 자리로 승진한 지 딱 1년이 지난 뒤 파커는 혈압 검사 결과 10여 년 만에 처음으로 가장 낮은 수치를 받았어요. 서맨사는 전에 없이 마음이 가벼워지기 시작했습니다. 마치 끓어오르던 냄비에서 증기를 빼낸 것 같았어요. 그녀는 항상 완벽할 수 없다는 게 두려워하거나 피할 일이 아니라는 사실을 깨달았지요. 그건 오히려 인간이라면 당연히 드러나는 모습이었으니까요. 서맨사는 여전히 불안하고 긴장될 때가 있지만 그 느낌을 밀어내는 대신 있는 그대로 받아들입니다. 그러자 그 감정은 강도가 약해지고 지속 기간이 짧아졌어요. 그녀는 이기기 위한 싸움에 더 많은 시간과 에너지를 쓰고 있습니다.

복잡함보다
강력한 단순함

파커와 서맨사가 시도한 간단한 변화들은 아주 강력한 힘을 발휘할 수 있습니다. 말 그대로 정말 간단하기 때문이에요. 사람들은 필요 이상으로 일을 복잡하게 만들 때가 많아요. 행동을 바꾸기 위해 정말 필요한 것은 꾸준히 자리에 나와서 그 일을 하는 것뿐인데, 그걸 피하려는 속셈으로 다른 복잡한 방법을 찾기 때문이지요. 꿈꾸고 생각하고 말하는 것은 그만, 이제 행동하세요.

일은 복잡할수록 흥분하거나 말로만 그치기가 쉽습니다. 시작하기도 수월하고요. 하지만 지속하기는 어려워지지요. 복잡함은 변명과 탈출구를 만들고 언제든 마음을 바꿀 수 있도록 끝없이 선택지를 제시합니다. 그러나 단순함은 달라요. 단순함 뒤로는 숨기가 어렵습니다. 대신 언제나 변함없이 자리를 지켜야 하고, 바라는 변화를 만들려면 실행하는 수밖에 없어요. 단순함 속에서는 성공과 실패가 명확합니다. 피드백이 빠르고 직접적이므로 무엇이 효과적인가를 파악해서 그렇지 못한 것이 있다면 바꿀 수 있습니다.

습관과 루틴은
의지보다 세다

새로운 습관이 자리 잡히려면 21일이 걸린다는 말을 들어 봤을 겁니다. 이 '신화'는 1950년대에 성형외과 의사 맥스웰 몰츠Maxwell Maltz로부터 시작되었어요. 몰츠가 자신의 환자들을 지켜봤더니 수술 후 3주가 지나자 바뀐 얼굴에 적응했던 것이지요. 몰츠는 자신이 새 루틴에 익숙해지기까지 걸린 시간 역시 21일이었음을 깨달았습니다. 그는 이 내용을《맥스웰 몰츠 성공의 법칙》이란 제목의 책으로 출간했고, 이 책은 수백만 부가 팔린 베스트셀러가 되었어요. 몰츠의 발견은 매력적이기는 하지만 한 가지 문제가 있습니다. 몰츠 한 사람이 관찰한 결과일 뿐이라는 점이에요. 그러나 한 번의 일화는 과학적인 데이터로 일반화될 수 없습니다.

수십 년이 흐른 뒤 과학자들은 습관이 형성되는 과정을 더 엄격하고 과학적인 방법으로 살펴보았습니다. 2009년《유럽사회심리학저널European Journal of Social Psychology》에 실린 한 논문에서, 유니버시티칼리지런던의 연구진은 식습관, 음주 등의 활동에 관해 새로운 습관을 들이려고 하는 96명을 추적 관찰했습니다. 새로 습관을 들이는 과정은 '자동성 완성 과정reaching automaticity'이라고 부르기로 했어요. 자동성이란 생각과 노력, 내적 저항이 거의 없는 상태에서 행동을 시작할 수 있는 상태, 즉 존재 방식과 행위가 수월하게 하나로 연결되는 상태로 생각할 수 있습니다. 연구 결과 관찰 대상이 된 사람들이 새로운 습관을 들이는 데 걸린 시간은 평균 66일이었어요. 그러나 그 기간은 사람에 따라 매우 달랐지요. 자동성을 완성하기까지 18일이 걸린 사람이 있는가 하면 200일이 넘게 걸린 사람도 있었거든요. 사람들은 대개 그 기간이 최대한 짧게 걸리기를 바랍니다.

새로운 습관을 들이기(오래된 습관을 버리기)란 어려운 일입니다. 사람은 루틴을 따라 살아가는 존재들이에요. 이는 불교에서 마음을 다룰 때 언급하는 '습관 에너지habit energy'라는 말에 잘 나타납니다. 습관 에너지란 일상의 많은 행동을 결정짓는 개인적, 사회적 관성을 말해요. 습관 에너지는 우리가 지금껏 행해 온 방식이자, 문화에서 드러내거나 드러내지 않고 장려하는 방식이며, 우리 삶을 움직이는 흐름이에요. 틱낫한 스님은 이렇게 썼습니다. "습관 에너지는 사람보다 힘이 세서 항상 사람을 밀어붙인다." 습관 에너지와 맞서 싸우는 것은 물살을 거슬러 헤엄치는 것과 같아요. 사람을 몹시 지치게 하는, 질 것 뻔한 싸움이지요. 그러나 다행히 습관 에너지는 늘 싸워야만 하는 대상이 아닙니다. 습관 에너지를 잘 다듬으면 이로운 방향으로 사용할 수 있어요. 즉, 습관 에너지가 존재 방식과 행위를 일치시키는 과정에서 지지대 역할을 하도록 유도할 수 있습니다.

습관 에너지라는 개념은 최신 심리학을 통해 뒷받침됩니다. 최신 심리학에서는 새 습관을 들이기 위해 의지력에만 기대면 성과가 떨어지고 새 습관을 지속하기도 어려워진다고 말해요. 오래 길든 습관으로 돌아가고 싶은 유혹과 끝없이 싸움을 벌이는 것은 소모적인 일이지요. 한순간도 쉬지 않고 짜내다 보면 결국 의지력은 바닥을 드러낼 겁니다. 게다가 끊임없이 자신을 상대로 싸움을 벌인다고 해서 내면이 특별히 평화로워지는 것도 아니에요. 그보다 의지력의 필요성을 최소화하는 것이 습관을 바꾸는 데는 훨씬 더 도움이 됩니다. 가장 좋은 것은 의지력의 필요성을 완전히 없애 버리는 거지요. 방법은 다음과 같습니다. 먼저 시작하고 싶은(그만두고 싶은) 일상의 행동을 생각해 봅시다. 다음으로 시작하거나 그만두기 유리한 방향으로 환경을 조성합니다. 변화 과정에서 장애가 되는 것, 이를테면 힘에 부칠 만큼 의지력을 끌어내야 하는 것이 있는지 살피세요. 그런 뒤 그 장애물을 제거하기 위해 할 수 있는 일을 합니다. 이렇게 생각해 보세요. 아무리 건강하고 영양가 있는 음식을 먹고 싶어도 사탕 가게를 떠나지 않으면 사탕밖에 먹을 수 없잖아요. 그럴 때 할 일은 사탕 가게를 나가는 거예요.

반대로 원하는 행동을 하려면 도움이 되는 사람, 장소, 물건을 파악해서 생활에서 차지하는 비중을 늘리면 됩니다. 현명하게 주변을 정리하면 의지력에 의존하는 정도를 줄일 수 있어요.

안착의 모든 원리는 서로 긴밀히 연결되므로 하나씩 습관을 바꿔 나가면 시간이 갈수록 변화는 더 쉬워집니다. 습관을 바꾸는 것은 본질적으로 물살의 흐름(습관 에너지)이 더 안착한 삶을 향해 흘러가도록 방향을 바꿔 가는 과정이에요. 이런 변화가 일어나면 물살과 싸우는 대신 물살과 같은 방향으로 흘러갈 수 있지요. 그럴 때 우리의 존재 방식과 행위는 더 자연스럽고 수월하게 하나가 됩니다. 안착된 방식으로 살아갈 수 있는 거예요. 이제 이 변화에 도움이 될 몇 가지 실천법을 이야기해 봅시다.

(실천 1)

매일매일 조금씩 실천하기

앞서 2장에서는 불교의 '가려서 물 주기' 개념을 짚어 보았습니다. 사람은 모두 다양한 잠재력과 사고방식을 지녔어요. 그것들은 우리의 씨앗이며, 그 가운데 우리가 물 주는 것들의 크기가 자랍니다. 흔들림 없이 안착하고 싶다면 훈련만으로는 부족해요. 정말 안착을 바란다면 필요한 씨앗, 곧 수용, 집중, 인내, 취약성, 유대, 운동 등 우리가 이야기한 원리들에 매일 물을 주어야 합니다. 이런 원리가 자라나는 것을 방해하는 씨앗에는 지금부터 물을 주지 않는 것이 또 그만큼 중요하고요. 가령 현실 부정, 산만함, 속도를 위한 속도, 자만, 만능이 되려는 마음, 모든 것에 대한 끊임없는 최적화 등 영웅적 개인주의에서 비롯된 측면에는 이제 물 주기를 그만두세요.

안착의 각 원리에 관해서는 1~3가지 정도 확실한 실천 항목을 정해서 물을 줍시다. 이때 확실하게 그만둘 항목 역시 1~3가지를 정하세요. 안착의 각 원리는 우리의 존재 방식이 될 수 있어요. 우리가 할 일은 매일의 행동을 돌아보며 행위를 존재 방식과 일치시키려고 노력하는 겁니다. 이때는 최대한 단순하고 구체적으로 목표를 정하세요. 예컨대 "핸드폰은 덜 쓰고 운동은 더 하기" 같은 형태는 좋지 않습니다. 그보다는 "매일 저녁 7시에 핸드폰을 끄고 다음 날 아침 7시까지 서재 서랍 속에 넣어 두기" "매일 점심시간 전에 5킬로미터씩 걷기" 같은 형태가 바람직하지요. 스탠퍼드대학교 행동 설계 연구소장인 BJ 포그는 성공으로 가는 습관에 3가지 특징이 있다고 말합니다. 첫째, 그 일이 나에게 '자극'이 되어야 하고 둘째, 내가 그 일을 할 기술과 '능력'이 있어야 하며 셋째, 나에게 그 일을 하고 싶은 '동기'가 있어야 한다고 해요. 여기서 마지막 특징이 특히 중요합니다. '해야 한다'는 생각 때문에 하고 있다면 분명 변화는 훨씬 더 큰 저항에 부딪힐 거예요. 제일 좋은 것은 완벽하지 않더라도 정말 원하는 마음으로 변화를 시작하는 겁니다. 기억하세요. 작게 시작해서 단순하게 유지하고 구체적으로 실행해야 합니다. 다음 예시를 참고해 봅시다.

◆ **수용**: 삶에서 무언가를 간절히 바꾸고 싶다면 잠시 하던 일을 멈추고 자문해 보자. 만일 친구가 나와 같은 상황이라면 어떻게 조언할까? 떠오른 조언을 따른다. 스스로 통제할 수 없는 이유로 상황이 복잡해질 것이 분명하면 한 걸음 물러나서 내 기대치를 따져 본다. 기대치가 터무니없이 높아서 아무리 애써도 그만큼 해낼 수 없고 실망만 커진다면 기대치를 조정한다.

◆ **집중:** 이메일을 확인하고 SNS 화면을 넘기는 대신 매일 아침 양치 전에 명상을 한다. 인사이트타이머(명상 앱) 앱을 사용해 처음에는 5분으로 시작하고, 15분이 될 때까지 매주 1분씩 시간을 늘린다. 15분까지 시간이 늘면 그때 다시 평가한다.

◆ **인내:** 아침, 점심, 저녁 식사 시간 전에(하루 3차례) 5번씩 호흡한다. 친구나 동료들과 밖에서 식사할 때는 이에 관해 설명하고 양해를 구한다. 그렇게 하기가 불편하다면 음식을 포장해서 집으로 가져간다.

◆ **취약성:** 애인이나 가까운 친구가 안부를 물으면 무조건 잘 지낸다고 대답하지 않는다. 슬프거나 두려운 마음이 들면 있는 그대로 말한다. 혼자 있을 때 마음이 불편하면 그 감정에서 도망가지 말고 감정을 깊이 들여다볼 만큼 안전한 공간을 만든다. 필요하다면 다른 사람에게 도움을 청한다.

◆ **유대:** 한 달에 한 번 이런 주제를 다루는 책에 관해 함께 이야기하는 모임을 시작한다(나중에 더 자세히 이야기하겠다). 핸드폰으로는 SNS에 접속하지 않는다. 현실의 삶을 방해하는 중독성 있고 깊이는 없는 커뮤니티나 정보를 접하기가 쉬워지기 때문이다. 의지력에 기대지 말고 앱을 지운다.

◆ **운동:** 하루 중 절대 90분 이상 연달아 앉아 지내지 않는다. 중간중간 5분씩 걸으며 휴식한다.

매일매일 행위와 존재 방식을 일치시킬 확실한 계획이 정해지면 다음에 할 일은 계획을 실천하는 겁니다. 이 일은 (나를 비롯한) 많은 사람이 가장 어려워하는 부분이에요. 원리만 연습할 때는 내면이 흔들림 없이 단단하게 느껴지지만 일상의 분주함으로 돌아가 쫓기듯 생활하다 보면 그런 느낌은 사라질 때가 많아요. 그러나 이는 불가피한 상황이 아니에요. 이런 일이 일어나는 이유는 행위에 존재 방식이 늘 그대로 반영되지는 못하기 때문이지요. 파커의 말이 떠오르지 않나요? "전 이것들을 깊이 알고 있어요. 단지 더 많은 상황에서 더 꾸준히 실천하는 게 필요할 뿐이에요." 그러려면 습관 에너지의 방향을 바꿔야 합니다.

(실천 2)
자극, 행동, 보상 주기 만들기

우리가 하는 일에는 자극-행동-보상의 예측 가능한 주기를 따르는 것들이 많습니다. 그 간단한 예는 운동이에요. 이를 위한 자극은 냉장고 문에 붙인 운동 프로그램, 행동은 헬스장에 가는 것, 보상은 운동 후 만족감이 될 수 있어요.

시작하고 싶은 행동이 있다면 자극은 분명하게, 행동은 최대한 시작하기 좋게, 보상은 즉각적이고 만족감 높게 만드는 것을 목표로 합니다. 그만두고 싶은 행동이 있다면 그 반대로 하면 돼요. 자극은 치우고(핸드폰에서 중독성 있는 앱 지우기) 행동은 어렵게 만들고(인터넷에서 이런 서비스를 사용한 뒤에는 항상 로그아웃하세요. 다시 쓸 때마다 매번 아이디와 비밀번호를 입력하도록 말이죠) 그만두고 싶은 행동을 했다면 그에 대한 보상으로 자리에 앉아서 그때 찾아오는 부정적인 느낌(중독성 있는 앱은 1분만 쓰기로 했는데 1시간을 써 버린 뒤 느껴지는 불편하고 허무한 느낌)을 깊이 느껴 보세요. 이 주기는 모든 상황에 적용할 수 있습니다. 시작하고(멈추고) 싶은 행동을 분명하게 정한 뒤 이 행동을 유발하는(제한하는) 자극과 연결하고 행동을 쉽게(어렵게) 만들고 보상(부정적인 결과)을 인식하면 되는 거예요.

미국 앤아버에 위치한 미시간대학교에서 행동 과학을 연구하는 미셸 세가Michelle Segar의 연구에 따르면 습관은 내적 보상이 있을 때 더 오래 유지됩니다. 다른 사람을 기쁘게 하려고 하는 일이나 일과가 끝난 뒤 부업으로 하는 일은 내가 좋아서 하는 일이나 내 핵심 가치에 어울리는 일보다 오래 계속하기 어렵습니다. 이런 반가운 소식이 있나! 안착의 원리를 따르는 생활은 그 자체만으로 흡족한 일이에요. 행위(일상의 습관)를 존재 방식(구현하고자 하는 안착의 원리들)에 가깝게 바꿔 갈수록 만족감은 커진답니다. 습관 에너지의 끈질긴 관성 탓에 이 일이 저절로 일어나지는 않을 거예요. 하지만 조금이라도 변화가 일어나기 시작하면 그다음은 훨씬 쉬워집니다. 이것이 바로 더 안착한 삶을 살아갈 때 생기는 선순환이에요. 각각의 변화는 다음 변화의 토대가 되고 변화가 이어질수록 전체 과정이 점점 더 수월해지지요.

'실천 1'에서 결정한 각 항목에 대해 관련된 자극, 행동, 보상을 생각해 봅시다. 가장 강력한 보상은 내적인 것이므로 각 항목을 실천할 때(그만둘 때) 바라는 느낌이 무엇인지 생각해 보세요. 단 1분이라도 그 느낌을 제대로 음미하기 위해 하던 일을 멈추려면 어떻게 할지도 고민해 보고요. 또 원하는 행동을 더 수월하게 시작하려면 주변(사람, 장소, 물건)을 어떻게 정리할지 계획하세요. 어디서 저항이 생기고 어떻게 하면 저항을 낮추거나 없앨 수 있을지도 파악합시다. 습관을 다룰 때는 어떤 종류든 주변에서 자극이 될 수 있는 물건이나 사람의 영향을 과소평가하면 안 돼요. 오랜 지혜가 말하듯 습관 에너지, 즉 현재 삶의 흐름이 안착을 향하도록 방향을 바꾸고 싶다면 지금 할 수 있는 일을 해야 합니다.

다음은 '실천 1'에서 언급한 예시를 그대로 사용해서 자극, 행동, 보상의 주기가 작동하는 방식을 나타낸 것이에요.

수용

♦ 시작할 행동: 친구에게 조언하듯 나에게 조언하며 나와 거리를 둔다.

♦ 자극: 바라던 것과 달리 승진하지 못한 이유에 집착한다. 자기 전까지 여유로운 시간이 더 많았으면 좋겠다는 생각에 사로잡힌다.

♦ 보상: 집착의 악순환을 멈춘다. 상황을 개선하려면 어떤 행동

을 하는 편이 생산적일지 더 분명하고 바람직한 아이디어를 얻는다.

♦ 필요한 환경: 다음 문구를 넣어서 작은 팔찌를 만들어 차고 다닌다. "현실은 바꿀 수 없다. 현재를 받아들이고 여기서부터 시작하자."

집중

♦ 시작할 행동: 매일 아침 양치 전이나 후에 SNS 대신 명상을 한다.

♦ 자극: 일어나자마자 핸드폰을 찾는다. 이를 닦는다.

♦ 보상: 정말 중요한 일에 더 집중한다. 자주 길을 잃게 만드는 장애물들을 더 명확하게 알아차린다.

♦ 필요한 환경: 스마트폰 화면에서 인사이트타이머를 제외한 나머지 앱은 모두 지운다. 스마트폰에서 SNS 앱을 완전히 없앤다. 나처럼 이런 식으로 행동을 바꾸고 싶어 하는 친구를 찾아서 잘하고 있는지 서로 확인해 준다. 처음에는 당연히 힘든 일이라고 생각한다. 그렇게 하면 힘들더라도 그만두지 않을 수 있다.

인내

♦ 시작할 행동: 하루 3차례 5번씩 호흡한다.

♦ 자극: 식사한다.

♦ 보상: 즉시 성취감을 느끼고 차분해진다. 장기적으로 보아 마음이 들썩인다고 해서 곧바로 행동해야 하는 것은 아님을 점점 더 분명하게 인식하게 된다. 잠시 하던 일을 멈추고 중심을 잡은 뒤, 생각 없이 반응하는 대신 의식적으로 대처할 여유를 갖는다.

♦ 필요한 환경: 내가 이런 노력을 하는 중이라는 사실을 가족들에게 알리고 협조를 부탁한다. 작은 쪽지에 "5번 호흡하기"라고 적어서 주방 식탁 내 자리에 붙여 둔다. 식사 시간이 여의치 않으면 대신 샤워를 자극으로 이용한다.

취약성

♦ 시작할 행동: 내 삶에서 중요한 사람들에게 안부를 말할 때 더 솔직해진다. 반사적으로 "잘 지내"라고 대답하는 대신 하던 일을 멈추고 진정성 있게 대답한다.

♦ 자극: 여자 친구 리사나 가까운 친구 저스틴이 안부를 묻는다.

♦ 보상: 나에게 중요한 사람들과 더 가까워진다. 나를 감추는 데 들이는 에너지를 줄인다. 일을 비롯한 삶의 다른 영역에서

도 더 자신감 있게 취약성을 드러낸다.

◆ 필요한 환경: 취약성 더 드러내기 연습을 시작한다는 사실을
리사와 저스틴에게 미리 이야기한다. 처음에 느낄 불편함을
완화하는 데 도움이 될 것이다. 친구들 역시 각자의 취약한
면을 나에게 더 편안하게 이야기할 수 있으므로 관련된 모든
사람 사이에 현실적인 선순환이 이뤄질 것이다.

유대

◆ 시작할 행동: 매달 북 클럽에 참석한다(직접 시작하기).

◆ 자극: 매달 첫째 주 수요일 저녁(연중 모임이 있는 날을 미리 정
해서 나를 비롯한 모든 구성원이 북 클럽 모임 날짜를 중심으로 다
른 일을 계획할 수 있게 배려한다).

◆ 보상: 가까이 사는, 마음이 비슷한 사람들과 더 가까워진다.
이 책과 비슷한 주제의 책을 읽으며 책의 원리와 실천법을 적
용하면서 서로 응원하고 책임을 다한다. 내가 읽는 자료를 더
넓은 관점으로 바라본다.

◆ 필요한 환경: SNS 앱은 대개 깊은 유대를 맺는 데 장애가 되
므로 핸드폰에서 삭제한다. 대신 클럽 사람들과 정규 모임 사
이사이에 연락을 취하고 모임의 분위기를 유지하기 위해 북
클럽 그룹 채팅방을 만든다.

운동

♦ 시작할 행동: 90분 이상 연달아 앉아 있지 않는다. 틈틈이 5분씩 걸으면서 휴식한다.

♦ 자극: 화장실에 가고 싶은 생각이 든다. 컴퓨터 또는 핸드폰에 맞춰 놓은 알람이 울린다. 조바심이 들거나 답답한 기분이 들기 시작하면 시간을 확인한다. 1시간이 지났으면 휴식한다.

♦ 보상: 몸이 이완되고 창의력이 올라가며 집중력이 강화된다.

♦ 필요한 환경: 어디든 들고 다닐 수 있는 괜찮은 물병을 하나 사서 물을 가득 채워 둔다. 그러면 화장실에 더 자주 가야 하므로 나중에는 성가신 알람 소리에만 의존할 필요가 없어진다. 걸을 곳을 고민하지 않으려면 주로 일하는 장소 근처에서 걸을 만한 곳을 알아 둔다.

(실천 3)

내 행동 뒤돌아보기

행위가 존재 방식과 일치하는지는 정기적으로 확인해야 합니다. 쉬운 방법 한 가지는 일기를 쓰는 거예요. 한 주가 끝날 때마다 각 원리에 몇 분씩을 들여서 행위와 존재 방식이 얼마나 일치했는지 돌아보고 1~5점 사이로 점수를 매기세요. 그런 뒤 잘한 일과 잘

하지 못한 일을 최대한 간단하게 적으세요. 모든 내용은 가능한 한 솔직하고 간결하게 기록합니다. 강화할 점과 개선할 점을 파악하는 데 도움이 될 거예요. 일기를 쓰면 생활 방식이 더욱더 안착함에 따라 마음이 변화하는 과정을 돌아볼 수 있어요. 나중에 안착의 여정을 되짚어 보려 할 때 참고할 수도 있고요. 예컨대 나는 일기에 "인터넷 뉴스에 시간을 너무 많이 썼다" "다음 일로 넘어갈 때 시간이 너무 빠듯했다" 같은 말을 쓰게 되는 주가 있습니다. 그럴 때는 보통 마음이 편치 않아요. 하지만 이런 점을 찬찬히 돌아보고 나면 다시 본래 자리로 돌아와서 다음 주를 맞이할 수 있지요.

시간이 흐르면서 존재 방식과 행위의 주기가 점차 하나로 맞춰지고 안착의 원리들이 단단하게 자리 잡히면 돌아보는 과정은 그렇게 자주 하지 않아도 됩니다. 그때쯤 행위는 곧 제2의 자아가 되어 가기 시작할 거예요. 그렇게만 된다면 정말 훌륭하지요. 그렇더라도 1년에 한 번 이상은 일기로든 다른 방법으로든 정기적으로 자신을 돌아보는 것이 좋습니다. 단 몇 분이라도 괜찮아요. 그런 뒤 그 내용을 다른 사람과 공유한다면 훨씬 더 가치가 커질 거예요.

실천 4
함께 실천하는 그룹 만들기

이제 잘 알고 있겠지만 어려운 과제는 보통 혼자 할 때보다 다른 사람과 함께할 때 더 효과적이고 성취감도 커집니다. 안착의 원리대로 생활할 때도 마찬가지예요. 여러 사람이 한 그룹이 되어 안착 프로젝트를 수행하면 과정이 더 수월해지지요. 안착의 원리를 열심히 실천하며 정기적으로 모일 수 있는 사람들로 그룹을 만드세요. 내 경험상 이런 그룹은 2~8명 사이가 가장 좋아요. 모임에서는 각자의 목표와 성공, 실패, 공통으로 느끼는 어려움 등에 관해 이야기하며 전략과 수단을 공유하세요. 서로 책임을 주되 어려워하는 사람이 있으면 애정과 지지를 아끼지 말고요. 어떤 형식이든 좋아요. 가령 매주나 격주, 또는 매월 만나기로 하고 만날 때마다 한 가지 원리에 집중할 수도 있고, 원리당 1시간을 잡고 하루에 모든 원리를 다 다룰 수도 있어요. 형식에 관한 가능성은 무궁무진합니다.

안착을 바탕으로 한 성공의 힘과 가치는 여러 사람과 나눌 때 기하급수적으로 커집니다. 삶에 포함된 사람과 조직은 습관 에너지를 지탱하는 흐름에서 어마어마한 비중을 차지해요. 내 가족과 내가 속한 여러 집단, 동료들이 나와 같이 안착의 원리를 적용해서 생활한다면 이 모든 것이 얼마나 수월해질지 상상해 보세요. 5장에서 다룬 셜레인 플래너건 효과에서 보았잖아요. 여러 사람이 함께 안착의 원리를 실천하면 나뿐 아니라 나와 관련된 모든 사람에게 안착을 통한 유익이 돌아간답니다.

안착의 원리들은 조직과 사회에도 적용할 수 있어요. 수용, 집중, 인내, 취약성, 유대, 운동의 가치를 알고 실천하는(그리고 몸과 마음의 건강을 널리 장려하는) 조직과 문화는 성장하고 발전합니다. 나는 조직과 사회에서도 안착의 원리를 똑같이 실천하고 싶어 하는 사람을 많이 보았어요. 운동팀, 대학의 학과, 창의적인 작업이 이뤄지는 작업실과 소규모 스타트업, 대형 기업 등 다양한 환경에 놓인 사람들이 간절히 안착의 원리를 따르고 싶어 합니다. 이는 놀랄 일이 아니에요. 누구나 내면의 힘과 깊은 신뢰, 안정감, 그리고 더 흡족한 성공을 경험하고 싶어 하니까요. 그런 경험을 키워 주는 조직과 사회의 일원이 되기를 마다할 사람은 없습니다.

개인에게만큼 조직에서도 행동은 간단하고 구체적일 때 가장 좋아요. 다음은 과거에 내가 여러 조직과 함께 시도한 방법들입니다.

- **수용:** 중대한 모든 전략적 결정에 대해 "우리는 어떤 점에서 틀릴 수 있는가?"라고 질문한다. 위험 부담이 큰 상황에서는 반대편에 서서 잘못을 꼬집으며 '악마의 변호인devil's advocate' 역할을 할 사람을 특정한다. 감정적으로 민감한 문제에 대해서는 외부의 관점을 빌린다.
- **집중:** 중요한 회의에서 핸드폰을 비롯한 디지털 기기를 없앤다. 일부 운동팀에서는 훈련 시간 동안 디지털 기기를 사용하지 않는 규칙을 적용한다.
- **인내:** 조직의 성공을 측정할 때는 단기적인 결과보다 장기적인 성장을 강조하는 전략을 쓴다. 장기 목표를 세운 뒤 부분

으로 나누고 그 각각에 집중한다.

- ♦ **취약성:** 리더로서 열린 마음을 갖고 5장에 언급한 단계들을 통해 심리적 안정감을 확보한다.
- ♦ **유대:** 직원들이 참여할 수 있는 북 클럽을 만든다. 모두가 주인 의식을 느끼도록 북 클럽에서 읽을 책은 구성원들의 투표로 결정한다.
- ♦ **운동:** (가능한 사람들에 대해) '걷는 회의' 선호 전략을 도입하고 사내에 헬스장과 샤워실을 만든다. 상황이 여의치 않으면 가까운 체육 시설과 연계해서 직원들에게 무료 회원권을 제공한다.

마무리

누구나 어쩌다 한 번은 의미 있는 행동에 집중할 수 있습니다. 깊은 깨달음을 느낀 뒤라면 더 그럴 거예요. 그러나 꾸준한 변화가 일어나려면 일관성 있고 지속적이며 일상적인 실천이 뒷받침되어야 해요. 이번 장에서는 존재 방식과 행위를 일치시키는 법을 이야기했고, 습관 에너지의 방향을 바꾸려고 할 때 자주 마주치는 함정들을 짚어 보았습니다. 소소하고 간단하며 구체적인 행동을 통해 안착으로 이어질 씨앗에만 물을 주는 가치를 언급했으며, 그런 행동이 수월해지도록 의식적으로 주변을 정리하는 것이 의지력에만 의존하는 것보다 효과적이라고 이야기했어요. 더불어 연습 때만이 아니라 일상으로 돌아가서도 가려서 물 주기를 실천할 확실한 계획을 제시했고, 다른 사람들의 도움을 받으며 그 과정을 밟아 갈 때 훨씬 더 큰 힘을 얻을 수 있다고 강조했습니다.

다음 장이자 이 책의 마지막 장에서는 개인과 사회가 모두 안착의 원리들을 적용해야 하는 이유를 다시 이야기하려고 합니다. 더 굳게 안착한 성공을 말할 때 궁극의 종착점은 없다는 점도 같이 언급할 거예요. 여기서는 과정이 곧 목표고 목표가 곧 과정이기 때문이지요. 다급하고 절실하며 때로 어려운 일은 그저 계속하는 것이 답이랍니다.

8장

과정에 집중하면
결과는 저절로 펼쳐진다

이대로는 위험합니다. 앞으로도 지금까지처럼 생활한다면 영웅적 개인주의와 그와 관련된 불만 증상(번아웃, 조바심, 불안, 우울, 외로움, 중독 등)은 달라지지 않을 거예요. 새로운 접근법, 더 나은 길이 필요합니다. 답은 안착의 원리들을 적용하고 실천하는 것이지요. 삶의 진정한 주인이 되고 싶다면 즉 수용, 집중, 인내, 취약성, 유대, 운동의 원리들을 굳건하게 다지며 살아가고 싶다면 내가 할 수 있는 일을 해야 합니다. 오랜 지혜와 오늘의 과학, 그리고 늘 안착을 우선시하며 살아온 사람들의 경험에는, 이 원리들이 결합하면 그 바탕 위에서 행복과 건강, 성취감을 느끼며 진정 성공적인 삶을 살 수 있음이 나타납니다.

안착에 집중하는 삶은 때로 시험을 맞기도 해요. 그러나 이 책의 원리들을 꾸준히 실천하려면 개인적, 문화적 관성을 이겨 내야만 합니다. 요즘 세상에서는 안착의 원리를 따르기보다 근본 토대를 등한시하는 일이 너무 많다는 사실을 명심하세요.

안착은 꾸준한 실천을 바탕으로 할 때 가장 효과적이며 보상이 큽니다. 모든 일이 그렇듯 안착을 이루는 과정에도 고저와 기복이 있어요. 모든 것이 딱딱 맞아떨어지면서 강한 동기가 느껴질 때가 있는가 하면, 오래 길들어 있던 존재 방식과 행위 방식으로 되돌아가 버리는 때가 있지요. 그러나 전부 정상입니다. 무명의 한 일본인 승려는 이렇게 말했어요. "실천은 쌓으면 무너지고 쌓으면 다시 무너진다. 실천은 그렇게 작동한다."

이 책을 마무리하는 이번 장에서는 성공적인 실천에 관한 새로운 관점과 실천을 정착시키는 법, 그리고 실천이 무너질 때의 대처법을 모두 다루려고 합니다. 책이 마무리될 즈음이면 이러한 것들에 대한 앎으로 무장하고 더욱더 안착한 삶을 향해 본격적인 여정을 시작할 수 있을 거예요.

중요한 변화는 중요한 실천으로부터

실천이라고 하면 제일 먼저 무엇이 떠오르나요? 나는 이 책을 쓰면서 전보다 훨씬 더 넓은 관점으로 실천을 바라보게 되었습니다. 실천이란 꾸준한 성장을 염두에 두고 의도를 담아 주의를 기울이며 의식적으로 노력하는 것을 말해요. 그렇게 하려면 스스로 생각한 것이든 신뢰하는 다른 사람이 말해 준 것이든 피드백에 세심히 주의를 기울여 필요한 부분을 바꿔 나가야 합니다.

문예, 법조, 의료, 운동, 교육, 예술, 육아, 리더십, 코칭, 명상 등 모든 분야가 실천의 영역이 될 수 있어요. 마라톤 기록 2분 단축하기, 스피치 역량 강화하기, 더 강하고 친절하고 현명하고 안착한 사람 되기 등 실천의 기술은 나아지기 위해 노력하는 모든 일에 적용할 수 있지요. '활동'이 '실천'이 되면 일회적 '행위'는 '존재 방식'을 향한 지속적 과정이 됩니다. 뉴욕대학교에서 역사와 종교를 가르치는 제임스 카스James Carse 교수는 실천을 '무한 게임infinite game'이라 일컬었어요. 카스는 알 만한 사람들 사이에서 고전이 된 저서《유한 게임과 무한 게임》에서, 유한 게임은 이기거나 지는 분명한 결론으로 끝이 난다고 말했습니다. 반면 무한 게임은 명칭에서 드러나듯 끝없이 계속되지요. 무한 게임의 궁극적인 목표는 게임을 계속하는 것이기 때문이에요.

어떤 일을 일회성 활동으로 여기면 그 일은 '좋은 것'이나 '나쁜 것'으로 이름이 정해져 버리고 더는 계속되지 않으며 잊어버리면 그만인 것이 돼요. 그러나 어떤 일을 꾸준한 실천으로 여기면 계속되는 배움과 뜻깊은 변화, 합일의 의미가 생깁니다. 무언가를 실천할 때는 하늘 높이 올라가는 순간도 있고 저 아래 땅속까지 떨어지는 순간도 있어요. 그러나 그것은 더 큰 과정의 일부일 뿐 중요한 것은 과정 그 자체예요. 과정에서 비롯된 결과가 아니라 그 과정을 어떻게 거치는가가 문제가 되지요. 삶에서 결과는 짧은 순간에 나타났다 사라지지만 나머지 99퍼센트 이상은 과정입니다.

철학자 테리 패튼Tarry Patten이 저서 《마음의 새로운 공화국A New Republic of the Heart》에서 한 말에 따르면, 사람들은 대개 특정 생활 방식을 '좇는 사람seeker'에서 그 생활 방식을 '실천하는 사람practitioner'으로 옮겨 갈 때 그 부수적인 결과로서 어느 때보다 큰 만족감을 얻는다고 합니다. 패튼은 우리가 앞서 존재 방식과 행위의 주기에 관해 주로 다룬 내용을 언급하며 이렇게 썼어요. "평생에 걸친 꾸준하고 진득한 실천은 꼭 필요한 일이다. 우리는 항상 지금 하는 행동과 관련된 신경 회로를 강화하고 있다. 현재 어떤 존재 방식을 지니고 살아가든 나중에는 그 방식이 더 분명해질 것이다. 즉, 우리는 항상 무언가를 실천하며 살아간다."

중요한 변화를 일으키려면 중요한 실천이 뒷받침되어야 합니다. 지금부터 삶에서 안착을 더 강조하고 싶다면 다음 사항들을 명심하세요. 모두 이미 앞서 언급한 내용이며, 성공적인 실천을 위한 지침이 되어 줄 거예요.

- ◆ 구체적인 결과를 달성하는 문제는 걱정하지 않는다. 현재 내가 있는 위치에 초점을 맞추고 지금의 최선을 다해 안착의 원리를 적용하는 데 집중한다. 과정에 집중하면 바라는 결과는 저절로 펼쳐진다.
- ◆ 어떤 일이든 의식적으로 한다. 안착의 원리들을 계속해 되새

기고, 내가 그 원리들을 어떻게 실천하고 있는지 꾸준히 되짚어 본다. 삶에는 내 힘으로 통제할 수 없는 것만큼 통제할 수 있는 것 역시 충분히 많다. 후자에 집중한다.

♦ 가능할 때마다 마음이 비슷한 사람들과 힘을 모으고 필요할 때 겁내지 말고 도움을 청한다. 도와 달라는 말은 나약함이 아닌 굳건함을 뜻한다.

♦ 멀리 보고, 언제든 실패할 수 있음을 받아들인다. 가끔은 실패할 수 있다고 생각하면 실패하더라도 당황하거나 경로에서 벗어나지 않을 것이다. 실패는 과정의 일부일 뿐이며, 과정을 통해 배우고 성장할 수 있다.

♦ 영웅적 개인주의에 대한 문화적 행동 양식과 달리 나를 다른 사람과 비교하지 않는다. 나는 과거의 나와 비교하고, 나를 평가할 때는 지금 내가 들이는 노력을 기준으로 삼는다.

동양의 오랜 지혜에서는 실천을 '길path, 道'의 개념으로 이해합니다. 여기에는 절대 끝나지 않고 무한하게 이어지는 실천의 본질이 잘 드러나지요. 실천은 계속되는 배움과 단련만 있고 종착점은 없는 무한 게임이에요. 안착의 실천을 이런 방향으로 이해하면 때로 길을 벗어나는 것 또한 불가피하다는 사실을 받아들일 수 있습니다. 하지만 괜찮아요. 우리가 할 일은 돌아오는 거니까요.

실패하면 다시 돌아오면 된다

나를 포함해 정말 많은 사람이 흔히 빠지는 함정이 있습니다. '이런 종류의 책을 읽는다 → 바꿔야 할 점들을 뚜렷하게 인식한다 → 그 부분을 바꾸고 신이 난다 → 그러다 실패를 겪는다(실패가 여러 번일 때도 있다) → 완전히 무너진다.' 이 주기의 모든 부분은 맨 마지막 부분을 제외하고는 피하기가 어렵습니다. 나는 의미 있는 변화에 성공한 뒤 절대 실패를 경험하지 않는 사람을 본 적이 없어요. 성공적인 변화로 가는 데 꼭 필요한 한 가지는 실패하지 않는 것이 아니라 실패에 적절히 반응하는 거예요. 사람은 누구나 영감을 얻고 동기를 느낄 수 있습니다. 상황이 순조로울 때는 누구든 시작부터 앞만 보고 달려갈 수 있어요. 그러나 실패한 뒤 돌아오는 사람은 많지 않지요. 대략 짐작해서 하는 말이 아닙니다. 매년 정말 많은 사람이 변화를 시도하는 중에 이 말이 사실임을 입증하니까요.

예수회가 펜실베이니아에서 운영하는 작은 학교 스크랜튼대학교는 새해 계획 성공률을 추적 조사한 적이 있습니다. 연구진의 자료에 따르면 새해 목표를 계획한 사람의 40퍼센트가 2월이면 손을 놓고, 90퍼센트가 연말이면 계획과 멀어진다고 해요. 사람이 나약한 존재라서가 아니라 생활 방식을 바꾸는 것이 그만큼 힘들기 때문이지요.

내 생각에 새해 계획이 실패하는 이유 중 하나는 완벽해야 한다는 생각 때문인 것 같습니다. 사람들은 자신이 완벽하지 못할 때 좌절해요. 변화가 어려울수록 실패하거나 과거의 방식으로 돌아가기는 쉬워지지요. 이때는 상황에 어떻게 반응하는가가 중요해요. 만일 좌절감을 느끼고 변화에서 손을 떼 버리면('알 게 뭐야, 나랑은 안 맞는 일이었어') 좋은 결말을 기대할 수 없어요. 반대도 역시 마찬가지입니다. 내면의 소리가 지나치게 모질고 가혹하면('이걸 아직도 못 고치다니, 난 글렀어!') 실패 또는 실패의 악순환이 더 심각하게 일어날 수 있어요.

2012년 《성격과사회심리학저널Personality and Social Psychology Bulletin》에 수록된 한 논문에서는 실패에 대해 자기 연민으로 반응하는 사람이 자학으로 반응하는 사람보다 더 신속하게 자리를 찾아 돌아온다는 결과가 나왔습니다. UC버클리 연구진인 줄리애나 브레인스Juliana Breines와 세리나 첸Serena Chen은 이 연구에서 실험 참가자들에게 각자 약점을 생각해 보라고 한 뒤 그들이 실패를 경험하도록 상황을 유도했어요. 자기 연민 기술을 배운 참가자들은 약점을 극복하는 쪽으로 마음이 기울었지요. 그들은 문제 해결과 거리를 두거나 아예 해결을 그만두는 대신 적극적으로 문제를 바로잡으려고 했습니다. 브레인스와 첸은 이렇게 썼어요. "실험 결과 다소 역설적이기는 하지만 실패를 겪을 때 수용적 태도로 접근하는 사람들은 문제를 개선하게끔 스스로 동기를 부여할 수 있다."

일이 잘못됐을 때 자신을 탓하면 자책감이나 수치심을 느끼기가 쉽습니다. 심리학자이자 텍사스대학교 조교수인 크리스틴 네프Kristin Neff의 연구에 따르면 사람들은 이 자책감이나 수치심 때문에 일을 다시 시작하거나 계속하지 못하는 경우가 많아요. 네프의 연구 전반에서는 어렵고 힘든 시간 속에서 자신을 친절히 대할 때 발전하고 성장하는 데 필요한 끈기가 생긴다는 점이 드러납니다. 바라던 일을 할 가장 좋은 기회가 어제 지나가 버렸다고 슬퍼하지 마세요. 그렇게 할 두 번째로 좋은 기회가 오늘 여기 있으니까요. 자신을 채찍질하는 건 절대적으로 시간과 에너지를 낭비하는 일입니다.

행동 수정과 관련된 통념에는 혼자 힘으로 책임지고 다시 일어서게 하라는 쪽과 끝없이 사랑하고 보살펴 주라는 쪽이 있습니다. 이 두 의견은 보통 서로 상반되는 입장으로 보이지만 사실은 서로 보완하는 역할을 해요. 이 2가지는 모두 필요하지요. 행동을 바꾸려면 강한 자기 수양에 강한 자기 연민을 더해야 하거든요. 자기 연민의 중요성은 1장에서 이미 언급한 적이 있지만 여기서 한 번 더 짚어 보기로 해요. 자기 연민은 생활이 전반적으로 더 안착의 방향으로 옮겨 가는 과정에 접근할 때 유용하게 쓰일 수 있습니다.

♦ 어떤 일로든 자신을 비난하지 않는다.

♦ 실패나 머릿속에 들리는 비난의 음성을 우는 아기 달래는 마음으로 대한다.

♦ 부정적인 생각을 가라앉히고 다시 제자리로 돌아오는 데 도움이 될 만트라를 만든다. '현실은 바꿀 수 없고 난 지금 최선

을 다하고 있어.'(만트라에 관해 더 알아보려면 1장을 참고하세요.)

내가 꽤 오랫동안 코치해 온 로런Lauren은 빠르게 성장하는 대형 기술 회사의 최고 경영진입니다. 로런은 회사의 초창기 직원이었어요. 이제 이 회사에는 600여 명의 직원이 있는데 회사를 설립한 사람들이 하나둘 회사를 떠나고 나자 지금은 로런이 최고참 직원이지요(로런은 겨우 30대이므로 근속 기간이 길 뿐 나이가 제일 많은 건 아니에요). 그녀는 개인적으로도 리더로도 정말 훌륭한 사람입니다. 그런 그녀의 가장 큰 문제는 회사를 너무 사랑한다는 거예요. 때로는 지나칠 정도로요. 로런은 회사를 자식처럼 여깁니다. 회사의 미래를 자신이 끌고 가야만 한다고 생각해요. 맞아요, 우리는 코칭 시간이면 안착의 원리들을 빠짐없이 다룹니다. 하지만 가장 공들여 연습하는 건 바로 자기 연민이에요.

"사랑하는 법과 사랑하지 않는 법을 가르쳐 주소서." T. S. 엘리엇의 시에 나오는 유명한 구절입니다. 후자는 로런의 본성과 거리가 멀어요. 그녀가 자기 분야에서 고공 행진을 하며 견고함과 강인함, 성취감을 느끼는 데 방해가 됐던 건 머리가 아니라(로런은 흠잡을 데 없이 예리하고 합리적인 사람이에요) 가슴이었어요. 로런은 조금 더 부드러운 리더가 되어야 했습니다. 이건 사실 여성 리더들에게 특히 어려운 일이에요. 여자들은 너무 유하기만 해서 같이 일하기 어렵다는 편견이 생길 수 있기 때문이지요. 그녀는 앞서 말한 자기 연민을 실천하면서 모든 감정을 있는 그대로 느끼는 법을 배웠고, 열심히 노력한 끝에 압도되지 않고 감정을 잡아 둘 공간을 확보했습니다. 엄격하고 치밀하며 합리적인 생각에 부드럽고 관대한 마음을 더하면서 더욱더 안착한 리더가 되었어요. 로런은 거칠 것 없는 행보를 이어 갔으며 무엇보다 더 건강하고 안착한 사람으로 거듭났습니다.

연꽃 속 보석을 얻는 법

'옴마니반메훔'은 동양에서 가장 유명한 만트라 중 하나입니다. 산스크리트어인 이 말은 영어로는 '연꽃에 든 보석the jewel in the lotus' 정도로 번역됩니다. 이 말에는 여러 가지 의미가 있지만 심리학을 연구하며 불교를 가르치는 잭 콘필드Jack Kornfield는 그 상징을 다음과 같이 설명합니다. "마음이라는 보석이 가슴이라는 연꽃에 머물 때 연민이 일어납니다."

서구에서는 머리와 가슴을 분리하는 경향이 있어요. 머리는 합리적인 생각을 담당한다고 해요. 견고하고 객관적인 사실을 인식하고 선과 악, 옳고 그름을 분별한다고 여깁니다. 가슴은 감정을 담당하고 유한 성질이 있습니다. 가슴에 지나치게 집중하면 나약해지거나 길을 잃는다고 하지요. 그러나 이런 이분법은 진실과 완전히 다릅니다. 머리는 가슴속에서 가장 강해집니다. 무언가를 바로잡으려는 노력은 사랑과 연민 속에서 가장 큰 힘을 발휘해요. 로런의 경험과 같은 맥락에서, 콘필드는 머리를 가슴에 둘 때 "다이아몬드 같은 투명함dimond-like clarity"이 생긴다고 썼습니다. 연꽃에 든 보석을 얻게 된다는 말이에요.

안착한 삶을 향한 변화를 성공적으로 이뤄 내려면 머리를 가슴에 두는 편이 현명합니다. 경로를 바꿀 때는 분명한 인식으로 투명하게 상황을 바라보아야 해요. 그리고 돌아가고자 할 때는 그런 자신을 이해와 친절로 대해야 하고요. 거듭해서 몇 번이라도 말입니다. 안착의 원리는 적용하기 전까지는 머릿속에 보기 좋고 깔끔하게 정리된 지식일 뿐이에요. 그러나 현실은 그렇게 정돈되어 있지 않아요. 이 책에서 말하는 삶을 바꾸는 교훈을 실천하려면 머릿속 공간만큼 마음속 공간도 필요합니다.

꾸준히 나아가세요. 그러다 길에서 벗어날 수도 있지만 돌아오면 됩니다. 쉬운 만큼 어렵고 어려운 만큼 쉬운 일이지요.

2021년을 바라보며 이 책의 집필을 마무리하는 지금 아직 세계 여러 지역에서는 코로나19가 기승을 부리는 중입니다. 그러는 동안 미국과 유럽에서는 사회 정의를 외치는 대규모 시위가 일어났어요. 이러한 사건이 유달리 의미심장해 보이는 것은 사실이지만(분명 그런 면이 있지만) 이 상황이 우리가 평생 경험하는 변화와 혼란의 처음이나 끝은 아닐 겁니다. 그러나 이런 일이 생기면 사람들은 한 걸음 물러나 자문하게 돼요. '나에게 중요한 건 뭘까? 나는 어떻게 살아야 하지? 세상을 살아가는 짧은 시간 동안 내가 원하는 건 뭘까?' 이 책을 2021년에 읽든 2051년에 읽든 이 질문은 항상 계속되어야 합니다. 왜냐하면 한 번에 풀릴 질문이 아니기 때문이에요.

앞서 나는 사람들이 많은 시간과 에너지를 들여 얻고자 하는 관습적 의미의 성공(돈, 명예, 지위, 분주함, 팔로워 등)은 전부 그렇게 대단한 것이 아니라고 이야기했어요. 이런 것들을 얻으려고 노력해서는 안 된다는 뜻이 아니에요. 내면의 깊은 토대에 집중하는 데 더 많은 시간과 에너지를 들여야 한다는 말을 하려는 겁니다. 모든 노력의 근간이 되는 것들에 말이에요. 그럴 때 성공의 정의만이 아니라 성공을 향한 노력의 질감과 성공을 경험하고 얻는 만족감이 달라질 거예요. 높이 도달할 기회는 여전히 손에 쥔 채 더욱더 단단한 바탕을 딛고 나아갈 거고요. 더 편안한 마음으로 더 좋은 성과를 얻을 거예요. 그리고 공동체 안에서 더 나은 구성원이 되어 갈 겁니다. 이렇게 생각해 봅시다. 올더스 헉슬리의 상징적인 소설 《멋진 신세계》는, 사람들이 보이지 않는 힘에 의해 통제되며 정신을 빼앗길 때 일어나는 일을 디스토피아적으로 그려 냈습니다. 피상적인 흥분은 삶을 더없이 따분하게 해요. 독립된 사고와 목적, 그리고 조금이라도 깊이 있는 것들이 사라지면 사회는 점점 더 무섭게 와해하지요. 물론 지금 우리가 사는 곳은 '멋진 신세계'가 아닙니다. 적어도 아직은 말이에요. 그러나 안심할 수 없을 만큼 너무 가까이 간 것만은 분명해요. 그래서 지금 물러나야 합니다. 그런 의미에서 안착의 원리를 실천하는 것은 개인의 영역인 동시에 어느 모로 보나 사회의 영역이기도 하지요.

부디 이 책이 어떻게 살 것인가에 대한 당신의 고민에 새로운 길을 열어 주었기를 바랍니다. 이 책이 제시한 실천법을 통해 당신이 바라는 삶이 현실이 되길 바라요. 그 과정에서 망상과 헛된 바람 대신 수용을, 산만함 대신 집중을, 속도 대신 인내를, 절대적인 힘 대신 취약성을, 고립 대신 깊은 유대를, 앉아서만 지내는 생활 대신 몸을 움직이는 생활을, 영웅적 개인주의 대신 안착을 선택하길 바랍니다.

안착한 삶은 개인적인 프로젝트로 시작될지 모르지만 공동체 안에서 확장하고 성장해요. 이 책이 충분히 가치 있게 여겨진다면 가족, 친구, 이웃, 동료들과 공유해 주세요. 함께하는 우리가 많아질수록 더 나은 프로젝트가 될 것입니다.

감사의 말

이 책이 출간을 맞게 된 것은 공동의 노력 덕분입니다. 함께한 모든 이에게 깊은 고마움을 전합니다.

우선 존경스러운 길에 동행을 허락해 준 내 모든 클라이언트(이름은 가명을 썼습니다)에게 감사합니다. 이들을 가르치는 것은 특권입니다. 나는 가르치는 만큼 배우고 있어요. 그 외에 내가 이 책에 인용한 이야기의 각 주인공에게 감사를 전합니다. 그들은 나에게만이 아니라 때로 더 많은 사람에게까지 솔직하게 취약성을 드러냈습니다. 특히 가장 참혹했을 순간들을 구구절절 이야기해 준 스티븐 헤이즈, 세라 트루, 마이크 포즈너, 앤드리아 바버에게 감사합니다.

다음으로 나와 가장 가까운 이들에게 마음을 전하고 싶어요. 눈이 오나 비가 오나 변함없이 나를 위해 자리를 지켜 주어 정말로 감사합니다. 그대들이 아니었다면 내가 어디서 무엇을 하고 있을 지 상상조차 할 수 없어요. 나와 작업을 같이하는 스티브 매그니스, 내 친구 저스틴 보슬리, 우리 형 에릭 스털버그, 내 심리 상담사 겸 코치 브룩 벤 우스브리, 당신들을 사랑합니다.

이 책에 직접적인 영향을 준 동료와 멘토, 친구들을 구체적으로 언급하고 싶어요. 내 정신과 담당의 루카스 벤 다이크 선생님은 나에게 강박 장애를 진단하고 내가 내 마음을 이해하고 치유할 수 있게 도와주었어요. 명상 선생님 저드슨 브루어는 깊이 집중하는 법을 가르쳐 주었지요. 라이언 홀리데이와 칼 뉴포트는 내가 이 책을 쓸 수 있게 힘을 주었고 포트폴리오 출판사와 협업할 수 있게 격려해 주었습니다. 데이비드 엡스타인은 거의 모든 일에서 자문 역할을 했고요(정말 많은 걸 아는 사람이에요). 라이애나 이맴은 끝없이 대화하며 내 글을 읽고 탁월한 글재주를 나눠 주었습니다. 애덤 알터는 이 책의 개념에 대한 내 이야기를 몇 번이고 다시 들은 뒤 "당신이 찾는 말은 '안착'인 것 같아요"라고 귀띔해 주었답니다.

마리오 프레올리는 나와 여러 차례 산행을 함께했어요. 그러는 동안 이 친구와 함께 '성공'에 관해 이야기한 덕분에 이 책을 시작할 수 있었습니다. 셜레인 플래너건은 자신의 이야기를 책에 싣도록 허락하기도 했지만 무엇보다 나에게 좋은 친구가 되어 주었고요. 친구이자 속 깊은 파트너인 리치 롤과 에밀리 에스파니 스미스는 내가 세상이 정의하는 성공의 틀을 바꾸려 할 때 뜻을 함께해 주었습니다. 나와 그룹 이메일을 주고받는 마이크 조이너, 크리스티 애쉬원든, 알렉스 허친슨, 조너선 웨이, 앰비 버풋에게 감사를 전합니다. 온라인으로나마 이들과 함께하면서 나는 더 똑똑한 사람이 됐거든요!

애덤 그랜트와 켈리 맥고니걸, 다니엘 핑크는 쓰고 쓰고 또 쓰도록 나에게 힘을 주었습니다. 그 덕분에 책이 나왔어요! 내가 쓴 에세이의 편집을 맡았고 《뉴욕타임스》에 귀한 지면을 내어 준 토비 빌레노에게도 감사해요. 덕분에 이 책에 들어갈 몇 가지 아이디어를 처음으로 구체화할 수 있었습니다. 《아웃사이드》에서 오랫동안 내 글의 편집을 맡아 온 맷 스케네지와 웨스 저드에게 감사하다고 말하고 싶어요. 우리가 같이한 일들이 나는 정말 자랑스러워요. 우리는 건강, 안녕감, 성과에 관한 통념에 변화의 바람을 일으키고 싶었고 그 일을 정말로 해냈습니다. 나에게 운동을 가르쳐 준 켈리 스타렛, 브렛 바살러뮤, 잭 그린월드, 그리고 훌륭한 멘토 겸 친구인 밥 코처에게 역시 감사를 전합니다. 이 책의 주제에 관해 끊임없이 함께 이야기해 준 사랑하는 친구 제이슨 디지크와 브랜든 레널스 역시 여기서 절대 빠질 수 없는 사람들이에요.

다음으로 내가 나를 이해하도록 도와준 이들을 언급하고 싶어요. 직접 만난 적은 없지만 나는 이들의 족적이 있었기에 이 책을 세상에 내놓을 수 있었습니다. 이들은 작가인 동시에 내 스승이에요. 마크 엡스타인, 틱낫한, 조지 레너드, 타라 브랙, 에리히 프롬, 로버트 피어시그, 리처드 로어, 존 카밧진, 조셉 골드스타인, 잭 콘필드, 레슬리 제이미슨, 데이비드 화이트에게 깊은 감사를 전합니다. 음악인들도 여기서 언급할게요. 사라 버렐리스, 트레버 홀, 에이빗 브라더스, 벤저민 해거티, 마이크 포즈너에게 감사의 마음을 전합니다.

나와 함께 출간에 힘쓴 이들에게도 감사드려요. 우선 내가 작가로서 커리어를 시작하도록 도와준 테드 와인스타인에게 감사해요. 최고의 에이전트이자 코치 겸 글 쓰는 모든 면에서 파트너가 되어 준 로리 에브커마이어도 빠질 수 없어요. 로리의 이름을 적자니 필 잭슨을 생각하며 농구를 하는 기분이네요. 아무튼 로리는 최고입니다! 처음부터 이 책을 믿어 주신 포트폴리오 출판사의 모든 구성원에게 감사드려요. 에이드리언 자크하임 사장님은 내가 이 책의 개념을 설명하자 "좋아요!"라고 화답하며 전체 팀이 이 책을 현실로 만들 수 있게 열정적인 지지를 아끼지 않았습니다. 최고의 재주로 나를 격려하며 이 책을 훨씬 더 나은 모습으로 만들어 낸 편집자 니키 파파도플러스에게도 감사해요. 니키는 초고를 받고 이렇게 말했습니다. "지금도 아주 좋아요. 그런데 이렇게 하면 최고가 될 거예요." 나는 니키의 말을 들었고 니키가 옳았죠. 리아 트루보스트는 원고가 잘 마무리되도록 이끌며 멋진 표지를 입히는 일도 맡아 주었어요. 그녀의 손을 거쳐 탄생한 제목과 부제는 정말기가 막힙니다(이 어려운 일을 해내다니!). 내가 만든 모든 실수를 찾아내고 내 글에 빛을 더한 킴 서리지, 윌 제프리스, 캐런 니니스, 케이티 헐리에게 감사를 전합니다. 이 모든 부분을 잘 조율한 킴벌리 메일런, 그리고 이 책이 전 세계 독자들에게 다가갈 수 있도록 가능한 모든 일을 해낸 타라 길브라이드와 그녀의 마케팅팀에도 감사의 마음을 전해요.

그리고 견고한 가치관을 통해 나를 기르신 부모님과 항상 아낌없는 지지를 주시는 처가에 감사드리고 싶습니다.

무엇보다 내가 가장 사랑하는 친구이자 일생의 동반자인 케이틀린에게 감사를 보냅니다(케이틀린은 내 글을 제일 먼저 수정하는 역할을 하거든요). 이 '무한 게임'을 당신과 함께하는 난 얼마나 행운인지 몰라. 사랑해. 마지막으로 말할 수 없이 사랑하는 내 아들 테오에게 감사를 전합니다.

더 읽어 볼 책들

내가 이 책을 위해 생각하고 쓰고 다듬는 동안 항상 내 책상 앞에는 다음 책들이 꽂혀 있었습니다. 나는 이것들을 읽고 또 읽었고, 분명 앞으로도 계속 읽을 거예요. 이 책들은 내가 생각하고 쓰고 코치하고 살아가는 데 대단한 영향을 주었지요. 이 귀한 것들이 있어서 정말로 감사합니다. 다음은 이 책의 각 장을 읽으면서 참고하면 좋을 책들이에요. 안착의 원리처럼 이들도 서로를 보완하지요. 완벽하게는 아니지만 최선을 다해 분류해 보았습니다.

들어가는 말: 비상하려면 안착해야 한다

- 틱낫한, 권선아 옮김, 《틱낫한 불교》, 불광출판사, 2019.
- 마르쿠스 아우렐리우스, 《명상록》.
- 윌리엄 B. 어빈, 박여진 옮김, 《직언》, 토네이도, 2012.

- 노자, 《도덕경》.
- 아리스토텔레스, 《니코마코스 윤리학》.
- 페터 볼레벤, 장혜경 옮김, 《나무 수업》, 위즈덤하우스, 2016.
- 에릭 호퍼, 이민아 옮김, 《맹신자들》, 궁리, 2011.
- 사라 베이크웰, 김유신 옮김, 《어떻게 살 것인가》, 책읽는수요일, 2012.
- 크리스틴 그로스 로, 마이클 푸엣, 이창신 옮김, 《더 패스》, 김영사, 2016.
- 에리히 프롬, 김병익 옮김, 《건전한 사회》, 범우사, 1999.
- Bhikkhu Bodhi, *In the Buddha's Words*, Wisdom Publications, 2005.
- Seneca, *Letters from a Stoic*.

1장 수용: 원하는 곳으로 가기 위해 지금 있는 곳을 받아들인다

- 타라 브랙, 김선주, 김정호 옮김, 《받아들임》, 불광출판사, 2012.
- 조지프 캠벨, 이윤기, 《천의 얼굴을 가진 영웅》, 민음사, 2018.
- 잭 콘필드, 이균형 옮김, 《깨달음 이후 빨랫감》, 한문화, 2011.
- 칼 로저스, 주은선 옮김, 《진정한 사람되기》, 학지사, 2009.
- 레슬리 제이미슨, 오숙은 옮김, 《리커버링》, 문학과지성사. 2021.
- Mark Epstein, *Going to Pieces Without Falling Apart*, Broadway, 1998.
- Anne Lamott, *Almost Everything : Notes on Hope*, Random House Large Print, 2018.
- Steven Hayes, *A Liberated Mind*, Penguin Publishing Group. 2019.

2장 집중: 주의력과 에너지를 확보하기 위해 온전히 몰입한다

- 칼 뉴포트, 김태훈 옮김, 《딥 워크》, 민음사, 2017.
- 칼 뉴포트, 김태훈 옮김, 《디지털 미니멀리즘》, 세종서적. 2019.
- 헤네폴라 구나라타나, 손혜숙 옮김, 《위빠사나 명상》, 아름드리미디어, 2007.
- 조셉 골드스타인, 이성동, 이은영 옮김, 《마인드풀니스》, 민족사, 2018.
- 저드슨 브루어, 안진이 옮김, 《크레이빙 마인드》, 어크로스, 2018.
- 애덤 알터, 홍지수 옮김, 《멈추지 못하는 사람들》, 부키, 2019.
- 에리히 프롬, 차경아 옮김, 《소유냐 존재냐》, 까치, 2020.
- 에리히 프롬, 황문수 옮김, 《사랑의 기술》, 문예출판사, 2019.
- 미하이 칙센트미하이, 최인수 옮김, 《몰입 Flow》, 한울림, 2004.
- 라이언 홀리데이, 김보람 옮김, 《스틸니스》, 흐름출판, 2020.

- 로버트 메이너드 피어시그, 장경렬 옮김, 《선과 모터사이클 관리술》, 문학과지성사, 2010.
- 로버트 메이너드 피어시그, 장경렬 옮김, 《라일라》, 문학과지성사, 2014.
- 닐 포스트먼, 홍윤선 옮김, 《죽도록 즐기기》, 굿인포메이션, 2020.
- 니콜라스 카, 최지향 옮김, 《생각하지 않는 사람들》, 청림출판, 2020.
- Jon Kabat-Zinn, *Full Catastrophe Living*, Bantam Dell Pub Group, 2013.
- Alan Watts, *The Wisdom of Insecurity*, Vintage Books, 2011.
- W. Timothy Gallwey, *The Inner Game of Tennis*, Pan, 2015.
- Mary Oliver, *Devotions*, Penguin Press, 2017.

3장 인내: 참고 견디면 더 빨리 도달할 수 있다

- 조지 레너드, 신솔잎, 《마스터리》, 더퀘스트, 2021.
- 데이비드 엡스타인, 이한음 옮김, 《늦깎이 천재들의 비밀》, 열린책들, 2020.
- David Whyte, *Crossing the Unknown Sea*, Riverhead Books, 2001.
- George Leonard, *The Way of Aikido*, Plume, 2000.

4장 취약성: 약한 면을 인정하면 내면의 힘과 확신이 생긴다

- 데이비드 화이트, 이상원 옮김, 《위로》, 로만, 2021.
- 브레네 브라운, 이영아 옮김, 《라이징 스트롱》, 이마, 2016.
- 브레네 브라운, 이은경 옮김, 《진정한 나로 살아갈 용기》, 북라이프, 2018.
- 에이미 에드먼슨, 최윤영 옮김, 《두려움 없는 조직》, 다산북스, 2019.
- 에이미 에드먼슨, 오지연, 임 제니퍼 옮김, 《티밍》, 정혜, 2015.
- Rainer Maria Rilke, *Rilke on Love*, Warbler Press, 2020.
- David Whyte, *The Heart Aroused*, Doubleday Business, 1994.
- Sara Bareilles, *Sounds Like Me*, Simon & Schuster, 2015.
- Thich Nhat Hanh, *No Mud, No Lotus*, Parallax Press, 2014.

5장 유대: 깊고 특별한 관계를 만든다

- 시배스천 영거, 권기대 옮김, 《트라이브, 각자도생을 거부하라》, 베가북스, 2016.
- 리디아 덴워스, 안기순 옮김, 《우정의 과학》, 흐름출판, 2021.
- 조지 엘리엇, 이가형 옮김, 《미들마치》, 주영사, 2019.

- 에리히 프롬, 김석희 옮김, 《자유로부터의 도피》, 휴머니스트, 2020.
- 에밀 뒤르켐, 《자살론》.
- 제임스 맥브라이드, 민지현 옮김, 《어메이징 브루클린》, 미래지향, 2022.

6장 운동: 마음의 안정을 위해 몸을 움직인다

- 존 레이티, 에릭 헤이거먼, 이상헌 옮김, 《운동화 신은 뇌》, 녹색지팡이, 2009.
- 켈리 맥고니걸, 박미경 옮김, 《움직임의 힘》, 안드로메디안, 2020.
- George Leonard, *The Ultimate Athlete*, North Atlantic Books, 1990.

7장 나를 만드는 건 생각이 아니라 행동이다

- 리처드 로어, 이현주 옮김, 《위쪽으로 떨어지다》, 국민북스, 2018.
- 헤르만 헤세, 《유리알 유희》.
- 틱낫한, 정윤희 옮김, 《삶의 지혜》, 성안당, 2018.
- 존 카밧진, 엄성수 옮김, 《존 카밧진의 왜 마음챙김 명상인가?》, 불광출판사, 2019.
- Krista Tippett, *Becoming Wise*, Penguin Books, 2016.

8장 과정에 집중하면 결과는 저절로 펼쳐진다

- 올더스 헉슬리, 《멋진 신세계》.
- Terry Patten, *A New Republic of the Heart*, North Atlantic Books, 2018.
- George Leonard, Michael Murphy, *The Life We Are Given*, J P Tarcher, 2005.

참고 자료

들어가는 말: 비상하려면 안착해야 한다

나는 잡지 《아웃사이드》에 강박 장애 경험을 기고한 뒤 Brad Stulberg, "When a Stress Expert Battles Mental Illness," *Outside*, March 7, 2018, https://www.outsideonline. com/2279856/anxiety-cant-be-trained-away.

혁신적인 사회학자 에밀 뒤르켐은 말했습니다 Émile Durkheim, *Suicide: A Study in Sociology* (Snowball Press, 2012; originally published in French in 1897), 252 – 53.

임상적 의미의 불안증과 우울증 발병률이 National Institute of Mental Health, "Mental Health Information: Statistics," https://www.nimh.nih.gov/health/statistics/index. shtml.

해로운 물질에 대한 중독자 수 역시 National Institute on Alcohol Abuse and Alcoholism, "Alcohol Facts and Statistics," https://www.niaaa.nih.gov/publications/brochures-and-fact-sheets/alcohol-facts-and-statistics; US National Library of Medicine, "Opioid Addiction," MedlinePlus, https://ghr.nlm.nih.gov/condition/opioid-addiction#statistics.

지금껏 가장 높은 수치이자 "Pain in the Nation: The Drug, Alcohol and Suicide Crises and Need for a National Resilience Strategy," Trust for America's Health, https://www. tfah.org/report-details/pain-in-the-nation/.

이 수치는 "미국인들이 요즘 별일 없이 살아가고 있지 않다는 사실을 암시" Mary Caffrey, "Gallup Index Shows US Well-being Takes Another Dip," *AJMC*, February 27, 2019, https:// www.ajmc.com/newsroom/gallup-index-shows-us-wellbeing-takes-another-dip-.

코로나19가 세계적으로 유행하기 전에도 Jeffrey M. Jones, "U.S. Church Membership Down Sharply in Past Two Decades," Gallup, April 18, 2019, https://news.gallup.com/poll/248837/church-membership-down-sharply-past-two-decades.aspx.

전문가들은 그와 동시에 외로움과 사회적 고립이 Julianne Holt-Lunstad, "The Potential Public Health Relevance of Social Isolation and Loneliness: Prevalence, Epidemiology, and Risk Factors," *Public Policy & Aging Report 27*, no. 4 (2017): 127-30, https:// academic.oup.com/ppar/article/27/4/127/4782506.

2019년, 세계보건기구는 번아웃을 Ben Wigert and Sangeeta Agrawal, "Employee Burnout, Part 1: The 5 Main Causes," Gallup, July 12, 2018, https://www.gallup. com/workplace/237059/employee-burnout-part-main-causes.aspx; "Burn-out an 'Occupational Phenomenon': International Classification of Diseases," World Health Organization, May 28, 2019, https://www.who.int/mental_health/evidence/burn-out/en/.

불면증과 만성 통증 역시 Pradeep C. Bollu and Harleen Kaur, "Sleep Medicine: Insomnia and Sleep," *Missouri Medicine* 116, no. 1 (2019): 68-75, https://www.ncbi.nlm.nih. gov/pmc/articles/PMC6390785/; James Dahlhamer et al., "Prevalence of Chronic Pain and High-Impact Chronic Pain Among Adults—United States, 2016," *Morbidity and Mortality Weekly Report* 67, no. 36 (2018): 1001-6, https://www.cdc.gov/ mmwr/volumes/67/wr/mm6736a2.htm.

행복은 지금 이 순간 의미 있는 삶을 Robb B. Rutledge et al., "A Computational and Neural Model of Momentary Subjective Well-being," *PNAS* 111, no. 33 (2014): 12252-57, http://www.pnas.org/content/111/33/12252.full.

노벨상을 받은 심리학자 대니얼 카너먼의 연구가 Daniel Kahneman and Angus Deaton, "High Income Improves Evaluation of Life but Not Emotional Well-being," *PNAS* 107, no. 38 (2010): 16489-93, https://www.pnas.org/content/107/38/16489.

벤 샤하르는 나 아닌 바깥에서 행복을 찾다 A. C. Shilton, "You Accomplished Something Great. So Now What?" *New York Times*, May 28, 2019, https://www.nytimes. com/2019/05/28/smarter-living/you-accomplished-something-great-so-now-what. html.

불교에는 '정정진', 바꿔 말하면 바른 노력이라는 Bhikkhu Bodhi, ed., *In the Buddha's Words: An Anthology of Discourses from the Pali Canon* (Somerville, MA: Wisdom Publications, 2005), 239.

"깊고 묵직하게 안착할수록" Meister Eckhart, *Selected Writings*, trans. Oliver Davies (London, UK: Penguin Books, 1994), 45.

"진정으로 마음을 움직이는 동기가 되는 것에" Seth Simons, "The New Formula for Personal Fulfillment," *Fatherly*, October 12, 2018, https://www.fatherly.com/love-money/the-new-formula-for-personal-fulfillment/.

"정원을 가꾸고 싶으면" Thich Nhat Hanh, *The Heart of the Buddha's Teaching: Transforming Suffering into Peace, Joy, and Liberation* (New York: Harmony Books, 1999), 42.

1장 수용: 원하는 곳으로 가기 위해 지금 있는 곳을 받아들인다

"몸이 말을 듣지 않았어요" Karen Rosen, "After Rio Heartbreak, Triathlete Sarah True 'Ready to Rumble' into New Season," Team USA, March 2, 2017, https://www.teamusa.org/News/2017/March/02/After-Rio-Heartbreak-Triathlete-Sarah-True-Ready-To-Rumble-Into-New-Season.

"정말 재밌는 역설은" See Carl R. Rogers, *On Becoming a Person: A Therapist's View of Psychotherapy* (New York: Mariner Books, 1995).

"덴마크 사람들은 생활에 대한 기대치는" Kaare Christensen, Anne Maria Herskind, and James W. Vaupel, "Why Danes Are Smug: Comparative Study of Life Satisfaction in the European Union," *BMJ* 333 (2006): 1289, http://www.bmj.com/content/333/7582/1289.

"확률적 보상 과제의 결과에서 느끼는 일시적 행복은" Rutledge et al., "A Computational and Neural Model of Momentary Subjective Well-being."

"기쁨이 다 사라져 버리는 것 같다" Jason Fried, "Living Without Expectations," *Signal v Noise* (blog), March 8, 2017, https://m.signalvnoise.com/living-without-expectations-1d66adb10710.

"영웅들이 겪는 기이한 어려움의 핵심은" Joseph Campbell, *The Hero with a Thousand Faces*, 3rd ed. (Novato, CA: New World Library, 2008), 101.

44권의 책을 썼고 "Highly Cited Researchers (h>100) According to Their Google Scholar Citations Public Profiles," Ranking Web of Universities, accessed July 2020, http://www.webometrics.info/en/node/58.

그러나 헤이즈의 연구와 내가 강박 장애를 통해 얻은 경험에서 알 수 있듯 See Steven C. Hayes, *A Liberated Mind: How to Pivot Toward What Matters* (New York: Avery, 2020), for a summary of this body of work.

헤이즈는 자신 있게 말할 겁니다. 자신이 몸담은 현대 과학은 "316: Steven C. Hayes on Developing Psychological Flexibility," in *The One You Feed*, hosted by Eric Zimmer, podcast, January 21, 2020, https://www.oneyoufeed.net/psychological-flexibility/.

"인간으로 살아가고 있다면 스트레스를 느끼는 것이 정상이다" Marcus Aurelius, Meditations (London, UK: Penguin Books, 2005), 76.

스토아학파의 또 다른 거목 에픽테토스는 Epictetus, *Discourses and Selected Writings* (London, UK: Penguin Books, 2008), 180 – 81.

"붓다가 적극적으로 마음을 열고 마라와 마주했듯" Tara Brach, *Radical Acceptance: Embracing Your Life with the Heart of a Buddha* (New York: Bantam Books, 2004), 61.

영국 켄트대학교에서 진행한 연구에 따르면 Joachim Stoeber, Mark A. Uphill, and Sarah Hotham, "Predicting Race Performance in Triathlon: The Role of Perfectionism, Achievement Goals, and Personal Goal Setting," *Journal of Sport and Exercise Psychology* 31, no. 2 (2009): 211 – 45, https://repository.canterbury.ac.uk/download/c447 b55ea3ec0148c05f2c0754c0527ef311a1f30d7ce8c8ca7cda6f70348f10/277408/ Uphill_2009_%5B1%5D.pdf.

《스포츠와운동심리저널》에 실린 한 연구에서는 Andrew J. Elliot et al., "Achievement Goals, Self-Handicapping, and Performance Attainment: A Mediational Analysis," *Journal of Sport and Exercise Psychology* 28, no. 3 (2006): 344 – 61, https://journals. humankinetics.com/doi/abs/10.1123/jsep.28.3.344.

그 외 여러 연구에서 역시 두려움은 David E. Conroy, Jason P. Willow, and Jonathan N. Metzler, "Multidimensional Fear of Failure Measurement: The Performance Failure Appraisal Inventory," *Journal of Applied Sport Psychology* 14, no. 2 (2002): 76 – 90, https://psycnet.apa.org/record/2002-13632-002.

"내가 나에 관해 받아들이는 것들은" Audre Lorde, *Sister Outsider: Essays and Speeches* (New York: Crossing Press, 1984).

다음에서 확인할 수 있듯, 뉴스레터에는 Craig Smith, "COVID-19 Update from Dr. Smith: 3/29/20," Columbia Surgery, https://columbiasurgery.org/news/covid-19-update-dr-smith-32920.

명상을 가르치는 미셸 맥도널드는 Tara Brach, "Feeling Overwhelmed? Remember RAIN," *Mindful*, February 7, 2019, https://www.mindful.org/tara-brach-rain-mindfulnesspractice/.

몸의 통증 David M. Perlman et al., "Differential Effects on Pain Intensity and Unpleasantness of Two Meditation Practices," *Emotion* 10, no. 1 (2010): 65–71, https://www.ncbi.nlm.nih.gov/pmc/articles/PMC2859822/.

마음의 통증 UMass Memorial Health Care Center for Mindfulness, https://www.umassmed.edu/cfm/research/publications/.

사회적 불안 Philippe R. Goldin and James J. Gross, "Effects of Mindfulness–Based Stress Reduction (MBSR) on Emotion Regulation in Social Anxiety Disorder," *Emotion* 10, no. 1 (2010): 83–91, https://www.ncbi.nlm.nih.gov/pmc/articles/PMC4203918/.

어려운 결정을 내려야 하는 상황 Igor Grossman and Ethan Kross, "Exploring Solomon's Paradox: Self–Distancing Eliminates the Self–Other Asymmetry in Wise Reasoning About Close Relationships in Younger and Older Adults," *Psychological Science* 25, no. 8 (2014): 1571–80, https://pdfs.semanticscholar.org/799a/d44cb6d51bbf6c14ef8e8 3d6dc74d083f2af.pdf.

UC버클리대학교의 연구에 따르면 Özlem Ayduk and Ethan Kross, "From a Distance: Implications of Spontaneous Self–Distancing for Adaptive Self–Reflection," *Journal of Personality and Social Psychology* 98, no. 5 (2010): 809–29, https://www.ncbi.nlm.nih.gov/pmc/articles/PMC2881638/.

반면 마음을 내서 자신을 친절하게 대하면 Juliana G. Breines and Serena Chen, "Self–Compassion Increases Self–Improvement Motivation," *Personality and Social Psychology Bulletin* 38, no. 9 (2012): 1133–43, http://citeseerx.ist.psu.edu/viewdoc/download ?doi=10.1.1.362.5856&rep=rep1&type=pdf.

"나는 어떤 점이 나아졌는가?" Seneca, *Letters from a Stoic* (London, UK: Penguin Books, 1969), 14.

여러 연구에서는 이렇게 만트라를 외우면 Ephrat Livni, "To Get Better at Life, Try This Modern Mantra," *Quartz*, May 8, 2019, https://t.co/biGWjp3tBs.

다년간 이어진 연구에 따르면 For thinking: Daniel M. Wegner et al., "Paradoxical Effects of Thought Suppression," *Journal of Personality and Social Psychology* 53, no. 1 (1987): 5–13, http://psycnet.apa.org/record/1987-33493-001; and for feeling: Jutta Joormann and Ian H. Gotlib, "Emotion Regulation in Depression: Relation to Cognitive Inhibition," *Cognition and Emotion* 24, no. 2 (2010): 281–98, https://www.ncbi.nlm.nih.gov/

pmc/articles/PMC2839199/.

"상황(또는 삶)을 통제하려고 하면" Judson Brewer, *The Craving Mind: From Cigarettes to Smartphones to Love—Why We Get Hooked and How We Can Break Bad Habits* (New Haven, CT: Yale University Press, 2017), 111.

자타 공인 최고의 육상 코치 버드 윈터는 Bud Winter and Jimson Lee, *Relax and Win: Championship Performance in Whatever You Do* (2012).

2장 집중: 주의력과 에너지를 확보하기 위해 온전히 몰입한다

수천 년 전 스토아 철학자 세네카는 Seneca, *On the Shortness of Life*, trans. C. D. N. Costa (New York: Penguin Books, 2005), 96.

미시간대학교 연구진에 따르면 "Multitasking: Switching Costs," American Psychological Association, March 20, 2006, https://www.apa.org/research/action/multitask.aspx.

이는 대마초 흡연 후보다 2배 이상 Jim Sollisch, "Multitasking Makes Us a Little Dumber," *Chicago Tribune*, August 10, 2010, https://www.chicagotribune.com/opinion/ct-xpm-2010-08-10-ct-oped-0811-multitask-20100810-story.html.

연구진은 이렇게 적었어요. "헤매는 마음은" Steve Bradt, "Wandering Mind Not a Happy Mind," *Harvard Gazette*, November 11, 2010, https://news.harvard.edu/gazette/story/2010/11/wandering-mind-not-a-happy-mind/.

영국의 한 통신 규제 기관의 연구에 따르면 *Communications Market Report*, Ofcom, August 2, 2018, https://www.ofcom.org.uk/__data/assets/pdf_file/0022/117256/CMR-2018-narrative-report.pdf.

조사 대상의 71퍼센트는 "Americans Don't Want to Unplug from Phones While on Vacation, Despite Latest Digital Detox Trend," press release, Asurion, May 17, 2018, https://www.asurion.com/about/press-releases/americans-dont-want-to-unplug-from-phones-while-on-vacation-despite-latest-digital-detox-trend/.

좋아요, 리트윗, 댓글, 이메일, 문자 메시지에 대한 모든 알림은 See: Adam Alter, "What Is Behavioral Addiction and Where Did It Come From?" in *Irresistible: The Rise of Addictive Technology and the Business of Keeping Us Hooked* (New York: Penguin Press, 2017).

인터넷 사이트와 뉴스피드, SNS 등에 연결되는 Susana Martinez-Conde and Stephen L. Macknik, "How the Color Red Influences Our Behavior," *Scientific American*, November 1, 2014, https://www.scientificamerican.com/article/how-the-color-red-influences-our-behavior/.

캐나다 온타리오주에 있는 칼턴대학교에서 인지 과학을 가르치는 Jim Davies, *Riveted: The Science of Why Jokes Make Us Laugh, Movies Make Us Cry, and Religion Makes Us Feel One with the Universe* (New York: Palgrave Macmillan, 2014), 91, 175.

1951년, 철학자 앨런 와츠는 저서 《불안의 지혜》에서 Alan Watts, *The Wisdom of Insecurity: A Message for an Age of Anxiety* (New York: Vintage Books, 2011), 21.

틱낫한 스님은 《삶의 지혜》에 Thich Nhat Hanh, *The Art of Living* (New York: HarperOne, 2017), 147.

연구에 따르면 핸드폰 같은 잠재적 방해 요인은 Bill Thornton et al., "The Mere Presence of a Cell Phone May Be Distracting: Implications for Attention and Task Performance," *Social Psychology* 45, no. 6 (2014): 479-88, https://metacog2014-15.weebly.com/uploads/3/9/2/9/39293965/thornton_faires_robbins_y_rollins_in_press_presence_cell_phone_distracting.pdf.

"문제는 살아갈 시간이 짧다는 것이 아니라" Seneca, *Shortness of Life*, 1-4.

몰입 상태에 이르기 위한 가장 중요한 전제 조건은 Mihaly Czikszentmihalyi, *Flow: The Psychology of Optimal Experience* (New York: Harper Perennial, 2008).

스토아 철학자들은 Seneca, *Letters From a Stoic*, 26.

"집중이 흐트러지는 빈도와" Bradt, "Wandering Mind Not a Happy Mind."

두 사람은 이 연구의 결과가 Matthew A. Killingsworth and Daniel T. Gilbert, "A Wandering Mind Is an Unhappy Mind," *Science* 330, no. 6006 (2010): 932, http://www.danielgilbert.com/KILLINGSWORTH%20&%%20GILBERT%20(2010).pdf.

"75년의 기간과 2000만 달러의 금액을" Scott Stossel, "What Makes Us Happy, Revisited," *Atlantic*, May 2013, https://www.theatlantic.com/magazine/archive/2013/05/thanks-mom/309287/.

사람은 온전히 집중할 때 신성한 공간으로 들어갑니다 George Leonard, *Mastery: The Keys to Success and Long-Term Fulfillment* (New York: Plume, 1992), 40.

〈쿨러 댄 미〉는 디트로이트 밖에서 Billboard, "Mike Posner, 'Cooler Than Me,'" Chart History, https://www.billboard.com/music/Mike-Posner/chart-history/HBU/

song/644778.

본인 말마따나 "입은 꾹 닫고" Quotation is a lyric from the Mike Posner song "Come Home" on the album *Keep Going*.

영상이 중반에 이르면 Mike Posner, "Naughty Boy, Mike Posner—Live Before I Die," November 14, 2019, music video, 4:02, https://youtu.be/uXeZNXdu-gs.

포즈너는 횡단을 시작할 무렵 Mike Posner (@MikePosner), Twitter status, May 29, 2019, https://twitter.com/MikePosner/status/1133743829322948608?s=20.

프롬은 생산적 활동의 바탕을 Erich Fromm, *The Art of Loving* (New York: HarperPerennial, 2006), 101.

점점 더 많은 연구에서 Ayelet Fishbach, Ronald S. Friedman, and Arie W. Kruglanski, "Leading Us Not unto Temptation: Momentary Allurements Elicit Overriding Goal Activation," *Journal of Personality and Social Psychology* 84, no. 2 (2003): 296–309.

"우리가 할 일은 그저 바라보고 내려놓고" Jon Kabat-Zinn, *Full Catastrophe Living: Using the Wisdom of Your Body and Mind to Face Stress, Pain, and Illness*, rev. ed. (New York: Bantam Books, 2013), 443.

방해가 되는 모든 것은 종이호랑이일 뿐이다 Bhante Gunaratana, *Mindfulness in Plain English* (Somerville, MA: Wisdom Publications, 2011), 119.

여러 연구를 통해 집중은 근육과 같다는 "How the Internet May Be Changing the Brain," *Neuroscience News*, June 5, 2019, https://t.co/rUgy7hPkJg.

정확한 시기는 알 수 없지만 Wumen Huikai, author quotes, Great Thoughts Treasury, http://www.greatthoughtstreasury.com/author/author-209.

"하루하루를 어떻게 보내는가에 따라" Annie Dillard, quotes, Goodreads, https://www.goodreads.com/quotes/530337-how-we-spend-our-days-is-of-course-how-we.

3장 인내: 참고 견디면 더 빨리 도달할 수 있다

2006년 포레스터에서 실시한 "Akamai Reveals 2 Seconds as the New Threshold of Acceptability for Ecommerce Web Page Response Times," Akamai, September 14, 2009, https://www.akamai.com/us/en/about/news/press/2009-press/akamai-reveals-2-seconds-as-the-new-threshold-of-acceptability-for-ecommerce-web-pageresponse-times.jsp.

어느 모로 보든 Steve Lohr, "For Impatient Web Users, an Eye Blink Is Just Too Long to Wait," *New York Times*, February 29, 2012, http://www.nytimes.com/2012/03/01/technology/impatient-web-users-flee-slow-loading-sites.html.

인터넷의 광범위한 영향을 Teddy Wayne, "The End of Reflection," *New York Times*, June 11, 2016, http://www.nytimes.com/2016/06/12/fashion/internet-technology-phones-introspection.html?_r=0.

2012년 퓨리서치센터의 Janna Anderson and Lee Rainie, "Millennials Will Benefit and Suffer Due to Their Hyperconnected Lives," Pew Research Center, February 29, 2012, https://www.pewresearch.org/internet/2012/02/29/millennials-will-benefit-and-suffer-due-to-their-hyperconnected-lives/.

인디애나대학교 의과대학 교수인 에런 캐럴은 Aaron E. Carroll, "What We Know (and Don't Know) About How to Lose Weight," *New York Times*, March 26, 2018, https://www.nytimes.com/2018/03/26/upshot/what-we-know-and-dont-know-about-how-to-lose-weight.html.

비글호가 항해를 시작한 것은 1831년이었지만 *Britannica*, s.v. "Charles Darwin," https://www.britannica.com/biography/Charles-Darwin/The-Beagle-voyage.

다윈은 자신이 성공한 가장 큰 "Charles Darwin," NNDB.com, https://www.nndb.com/people/569/000024497/.

세포 측면에서 Martin J. MacInnis and Martin J. Gibala, "Physiological Adaptations to Interval Training and the Role of Exercise Intensity," *Journal of Physiology* 595, no. 9 (2017): 2915–30, https://www.ncbi.nlm.nih.gov/pmc/articles/PMC5407969/.

2018년 과학계의 명망 높은 학술지 《네이처》에는 Lu Liu et al., "Hot Streaks in Artistic, Cultural, and Scientific Careers," *Nature* 559 (2018): 396–99, https://www.nature.com/articles/s41586-018-0315-8.

빈센트 반 고흐는 Jessica Hallman, "Hot Streak: Finding Patterns in Creative Career Breakthroughs," *Penn State News*, September 6, 2018, https://news.psu.edu/story/535062/2018/09/06/research/hot-streak-finding-patterns-creative-career-breakthroughs.

젊은 시절 코츠는 Jeff Stein, "Ta-Nehisi Coates's Advice to Young Journalists: Get Off Twitter," *Vox*, December 21, 2016, https://www.vox.com/policy-andpolitics/2016/12/21/13967504/twitter-young-journalists-coates.

《타임스》는 코츠를 Concepción de León, "Ta-Nehisi Coates and the Making of a Public Intellectual," *New York Times*, September 29, 2017, https://www.nytimes.com/2017/09/29/books/ta-nehisi-coates-we-were-eight-years-in-power.html.

코츠는 방해 요인을 제거하고 Stein, "Ta-Nehisi Coates's Advice to Young Journalists."

"그건 그렇게 비밀스러운 일이" *The Atlantic*, "Creative Breakthroughs: Ta-Nehisi Coates," interview, September 27, 2013, video, 1:15, https://www.youtube.com/watch?v=6voLZDYgPzY&feature=emb_title.

"젊고 기술을 잘 알아야" Steven Kotler, "Is Silicon Valley Ageist or Just Smart?" *Forbes*, February 14, 2015, https://www.forbes.com/sites/stevenkotler/2015/02/14/is-silicon-valley-ageist-or-just-smart/#1e987d17ed65.

이 연구진에 따르면 젊은 나이에 Jake J. Smith, "How Old Are Successful Tech Entrepreneurs?" KelloggInsight, May 15, 2018, https://insight.kellogg.northwestern.edu/article/younger-older-tech-entrepreneurs.

그는 세계 기록을 세우기 얼마 전에 《뉴욕타임스》와 한 Scott Cacciola, "Eliud Kipchoge Is the Greatest Marathoner, Ever," *New York Times*, September 14, 2018, https://www.nytimes.com/2018/09/14/sports/eliud-kipchoge-marathon.html.

그의 코치 패트릭 상은 Ed Caesar, "The Secret to Running a Faster Marathon? Slow Down," *Wired*, February 8, 2017, https://www.wired.com/2017/02/nike-two-hour-marathon-2/.

"정확히 말해 저는 단지" Cacciola, "Eliud Kipchoge Is the Greatest Marathoner, Ever."

"행복과 흥분을 구별해야" Thich Nhat Hanh, *The Art of Power* (New York: HarperOne, 2007), 81.

충분히 좋은 어머니는 1950년대 초반에 "The Collected Works of D. W. Winnicott," Oxford Clinical Psychology, https://www.oxfordclinicalpsych.com/page/599.

그러나 도교를 연구하는 스티븐 미첼에 따르면 Stephen Mitchell, *Tao Te Ching: A New English Version* (New York: Harper Perennial, 2006), foreword, i.

"(대가는) 작은 일을 꾸준히" Mitchell, *Tao Te Ching*, 63.

연구진이 알아낸 것에 따르면, 특히 측정 가능한 Lisa D. Ordóñez et al., "Goals Gone Wild: The Systematic Side Effects of Over-Prescribing Goal Setting" (working paper, Harvard Business School, 2009), http://www.hbs.edu/faculty/Publication%20

Files/09-083.pdf.

심하게 운동을 많이 한 경우 Tim J. Gabbett, "The Training-Injury Prevention Paradox: Should Athletes Be Training Smarter and Harder?" *British Journal of Sports Medicine* 50, no. 5 (2016): 273-80, http://bjsm.bmj.com/content/early/2016/01/12/bjsports-2015-095788.

로히땃사는 다시 말했어요 This particular translation of the story comes from Thich Nhat Hanh's *The Art of Living*, 84.

4장 취약성: 약한 면을 인정하면 내면의 힘과 확신이 생긴다

"나는 지금까지 연구에서 20만 건이 넘는" Brené Brown, *Braving the Wilderness: The Quest for True Belonging and the Courage to Stand Alone* (New York: Random House, 2019), 146.

"취약성은 나약함이나" David Whyte, *Consolations: The Solace, Nourishment and Underlying Meaning of Everyday Words* (Langley, WA: Many Rivers Press, 2015), Audible audio ed., 4 hours, 2 minutes.

"활짝 펼쳐지고 싶다" Rainer Maria Rilke, *Rilke's Book of Hours: Love Poems to God*, trans. Anita Barrows and Joanna Macy (New York: Riverhead Books, 2005).

《일반정신의학자료모음집》에 게재된 Ronald C. Kessler et al., "The Epidemiology of Panic Attacks, Panic Disorder, and Agoraphobia in the National Comorbidity Survey Replication," *Archives of General Psychiatry* 63, no. 4 (2006): 415-24, https://www.ncbi.nlm.nih.gov/pubmed/16585471.

그러나 소수는 장기적인 불안의 "Any Anxiety Disorder," National Institute of Mental Health, https://www.nimh.nih.gov/health/statistics/prevalence/any-anxiety-disorder-among-adults.shtml.

그는 《더플레이어스트리뷴》에 쓴 글을 통해 Kevin Love, "Everyone Is Going Through Something," *Players' Tribune*, March 6, 2018, https://www.theplayerstribune.com/en-us/articles/kevin-love-everyone-is-going-through-something.

토론토 랩터스의 슈팅 가드 더마 더로전은 DeMar DeRozan (@DeMar_DeRozan), Twitter post, February 17, 2018, https://twitter.com/DeMar_DeRozan/status/964818383303688197?s=20.

"아무리 강하게 보여도 결국 우리는" Doug Smith, "Raptors' DeRozan Hopes Honest Talk on Depression Helps Others," *The Star* (Toronto), February 26, 2018, https://www. thestar.com/sports/raptors/2018/02/25/raptors-derozan-hopes-honest-talk-on-depression-helps-others.html.

그리스 신화에는 안전지대와 마을의 경계 Campbell, *The Hero with a Thousand Faces*, 66 – 68.

"마음을 깊이 들여다보면 너무 어두운 감정 같은 건" Sara Bareilles, "Sara Bareilles Shows Her Vulnerabilities on New Album, 'Amidst the Chaos,'" interview by Robin Young, *Here & Now*, WBUR, radio broadcast, April 4, 2019, https://www.wbur.org/hereandnow/2019/04/04/sara-bareilles-amidst-the-chaos.

그녀는 '가장 깊고 어두운' 감정을 Sara Bareilles, *Sounds Like Me: My Life (So Far) in Song* (New York: Simon & Schuster, 2015), 40.

지적 겸손은 더 큰 자기 인식과 분별력 Mark R. Leary et al., "Cognitive and Interpersonal Features of Intellectual Humility," *Personality and Social Psychology Bulletin* 43, no. 6 (2017): 793 – 813, https://journals.sagepub.com/doi/abs/10.1177/0146167217697695.

버렐리스는 회고록 《나를 닮은 음악》에서 Bareilles, *Sounds Like Me*, 39.

다음에 설명할 '취약한 유인원' 가설에 관해 Nick P. Winder and Isabelle C. Winder, "Complexity, Compassion and Self-Organisation: Human Evolution and the Vulnerable Ape Hypothesis," *Internet Archaeology* 40 (2015), https://www. researchgate.net/publication/277940624_Complexity_Compassion_and_Self-Organisation_Human_Evolution_and_the_Vulnerable_Ape_Hypothesis.

이삼일이 지나면 "Baby's First 24 Hours," Pregnancy, Birth and Baby, https://www. pregnancybirthbaby.org.au/babys-first-24-hours.

기원전 4세기의 도교 철학자 노자는 Mitchell, *Tao Te Ching*, 8.

짐작하겠지만, 취약성은 Amy C. Edmondson, *The Fearless Organization: Creating Psychological Safety in the Workplace for Learning, Innovation, and Growth* (Hoboken, NJ: John Wiley & Sons, 2019).

"우리는 모두 취약해요" Amy Edmondson (@AmyCEdmondson), Twitter post, February 7, 2020, https://twitter.com/AmyCEdmondson/status/1225830003453124608?s=20.

감정적 유연성은 삶을 의미 있고 Todd B. Kashdan, "Psychological Flexibility as a

Fundamental Aspect of Health," *Clinical Psychology Review* 30, no. 7 (2010): 865 - 78, https://www.ncbi.nlm.nih.gov/pmc/articles/PMC2998793/.

더마 더로전은 어머니에게서 항상 Smith, "Raptors' DeRozan Hopes Honest Talk on Depression Helps Others."

5장 유대: 깊고 특별한 관계를 만든다

외로움을 느끼는 미국인의 비율이 Elizabeth Bernstein, "When Being Alone Turns into Loneliness, There Are Ways to Fight Back," *Wall Street Journal*, November 4, 2013, http://www.wsj.com/articles/SB1000142405270230393690457917770069936709 2.

미국 은퇴자 협회와 해리스폴이 진행한 여론 조사에서는 Knowledge Networks and Insight Policy Research, *Loneliness Among Older Adults: A National Survey of Adults 45 +* (Washington, DC: AARP, 2010), https://assets.aarp.org/rgcenter/general/loneliness_2010.pdf.

2018년에 실시한 또 다른 조사에서는 "New Cigna Study Reveals Loneliness at Epidemic Levels in America," Cigna, May 1, 2018, https://www.cigna.com/newsroom/news-releases/2018/new-cigna-study-reveals-loneliness-at-epidemic-levels-in-america.

외로운 느낌은 F. M. Alpass and S. Neville, "Loneliness, Health and Depression in Older Males," *Aging & Mental Health* 7, no. 3 (2003): 212 - 16, https://www.tandfonline.com/doi/abs/10.1080/1360786031000101193.

브리검영대학교 연구진은 Julianne Holt-Lunstad, Timothy B. Smith, and J. Bradley Layton, "Social Relationships and Mortality Risk: A Meta-analytic Review," *PLOS Medicine* 7, no. 7 (2010).

"우리는 오로지 한 사람한테서만" London Real, "Esther Perel on Society & Marriage," interview with Brian Rose, July 14, 2015, video, 5:08, https://www.youtube.com/watch?v=X9HiXw8Pmbo.

"인간에게 어려움은 큰 문제가 아니다" Sebastian Junger, *Tribe: On Homecoming and Belonging* (New York: Twelve, 2016), introduction, 17.

이 기본 욕구 가운데 하나라도 Edward L. Deci and Richard M. Ryan, "Self-Determination

Theory," in P. A. M. Van Lange, A. W. Kruglanski, and E. T. Higgins, eds., *Handbook of Theories of Social Psychology* (London, UK: Sage Publications, 2012), 416-36, https://psycnet.apa.org/record/2011-21800-020.

그러나 집단 안에서 서로 보호하고 Jonathan Haidt, *The Righteous Mind: Why Good People Are Divided by Politics and Religion* (New York: Vintage, 2013), 102.

2003년 UCLA에서 진행한 연구에서는 Joan B. Silk, Susan C. Alberts, and Jeanne Altmann, "Social Bonds of Female Baboons Enhance Infant Survival," *Science* 302, no. 5648 (2003): 1231-34, https://www.ncbi.nlm.nih.gov/pubmed/14615543.

반면 무리에서 고립된 개코원숭이는 Joan B. Silk et al., "Strong and Consistent Social Bonds Enhance the Longevity of Female Baboons," *Current Biology* 20, no. 15 (2010): 1359-61, https://www.ncbi.nlm.nih.gov/pubmed/20598541; Elizabeth A. Archie et al., "Social Affiliation Matters: Both Same-Sex and Opposite-Sex Relationships Predict Survival in Wild Female Baboons," *Proceedings of the Royal Society B: Biological Sciences* 281, no. 1793 (2014), https://www.ncbi.nlm.nih.gov/pubmed/25209936.

"아무도 없이 고립됐다는 느낌은" Erich Fromm, *Escape from Freedom* (New York: Farrar and Rinehart, 1941), 16-17.

그러나 외로움이 만성이 되어 John T. Cacioppo and William Patrick, *Loneliness: Human Nature and the Need for Social Connection* (New York: W. W. Norton, 2008).

카치오포는 한 연구에서 John T. Cacioppo et al., "Loneliness Within a Nomological Net: An Evolutionary Perspective," *Journal of Research in Personality* 40 (2006): 1054-85, https://static1.squarespace.com/static/539a276fe4b0dbaee772658b/t/53b0e963e4b0d621f6aaa261/1404103011411/8_10.1016_CacioppoHawkleyBurleson.pdf.

외로움을 느끼는 사람의 뇌는 끊임없이 위협을 살피고 Stephanie Cacioppo et al., "Loneliness and Implicit Attention to Social Threat: A High-Performance Electrical Neuroimaging Study," *Cognitive Neuroscience* 7, no. 1-4 (2016): 138-59, https://www.tandfonline.com/doi/abs/10.1080/17588928.2015.1070136.

《고백록》8권에서 Saint Augustine, *Confessions*, trans. R. S. Pine-Coffin (London, UK: Penguin, 1961), Book 8.

"친구 없는 내 삶은 행복하지 않다" Saint Augustine, *Confessions*, 101.

유명한 설교에서 Saint Augustine, *Works of Saint Augustine*, trans. Edmund Hill, OP, John E. Rotelle (New York: New City Press, 1991), Sermon 299.

팔리어 대장경의 한 구절에서 Bodhi, *In the Buddha's Words*.

올즈와 슈워츠는 Jacqueline Olds and Richard S. Schwartz, *The Lonely American : Drifting Apart in the Twenty-first Century* (Boston : Beacon Press, 2009).

"우정의 힘은" David Whyte, *Crossing the Unknown Sea : Work as a Pilgrimage of Identity* (New York : Riverhead, 2001).

프랑스의 사회학자 에밀 뒤르켐은 Durkheim, *Suicide*, 209.

그 숫자는 2020년에 이르러 70퍼센트에 가까워졌고 Andrew Perrin and Monica Anderson, "Share of U.S. Adults Using Social Media, Including Facebook, Is Mostly Unchanged Since 2018," Pew Research Center, April 10, 2019, https://www.pewresearch.org/fact-tank/2019/04/10/share-of-u-s-adults-using-social-media-including-facebook-is-mostly-unchanged-since-2018/.

2020년에 출간한 저서 Lydia Denworth, *Friendship : The Evolution, Biology, and Extraordinary Power of Life's Fundamental Bond* (New York : W. W. Norton, 2020), 166.

그러나 SNS가 관계에 미치는 영향은 J. T. Hancock et al., "Social Media Use and Psychological Well-being : A Meta-analysis," 69th Annual International Communication Association Conference, Washington, DC, 2019.

"본질적으로 SNS에서는 뿌린 만큼 거둡니다" Lydia Denworth, "Worry over Social Media Use and Well-being May Be Misplaced," *Psychology Today*, May 30, 2019, https://www.psychologytoday.com/us/blog/brain-waves/201905/worry-over-social-media-use-and-well-being-may-be-misplaced.

청소년 35만여 명에 관한 자료를 살펴본 끝에 Amy Orben and Andrew K. Przybylski, "The Association Between Adolescent Well-being and Digital Technology Use," *Nature Human Behaviour* 3 (2019) : 173 – 82, https://www.nature.com/articles/s41562-018-0506-1?mod=article_inline.

SNS와 청소년 안녕감의 관계는 Robbie Gonzalez, "Screens Might Be as Bad for Mental Health as ... Potatoes," *Wired*, January 14, 2019, https://www.wired.com/story/screens-might-be-as-bad-for-mental-health-as-potatoes/.

피츠버그대학교의 연구 결과 Brian A. Primack et al., "Social Media Use and Perceived Social Isolation Among Young Adults in the U.S.," *American Journal of Preventive Medicine* 53, no. 1 (2017) : 1 – 8, https://www.ncbi.nlm.nih.gov/

pubmed/28279545.

연구에 따르면 공감과 연결감, 소속감을 느끼려면 Pavel Goldstein, Irit Weissman-Fogel, and Simone G. Shamay-Tsoory, "The Role of Touch in Regulating Inter-partner Physiological Coupling During Empathy for Pain," *Scientific Reports* 7 (2017): 3252, https://www.nature.com/articles/s41598-017-03627-7.

"디지털 접촉 방식은 중간 '기착지'로 사용하면" Olga Khazan, "How Loneliness Begets Loneliness," *Atlantic*, April 6, 2017, https://www.theatlantic.com/health/archive/2017/04/how-loneliness-begets-loneliness/521841/.

연구에 따르면 부모가 핸드폰에서 Sarah Myruski et al., "Digital Disruption? Maternal Mobile Device Use Is Related to Infant Social-Emotional Functioning," *Developmental Science* 21, no. 4 (2018): e12610, https://dennis-tiwary.com/wp-content/uploads/2017/10/Myruski_et_al-2017-Developmental_Science_Still-Face.pdf.

"내 존재가 받아들여질 곳이" Olga Khazan, "How to Break the Dangerous Cycle of Loneliness," CityLab, April 6, 2017, https://www.bloomberg.com/news/articles/2017-04-06/john-cacioppo-explains-the-psychology-of-loneliness.

"사람이 자신의 몸과 마음, 영혼을 자본으로" Erich Fromm, *The Sane Society* (New York: Henry Holt and Company, 1955).

연구에 따르면 사람은 다른 사람이 Jean Decety and William Ickes, eds., *The Social Neuroscience of Empathy* (Cambridge, MA: MIT Press, 2009), https://psycnet.apa.org/record/2009-02253-000.

"사람이 타인에게 일어나는 일을 지켜볼 때" Kim Armstrong, " 'I Feel Your Pain': The Neuroscience of Empathy," Association for Psychological Science, December 29, 2017, https://www.psychologicalscience.org/observer/i-feel-your-pain-the-neuroscience-of-empathy.

연구진은 마을 사람 하나가 행복해하거나 슬퍼하면 James H. Fowler and Nicholas A. Christakis, "Dynamic Spread of Happiness in a Large Social Network: Longitudinal Analysis over 20 Years in the Framingham Heart Study," *BMJ* 337 (2008): a2338, https://www.bmj.com/content/337/bmj.a2338.

제목마저 〈내가 슬프면 당신도 슬프다〉였던 Jeffrey T. Hancock et al., "I'm Sad You're Sad: Emotional Contagion in CMC" (Proceedings of the 2008 ACM Conference on Computer Supported Cooperative Work, San Diego, November 8 – 12, 2008), http://

collablab.northwestern.edu/CollabolabDistro/nucmc/p295-hancock.pdf.

행복, 슬픔, 분노 같은 감정은 Adam D. I. Kramer, Jamie E. Guillory, and Jeffrey T. Hancock, "Experimental Evidence of Massive-Scale Emotional Contagion Through Social Networks," *PNAS* 111, no. 24 (2014): 8788–90, https://www.pnas.org/content/111/24/8788.

같은 공간에서 일하는 사람은 Ron Friedman et al., "Motivational Synchronicity: Priming Motivational Orientations with Observations of Others' Behaviors," *Motivation and Emotion* 34, no. 1 (2010): 34–38, https://www.researchgate.net/publication/225164928_Motivational_synchronicity_Priming_motivational_orientations_with_observations_of_others%27_behaviors.

노스웨스턴대학교의 2017년 연구에 따르면 "Sitting Near a High-Performer Can Make You Better at Your Job," Kellogg Insight, May 8, 2017, https://insight.kellogg.northwestern.edu/article/sitting-near-a-high-performer-can-make-you-better-at-your-job.

"셜레인 플래너건 효과" Lindsay Crouse, "How the 'Shalane Flanagan Effect' Works," *New York Times*, November 11, 2017, https://www.nytimes.com/2017/11/11/opinion/sunday/shalane-flanagan-marathon-running.html#:~:text=.

카치오포가 말하는 가장 중요한 원리 중 하나는 Khazan, "How to Break the Dangerous Cycle of Loneliness."

다른 사람을 도울 때는 보통 뇌에서 Brad Stulberg and Steve Magness, *Peak Performance: Elevate Your Game, Avoid Burnout, and Thrive with the New Science of Success* (New York: Rodale, 2017), 157–90.

"타인을 보살피는 일은" Shelley E. Taylor, *The Tending Instinct: Women, Men, and the Biology of Our Relationships* (New York: Times Books, 2002), 153–65.

연구에 따르면 우리는 봉사할 때 Jerf W. K. Yeung, Zhuoni Zhang, and Tae Yeun Kim, "Volunteering and Health Benefits in General Adults: Cumulative Effects and Forms," *BMC Public Health* 18 (2018): 8, https://www.ncbi.nlm.nih.gov/pmc/articles/PMC5504679/.

봉사는 은퇴를 앞두고 있거나 Randee B. Bloom, "Role Identity and Demographic Characteristics as Predictors of Professional Nurse Volunteerism" (PhD diss., Capella University, 2012), https://pqdtopen.proquest.com/doc/962412634.html?FMT=ABS.

미국 은퇴자 협회는 그런 이유로 "Create the Good," AARP, https://createthegood.aarp. org/.

2018년도 가정 실태 조사 "Religious Landscape Study," Pew Research Center, https:// www.pewforum.org/religious-landscape-study/generational-cohort/.

2016년《미국내과학회지》에는 Shanshan Li et al., "Association of Religious Service Attendance with Mortality Among Women," *JAMA Internal Medicine* 176, no. 6 (2016): 777 – 85, https://jamanetwork.com/journals/jamainternalmedicine/ fullarticle/2521827.

2017년 의학지《플로스원》에 실린 Marino A. Bruce et al., "Church Attendance, Allostatic Load and Mortality in Middle Aged Adults," *PLOS One* 12, no. 5 (2017): e0177618, https://journals.plos.org/plosone/article?id=10.1371/journal.pone.0177618.

"모두가 협력해야 하는 환경에서 살아가도록 설계된 종은" Peter Sterling, *What Is Health? Allostasis and the Evolution of Human Design* (Cambridge, MA: MIT Press, 2020), 102.

약물 남용이나 중독으로 힘들어하는 Kathlene Tracy and Samantha P. Wallace, "Benefits of Peer Support Groups in the Treatment of Addiction," *Substance Abuse and Rehabilitation* 7 (2016): 143 – 54, https://www.ncbi.nlm.nih.gov/pmc/articles/PMC5047716/.

마찬가지로 아리스토텔레스는 이렇게 썼어요 Aristotle, *The Nicomachean Ethics*, Oxford World Classic's Version (Oxford University Press, 2009).

"먼지를 뒤집어쓴 사람과 어울리면서" Epictetus, *Discourses and Selected Writings* (New York: Penguin Classics, 2008).

몇 가지 원리를 제시했습니다 Ed Catmull with Amy Wallace, *Creativity, Inc.: Overcoming the Unseen Forces That Stand in the Way of True Inspiration* (New York: Random House, 2014), 86 – 106.

틱낫한 스님은 우리 한 명 한 명이 Hanh, *The Heart of the Buddha's Teaching*, 124 – 27.

"내가 속한 전통에서는" Thich Nhat Hanh, "What Is Sangha?" *Lion's Roar*, July 7, 2017, https://www.lionsroar.com/the-practice-of-sangha/.

6장 운동: 마음의 안정을 위해 몸을 움직인다

2019년 런던 킹스칼리지 연구진은 Felipe Barreto Schuch and Brendon Stubbs, "The Role of

Exercise in Preventing and Treating Depression," *Current Sports Medicine Reports* 18, no.
8 (2019): 299 – 304, http://journals.lww.com/acsm-csmr/Fulltext/2019/08000/
The_Role_of_Exercise_in_Preventing_and_Treating.6.aspx#O3-6.

비슷한 효과를 낸다고 밝힌 연구가 Brett R. Gordon et al., "The Effects of Resistance Exercise
Training on Anxiety: A Meta-analysis and Meta-regression Analysis of Randomized
Controlled Trials," *Sports Medicine* 47, no. 12 (2017): 2521 – 32, https://www.ncbi.
nlm.nih.gov/pubmed/28819746.

40~50퍼센트의 우울증 환자에게서 Felipe B. Schuch et al., "Exercise as a Treatment for
Depression: A Meta-analysis Adjusting for Publication Bias," *Journal of Psychiatric
Research* 77 (2016): 42 – 51, https://www.ashlandmhrb.org/upload/exercise_as_a_
treatment_for_depression_-a_meta-analysis_adjusting_for_publication_bias.pdf.

아일랜드 리머릭대학교 연구진은 Gordon et al., "Effects of Resistance Exercise Training on
Anxiety."

프랑스 철학자 르네 데카르트는 1640년대에 David Cunning, ed., *The Cambridge Companion to
Descartes' Meditations* (Cambridge, UK: Cambridge University Press, 2014), 279.

신체 활동은 오히려 그 반대 효과를 Y. Netz et al., "The Effect of a Single Aerobic Training
Session on Cognitive Flexibility in Late Middle-Aged Adults," *International Journal
of Sports Medicine* 28, no. 1 (2007): 82 – 87, http://www.ncbi.nlm.nih.gov/
pubmed/17213965.

에벌린 스티븐스는 Brad Stulberg, "How Exercise Shapes You, Far Beyond the Gym," The
Growth Equation, https://thegrowtheq.com/how-exercise-shapes-you-far-beyond-
the-gym/.

《영국건강심리학저널》에 수록된 논문에 따르면 Megan Oaten and Ken Cheng, "Longitudinal
Gains in Self-Regulation from Regular Physical Exercise," *British Journal of Health
Psychology* 11, pt. 4 (2006): 717 – 33, http://www.ncbi.nlm.nih.gov/pubmed/17032494.

또 다른 논문에서는 운동이 스트레스에 대한 Birte von Haaren et al., "Does a 20-Week Aerobic
Exercise Training Programme Increase Our Capabilities to Buffer Real-Life Stressors?
A Randomized, Controlled Trial Using Ambulatory Assessment," *European Journal of
Applied Physiology* 116, no. 2 (2016): 383 – 94, http://www.ncbi.nlm.nih.gov/
pubmed/26582310.

운동 중에 몰입을 경험하고 싶다면 Pirkko Markula, "Exercise and Flow," " *Psychology*

Today, January 11, 2013, https://www.psychologytoday.com/us/blog/fit-femininity/201301/exercise-and-flow.

'핵심 습관' Charles Duhigg, *The Power of Habit: Why We Do What We Do in Life and Business* (New York: Random House, 2014).

다른 사람과 함께 운동하면 연결감과 Arran Davis, Jacob Taylor, and Emma Cohen, "Social Bonds and Exercise: Evidence for a Reciprocal Relationship," *PLOS One* 10, no. 8 (2015): e0136705, https://journals.plos.org/plosone/article?id=10.1371/journal.pone.0136705.

저서 《움직임의 힘》에서 Kelly McGonigal, *The Joy of Movement: How Exercise Helps Us Find Happiness, Hope, Connection, and Courage* (New York: Avery, 2019).

이를 '신체적 결속'이라고 McGonigal, *The Joy of Movement*.

"여느 자연스러운 현상이 그렇듯" McGonigal, *The Joy of Movement*.

2019년 미국 질병통제예방센터는 Roland Sturm and Deborah A. Cohen, "Free Time and Physical Activity Among Americans 15 Years or Older: Cross-Sectional Analysis of the American Time Use Survey," *Preventing Chronic Disease* 16 (2019), https://www.cdc.gov/pcd/issues/2019/19_0017.htm.

짧은 산책을 했던 참가자들이 Marily Oppezzo and Daniel L. Schwartz, "Give Your Ideas Some Legs: The Positive Effect of Walking on Creative Thinking," *Journal of Experimental Psychology: Learning, Memory, and Cognition* 40, no. 4 (2014): 1142–52, https://www.apa.org/pubs/journals/releases/xlm-a0036577.pdf.

그런데 많은 학교에서 수학, 과학 Centers for Disease Control and Prevention, *The Association Between School-Based Physical Activity, Including Physical Education, and Academic Performance* (Atlanta: U.S. Department of Health and Human Services, 2010), https://www.cdc.gov/healthyyouth/health_and_academics/pdf/pa-pe_paper.pdf.

운동의 강력한 효과는 충분히 J. Eric Ahlskog et al., "Physical Exercise as a Preventive or Disease-Modifying Treatment of Dementia and Brain Aging," *Mayo Clinic Proceedings* 86, no. 9 (2011): 876–84, http://www.mayoclinicproceedings.org/article/S0025-6196(11)65219-1/abstract.

"신체의 역량과 두뇌의 역량은 떼려야 뗄 수 없는 관계예요" Aishwarya Kumar, "The Grandmaster Diet: How to Lose Weight While Barely Moving," ESPN, September 13, 2019, https://www.espn.com/espn/story/_/id/27593253/why-grandmastersmagnus-carlsen-fabiano-caruana-lose-weight-playing-chess.

13건의 연구를 메타 분석한 Edward R. Laskowski, "What Are the Risks of Sitting Too Much?" Mayo Clinic, https://www.mayoclinic.org/healthy-lifestyle/adult-health/expert-answers/sitting/faq-20058005.

또 다른 연구들에서는 Peter T. Katzmarzyk et al., "Sitting Time and Mortality from All Causes, Cardiovascular Disease, and Cancer," *Medicine and Science in Sports and Exercise* 41, no. 5 (2009): 998 – 1005, https://www.flexchair.nl/wp-content/uploads/sites/12/2017/05/sitting_time_and_mortality_from_all_causes.pdf.

《미국심장협회저널》에 실린 논문에 따르면 Gretchen Reynolds, "Those 2-Minute Walk Breaks? They Add Up," *New York Times*, March 28, 2018, https://www.nytimes.com/2018/03/28/well/move/walking-exercise-minutes-death-longevity.html.

연구진은 모든 움직임이 Audrey Bergouignan et al., "Effect of Frequent Interruptions of Prolonged Sitting on Self-Perceived Levels of Energy, Mood, Food Cravings and Cognitive Function," *International Journal of Behavioral Nutrition and Physical Activity* 13, no. 113 (2016), http://ijbnpa.biomedcentral.com/articles/10.1186/s12966-016-0437-z.

"햇볕 아래서 산책을 하든" Emmanuel Stamatakis, Mark Hamer, and Marie H. Murphy, "What Hippocrates Called 'Man's Best Medicine': Walking Is Humanity's Path to a Better World," *British Journal of Sports Medicine* 52, no. 12 (2018): 753 – 54, https://bjsm.bmj.com/content/52/12/753.

"'활기찬' 속도란 쉽게 말해" Emmanuel Stamatakis et al., "Self-Rated Walking Pace and All-Cause, Cardiovascular Disease and Cancer Mortality: Individual Participant Pooled Analysis of 50,225 Walkers from 11 Population British Cohorts," *British Journal of Sports Medicine* 52, no. 12 (2018): 761 – 68, https://bjsm.bmj.com/content/52/12/761.

2019년 《미국예방의학저널》에 실린 Alpa V. Patel et al., "Walking in Relation to Mortality in a Large Prospective Cohort of Older U.S. Adults," *American Journal of Preventive Medicine* 54, no. 1 (2018): 10 – 19, https://pubmed.ncbi.nlm.nih.gov/29056372/.

전문가들은 달리기가 걷기보다 Julia Belluz, "Should You Walk or Run for Exercise? Here's What the Science Says," *Vox*, November 25, 2017, https://www.vox.com/2015/8/4/9091093/walking-versus-running; "Running Injuries," Yale

Medicine, https://www.yalemedicine.org/conditions/running-injury/#.

"무엇보다 걸으려는 마음을 버려서는 안 돼" Søren Kierkegaard, *The Laughter Is on My Side*:
An Imaginative Introduction to Kierkegaard, ed. Roger Poole and Henrik Stangerup
(Princeton, NJ: Princeton University Press, 1989).

일본의 한 실험은 Yoshifumi Miyazaki et al., "Preventive Medical Effects of Nature
Therapy," *Nihon Eiseigaku Zasshi* 66, no. 4 (2011): 651-56, https://www.ncbi.nlm.
nih.gov/pubmed/21996763 [article in Japanese].

스탠퍼드대학교의 연구에서는 Gregory N. Bratman et al., "Nature Experience Reduces
Rumination and Subgenual Prefrontal Cortex Activation," *PNAS* 112, no. 28 (2015):
8567-72, http://www.pnas.org/content/early/2015/06/23/1510459112.full.pdf.

7장 나를 만드는 건 생각이 아니라 행동이다

"내면의 자아를 버리거나 무시하거나" Meister Eckhart, *Selected Writings*, 45.

이 책은 수백만 부가 팔린 베스트셀러가 되었어요 Maxwell Maltz, *Psycho-Cybernetics, Deluxe
Edition*: *The Original Text of the Classic Guide to a New Life* (New York: TarcherPerigee,
2016).

자동성을 완성하기까지 18일이 걸린 Phillippa Lally et al., "How Are Habits Formed:
Modelling Habit Formation in the Real World," *European Journal of Social Psychology*
40, no. 6 (2010): 998-1009, https://onlinelibrary.wiley.com/doi/abs/10.1002/
ejsp.674.

"습관 에너지는 사람보다 힘이 세서" Thich Nhat Hanh, "Dharma Talk: Transforming
Negative Habit Energies," *Mindfulness Bell*, Summer 2000, https://www.
mindfulnessbell.org/archive/2015/12/dharma-talk-transforming-negative-habit-
energies.

새 습관을 들이기 위해 의지력에만 기대면 Roy F. Baumeister, Dianne M. Tice, and Kathleen
D. Vohs, "The Strength Model of Self-Regulation: Conclusions from the Second
Decade of Willpower Research," *Perspectives on Psychological Science* 13, no. 2 (2018):
141-45, https://www.ncbi.nlm.nih.gov/pubmed/29592652.

스탠퍼드대학교 행동 설계 연구소장인 BJ 포그는 "BJ Fogg," *Armchair Expert*, hosted by Dax

Shepard, podcast, March 5, 2020, https://armchairexpertpod.com/pods/bj-fogg.

다른 사람을 기쁘게 하려고 하는 일이나 For more, see Michelle Segar, *No Sweat: How the Simple Science of Motivation Can Bring You a Lifetime of Fitness* (New York: AMACOM, 2015).

8장 과정에 집중하면 결과는 저절로 펼쳐진다

알 만한 사람들 사이에서 고전이 된 James P. Carse, *Finite and Infinite Games: A Vision of Life as Play and Possibility* (New York: Free Press, 2013).

"평생에 걸친 꾸준하고 진득한 실천은" Terry Patten, *A New Republic of the Heart* (Berkeley, CA: North Atlantic Books, 2018).

새해 목표를 계획한 사람의 40퍼센트가 "New Years Resolution Statistics," Statistic Brain Research Institute, https://www.statisticbrain.com/new-years-resolution-statistics/.

"실험 결과 다소 역설적이기는 하지만" Breines and Chen, "Self-Compassion Increases Self-Improvement Motivation."

네프의 연구 전반에서는 Kristin Neff and Christopher Germer, *The Mindful Self-Compassion Workbook: A Proven Way to Accept Yourself, Build Inner Strength, and Thrive* (New York: Guilford Press, 2018).

심리학을 연구하며 불교를 가르치는 잭 콘필드는 "The Mind and the Heart," JackKornfield.com, https://jackkornfield.com/mind-heart/.